彩图01 贴边式领口领（见8页）

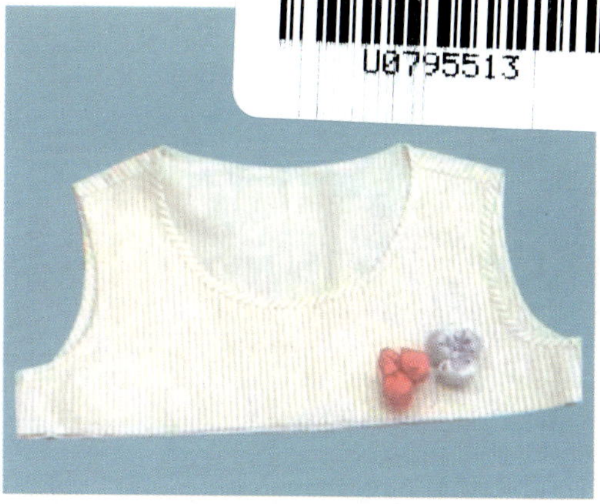

彩图02 双层外滚式领口领（见9页）

彩图03 低领座翻领（见10页）

彩图04 女式翻领（见11页）

彩图05 男式衬衫领（见14页）

彩图06 立领（见16页）

彩图07 漏落缝滚边领口领

彩图08 西服领

彩图09 半开襟门襟（见18页）

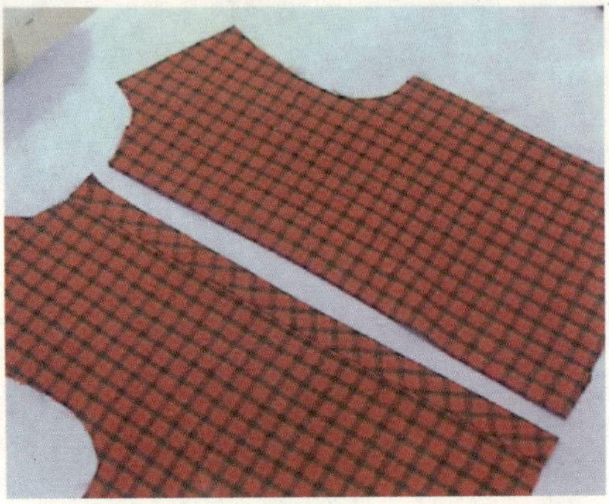

彩图10 外翻式门襟（见19页）

彩图11 暗门襟（见21页）

彩图12 假翻式门襟

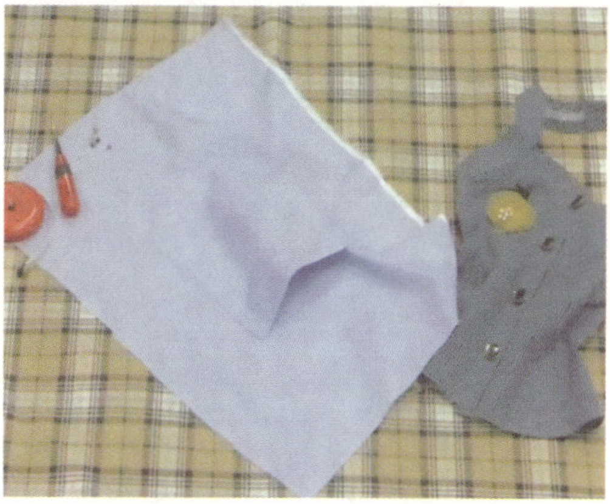

彩图13 单贴袋（见23页）

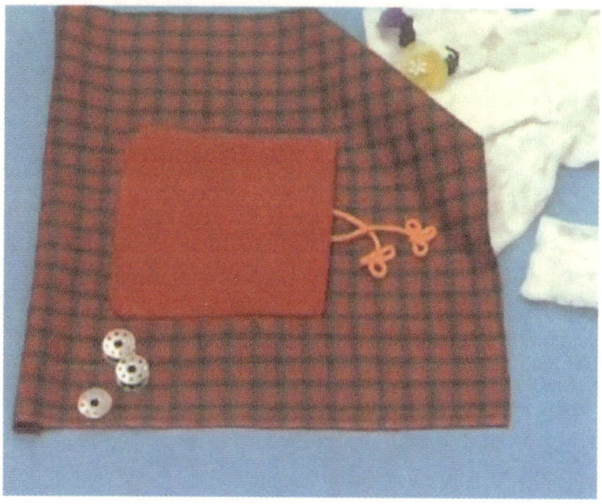

彩图14 夹贴袋（见24页）

彩图15 立体口袋（见26页）

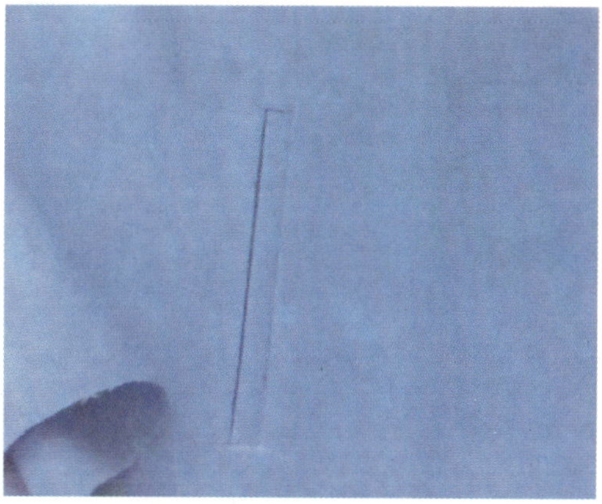

彩图16 单嵌线口袋（见28页）

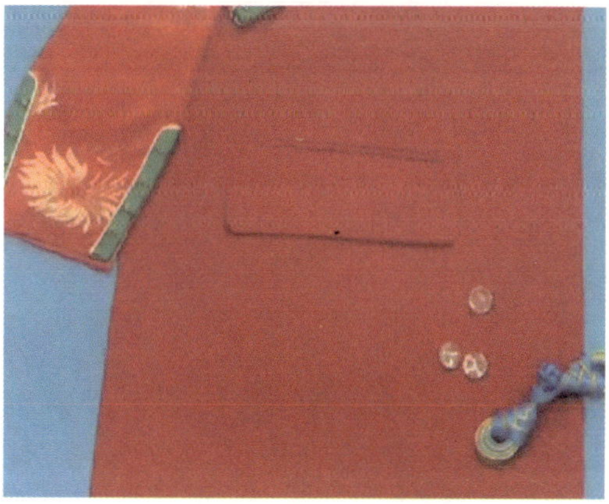

彩图17 双嵌线带袋盖口袋（见30页）

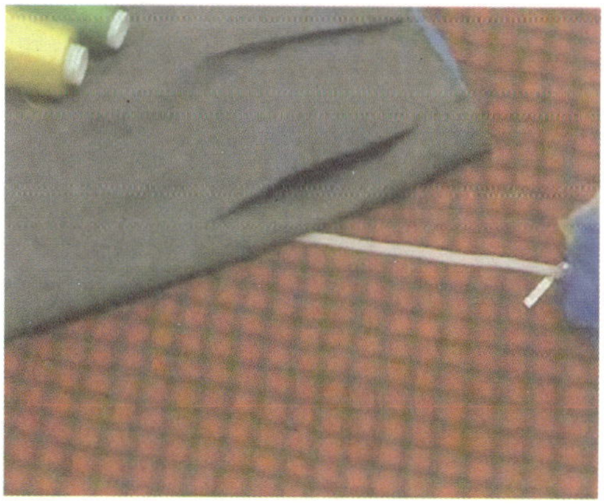

彩图18 西裤直插袋（见33页）

彩图19 西裤斜插袋（见35页）

彩图20 暗藏式插袋

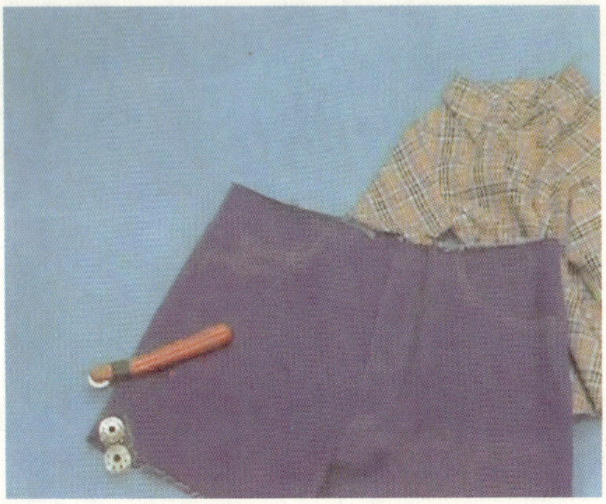

彩图21 牛仔式插袋

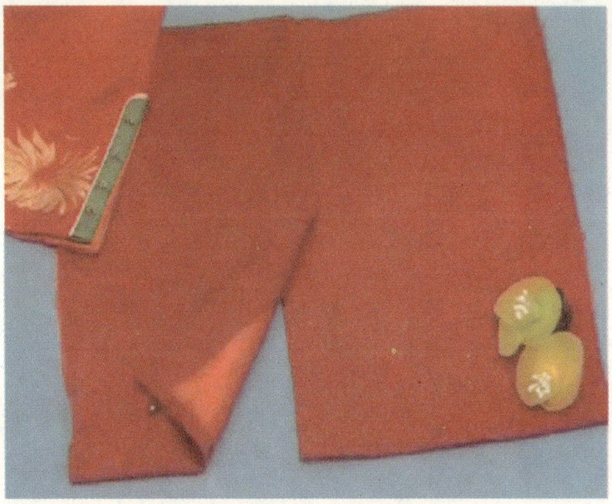

彩图22 全夹开启式衩（见37页）

彩图23 滚边衩（见39页）

彩图24 褶裥衩（见40页）

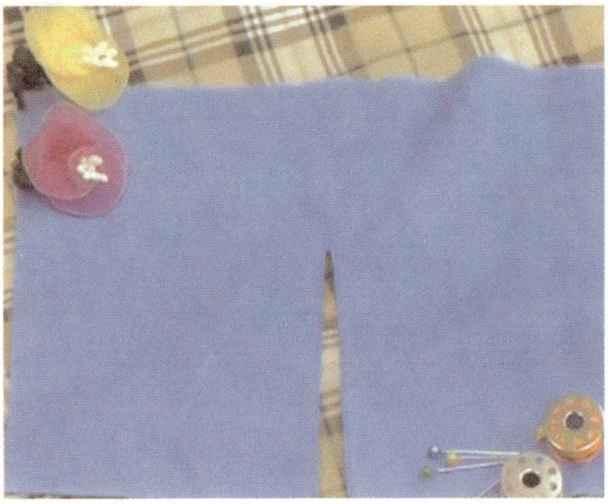

彩图25 滴水衩（见41页）

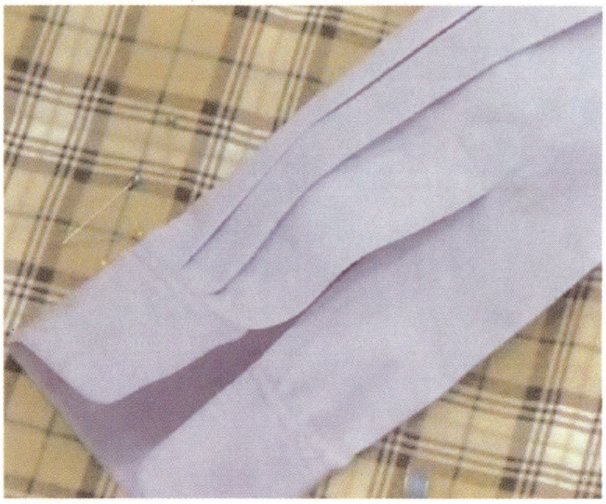

彩图26 宝剑头衩（见42页）
男衬衫袖头（见45页）

彩图27 平衩

彩图28 女衬衫袖头（见44页）

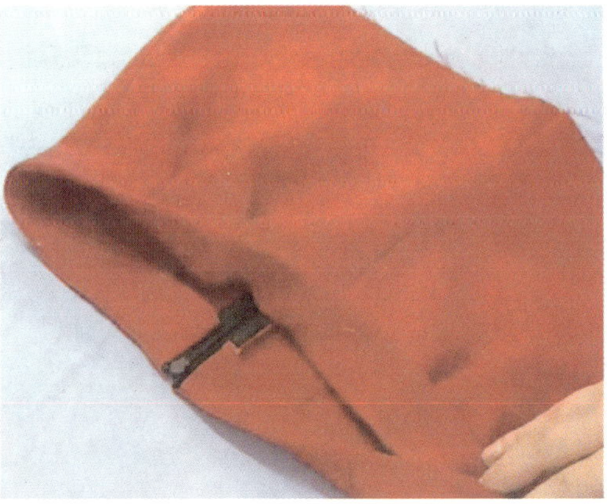

彩图29 连腰头

彩图30 翻袖头

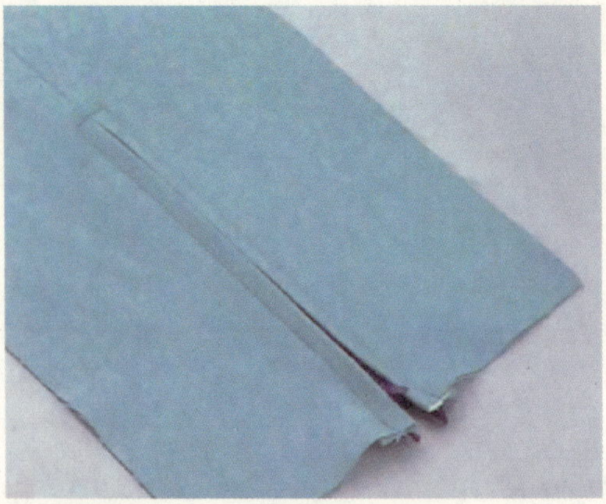

彩图31 暗藏式拉链（见47页）

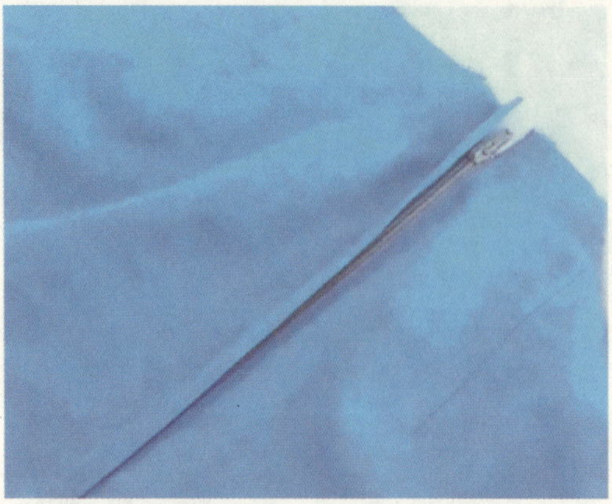

彩图32 单边覆盖式拉链（见48页）

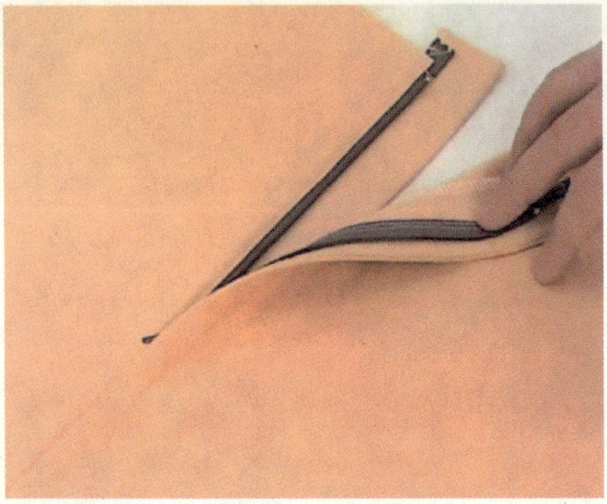

彩图33 带门、里襟拉链（见49页）

彩图34 隐形拉链（见50页）

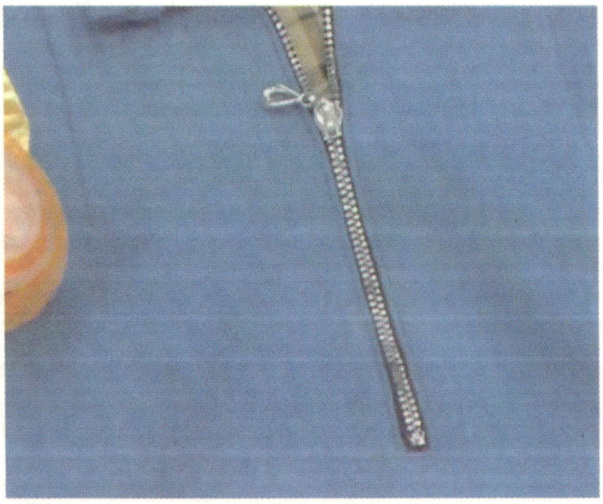

彩图35 露齿式拉链

彩图36 脱卸式拉链

彩图37 各类领子工艺效果

彩图38 各类口袋工艺效果

彩图39 各类门襟工艺效果

彩图40 各类拉链工艺效果

彩图41 各类袖头工艺效果

彩图42 各类衩工艺效果

彩图43 女衬衫

彩图44 女衬衫

彩图45 全夹女外套

中国高等职业院校服装专业实用教程

服装成衣工艺

张祖芳　周静　刘国伟　束重华　著

上海人民美術出版社

图书在版编目（CIP）数据

服装成衣工艺 / 张祖芳编著. —上海：上海人民美术出版社，2007.9（2016.7重印）
中国高等职业院校服装专业实用教程
ISBN 978-7-5322-5154-4

Ⅰ.服… Ⅱ.张… Ⅲ.服装-生产工艺-高等学校:技术学校-教材 Ⅳ.TS941.6

中国版本图书馆CIP数据核字（2007）第118480号

中国高等职业院校服装专业实用教程
服装成衣工艺
著　　者：张祖芳
责任编辑：张　燕
封面设计：崔生国
装帧设计：孙　青
技术编辑：戴建华
出版发行：上海人民美術出版社
（上海长乐路672弄33号）
邮编：200040　电话：021-54044520
印　　刷：江苏凤凰数码印务有限公司
开　　本：787×1092　1/16　7.5印张
版　　次：2007年9月第1版
印　　次：2016年7月第4次
印　　数：7501-7700
书　　号：ISBN 978-7-5322-5154-4
定　　价：26.00元

编者的话

进入21世纪后，我国被世界公认为纺织服装生产大国，作为世界成衣产业最大的加工基地，中国的服装从业人员数量大、层次多、范围广。但长期以来，我国的服装制造业始终身处生产加工型的低端地位，服装设计、服装加工与服装营销的人才比例一度处于失衡状态，所以形成了中国现在独有的服装业态：即生产规模和产值世界第一，利润和知识含量极低。要真正成为一个服装强国，就必须及时培养一大批有中国特色、能适应成衣设计、加工、营销这条产业链的综合应用型人才。培养人才的文化责任，使上海人民美术出版社把话题转变为课题。

上海人民美术出版社近年来大力发展艺术设计类图书的策划与出版，成功地与国内外艺术设计专家、学者合作，在业界取得了一定的好评。在各专业出版社和大学出版社积极推出服装设计系列教材的同时，我社立足服装专业高等职业教育这一基础性课题，在国家大力培养高级职业人才的号召下，组织了一批长期从事高校专业教育、有着丰富办学经验与教育研究成果的教授、专家编撰本套教材。

本丛书主编张祖芳教授与所有作者均活跃在高校教学第一线，他们除了承担大量的学历教学之外，还积极参与社会各级各类职业教育。既能动脑又能动手、既有理论知识又有实践经验、集艺术与技术于一体是他们的一大特点，近年来为地方政府、区域经济成功策划、完成了10多项相关重大项目更是他们的优势。他们将自己长期的教学经验、企业实战经验和重大项目策划经验融于本系列丛书。本丛书体例新、操作性强、注重实战知识，真正做到了与中国高等职业院校服装专业教学接轨，与中国服装业综合性应用人才的培养接轨，从而使学生在完成学业后，能大大缩短熟悉与适应工作岗位的时间，更快、更强地融入中国成衣业的大市场。

在近一年的编写时间里，通过各位老师与编辑的共同努力，本套丛书的第一辑书籍终于问世。我们希望本套丛书能用专家级阵营、有效实用的内容与普及性价格为中国广大高等服装职业教育服务。本套教材还存在着某些不足之处，也请广大老师与学者在使用中提出宝贵的建议，以便我们在今后的编辑工作中改进。

上海人民美术出版社社长

2007年4月

目录

上 篇
服装部件缝制工艺

本篇主要内容：本篇主要分节介绍服装部件的缝制工艺及要点，包括衣领缝制工艺、门襟缝制工艺、口袋缝制工艺、衩与袖头缝制工艺、拉链缝制工艺。通过实践操作图片和简洁的语言解说形式，有条理、分步骤地讲述了各部件的成品效果、制作准备和制作步骤。在本篇的最后还设置了课程练习。

参考学时：32学时

第一章　衣领缝制工艺

第一节 贴边式领口领

1.1 成品效果

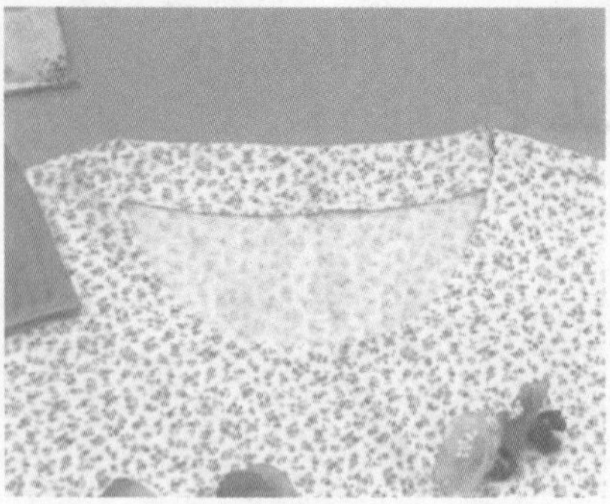

1.2 制作准备

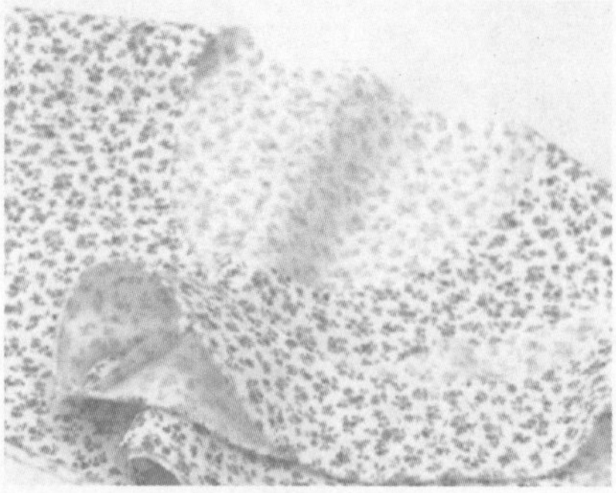

衣身领口，衣领贴边。

1.3 制作步骤

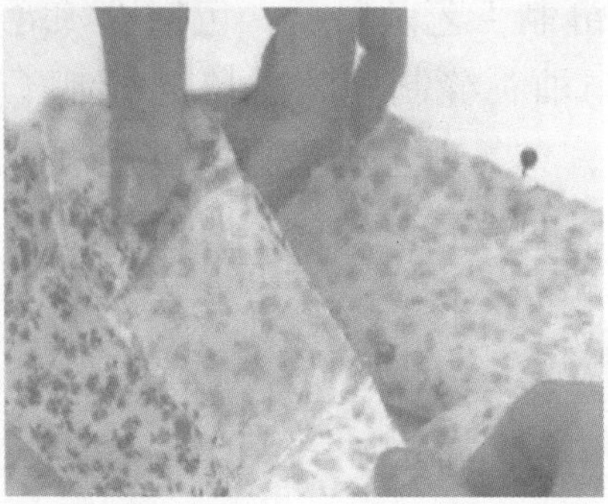

1. 将衣身领口与领贴边正面相对，按刀眼对齐，并用珠针固定。一般将衣领贴边拼接部位选择在两侧或后中。

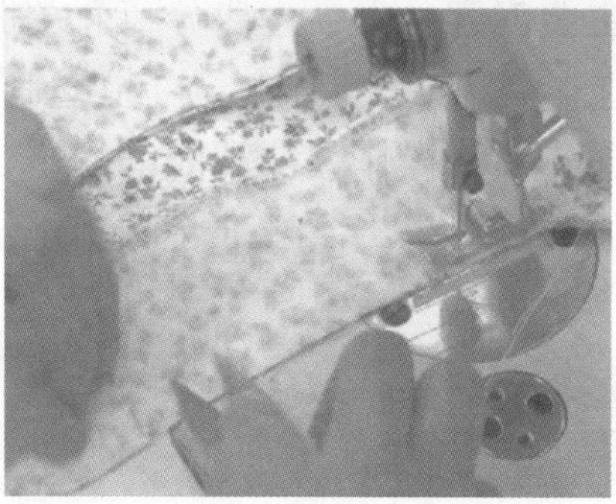

2. 沿领口净缝线车缝一圈，并修剪领口缝份至0.3厘米。

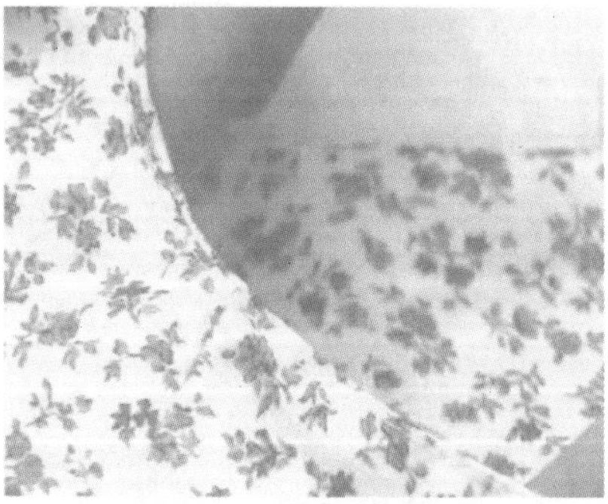

3. 将领贴边翻转，在正面沿领止口0.1厘米的领贴边上缉明线，俗称清止口，以增加领贴边服帖程度。

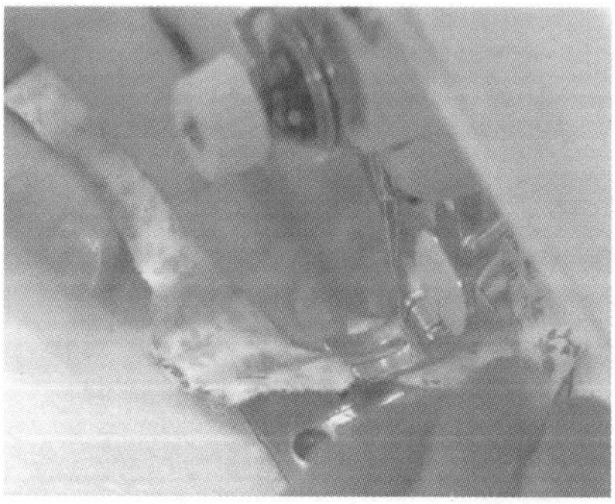

4. 在左右肩缝处将领贴边与衣身固定。

第二节 双层外滚式领口领

2.1 成品效果

2.2 制作准备

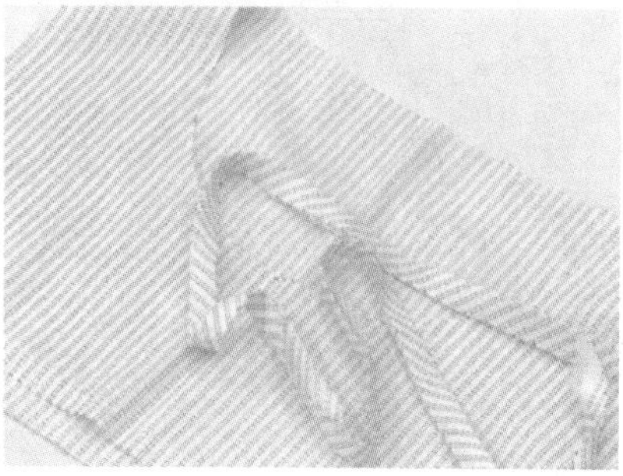

衣身领口，宽3厘米的45° 滚条对折熨烫。

2.3 制作步骤

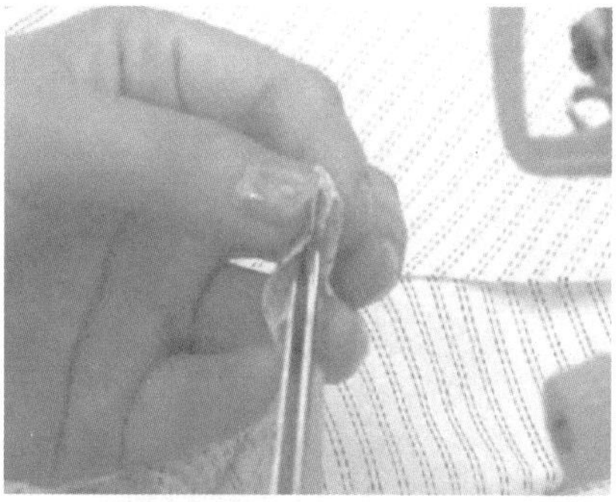

1. 首先将衣身领口缝份修至0.5厘米，然后将滚条前端向内折光，从肩缝处开始与衣身领口反面对齐。

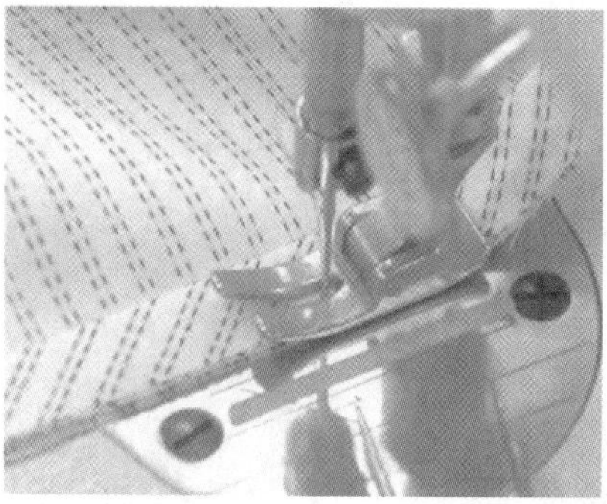

2. 从肩缝处开始取0.5厘米缝份，沿领围一圈车缝衣身领口与滚边。

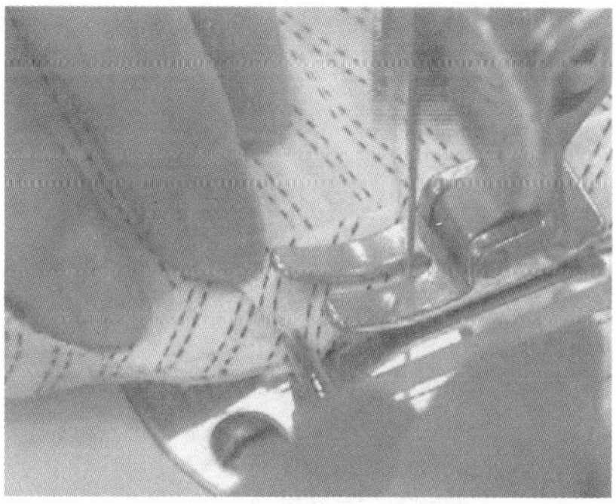

3. 缝至最后，滚条末端与前端重叠1厘米一起缝，然后修剪掉多余的滚条。

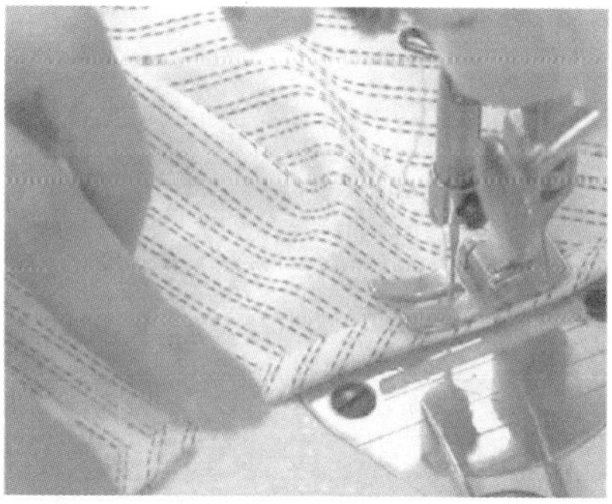

4. 将滚条向衣身正面翻转，注意衣领止口不外吐。沿滚条外口边缘0.1厘米缉明线，并熨烫整理。

第三节 低领座翻领

3.1 成品效果

3.2 制作准备

衣身领口，领面、领里，宽3厘米的45° 斜条对折熨烫。

3.3 制作步骤

3.3.1 做领

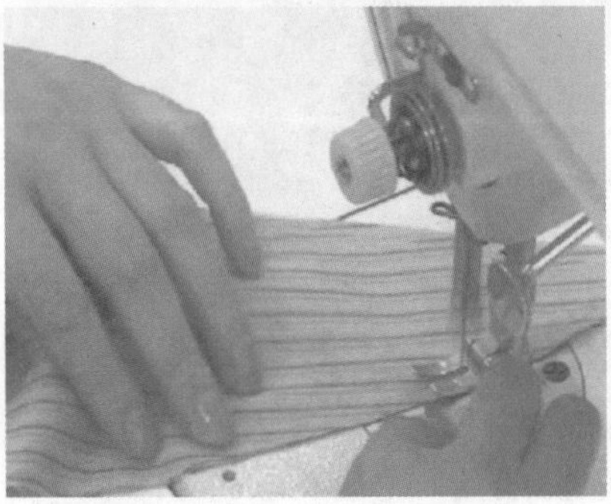

1. 将领面、领里正面相对车缝领外口，注意斜丝绺处不要拉伸。

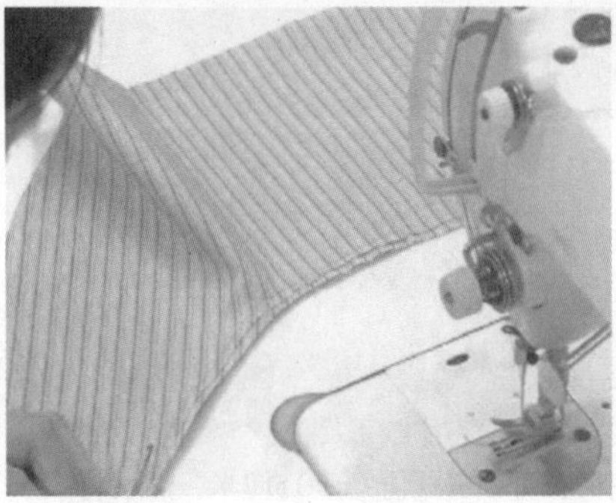

2. 修剪缝份至0.3厘米后，将衣领翻转至正面熨烫平整，注意领外口里外匀，使领止口不外露。

3.3.2 绱领

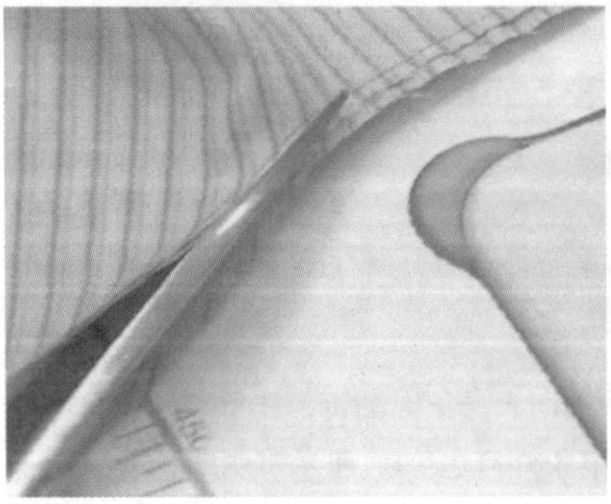

3. 在绱领前，将领面、领里整理成型并在领下口净缝线内缝一道，然后按领下口缝份修剪整齐。

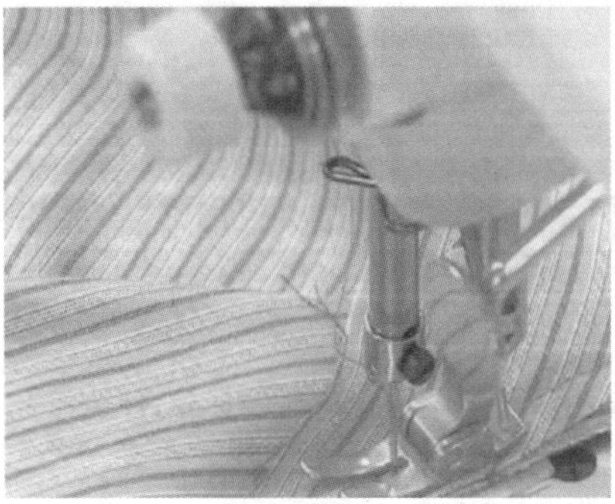

4. 开始绱领，将挂面按门襟止口线向衣片正面折转、衣领按刀眼对齐夹在中间，然后沿着衣领净缝线车缝，将衣身、衣领、挂面固定在一起。

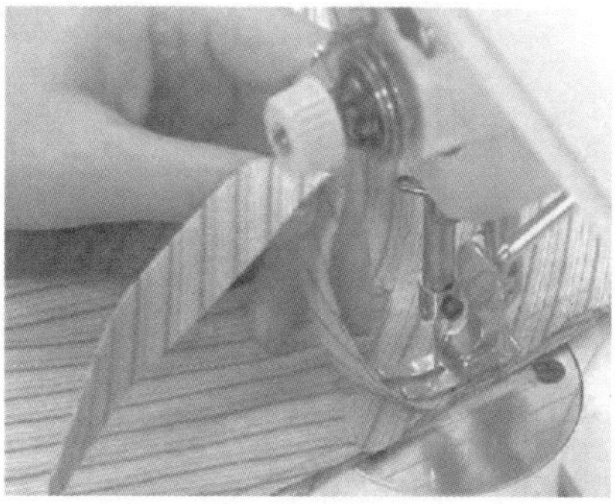

5．缝至离挂面边缘剩2厘米处，将滚条放上去一起向前车缝。缝至另一端时，重复前面的过程。

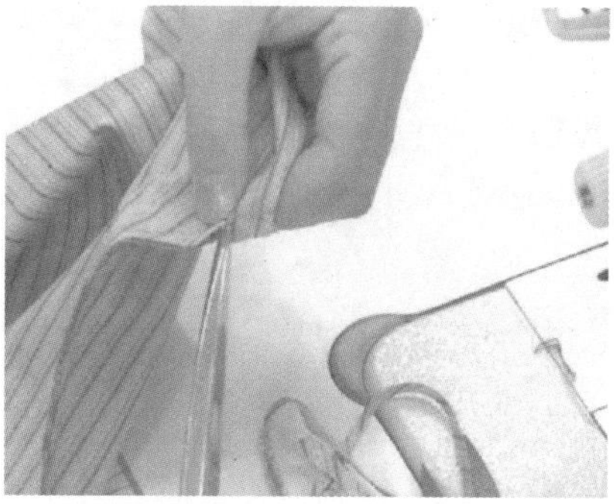

6．在衣身左、右前中心位置上打剪口，剪口不能剪断缝线，离开缝线约0.1厘米。

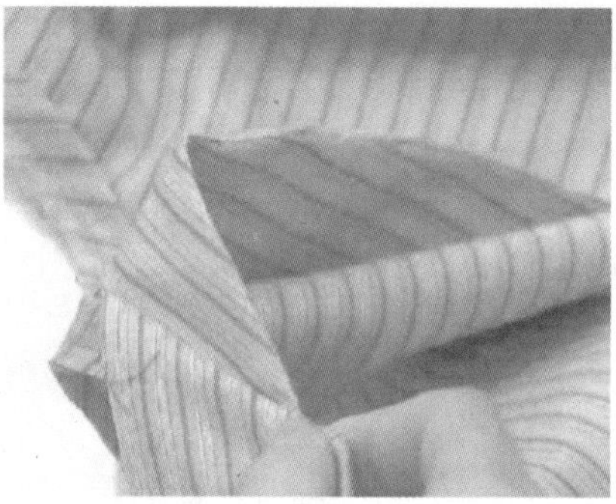

7．将挂面翻转至正面，整理衣领和挂面。

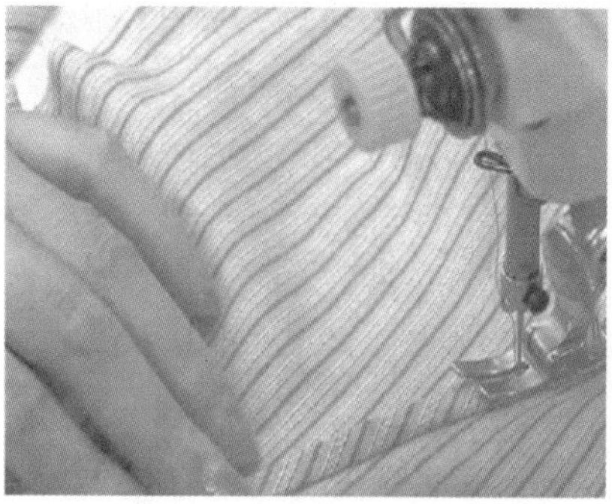

8．将领口缝份修剪在滚条宽度之内，然后将滚条折转，沿滚条外口0.1厘米缉明线，左右两端应缉住挂面各2厘米左右，并熨烫整理。

第四节 女式翻领

4.1 成品效果

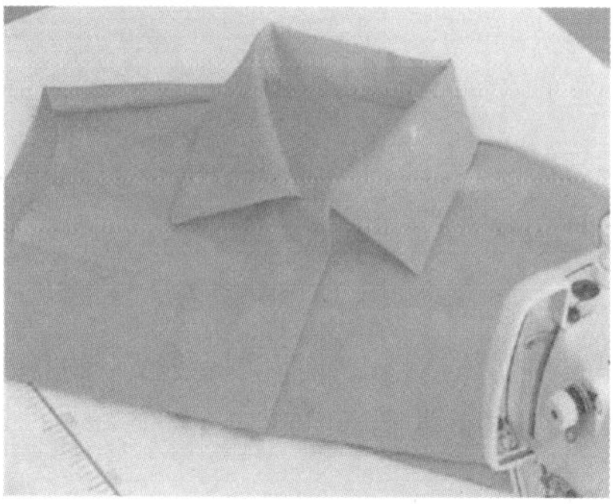

4.2 制作准备

衣身领口，翻领面、里。

4.3 制作步骤

4.3.1 做领

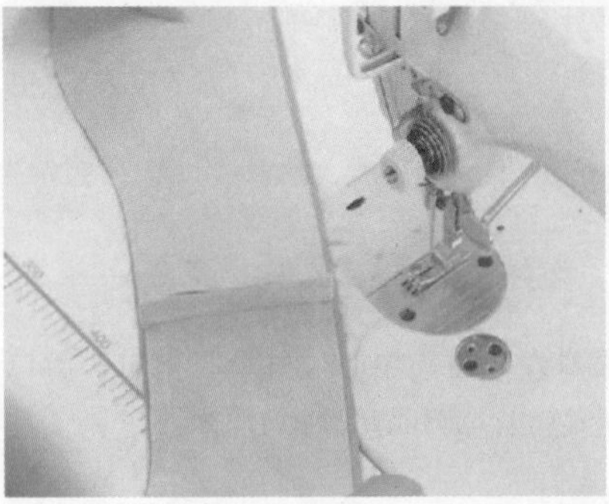

1．领面、领里各自粘衬，车缝领里后中缝并分烫。

2．领面与领里正面相对，按刀眼车缝领外口，注意领角窝势和里外匀。

3．熨烫衣领并修剪缝份，按上图修剪领角。

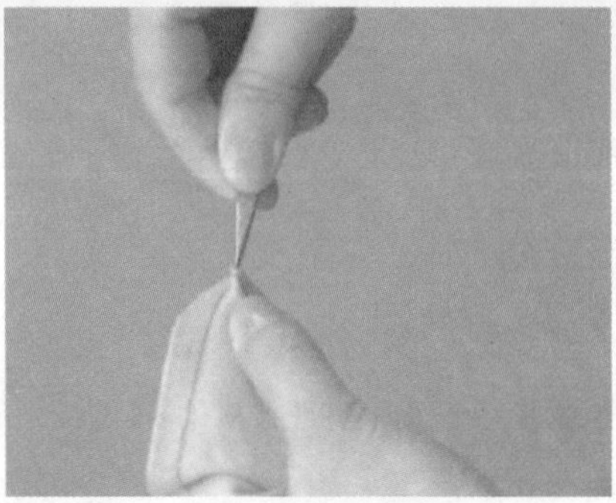

4．翻转领角，将衣领翻至正面。

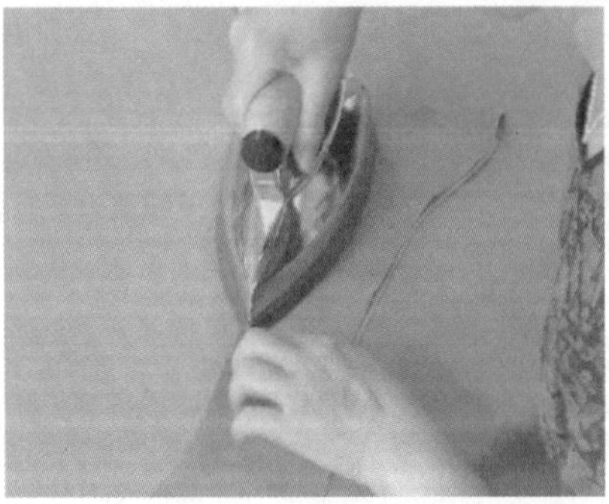

5．熨烫衣领，注意里外匀和领角窝势。

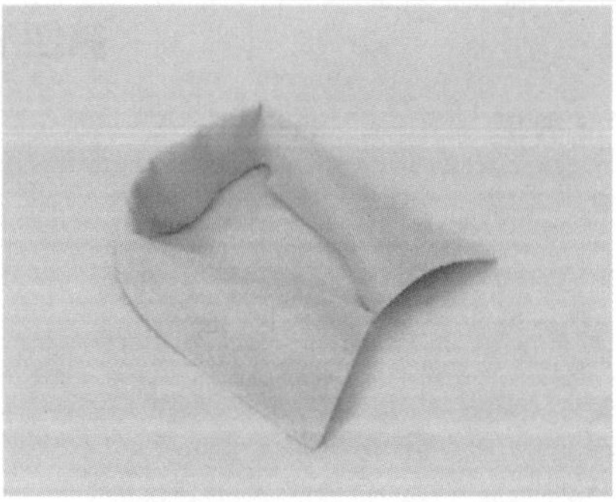

6．整理衣领立体造型，并在翻折线以下约1厘米处手针固定领面的翻折层势。

4.3.2 绱领

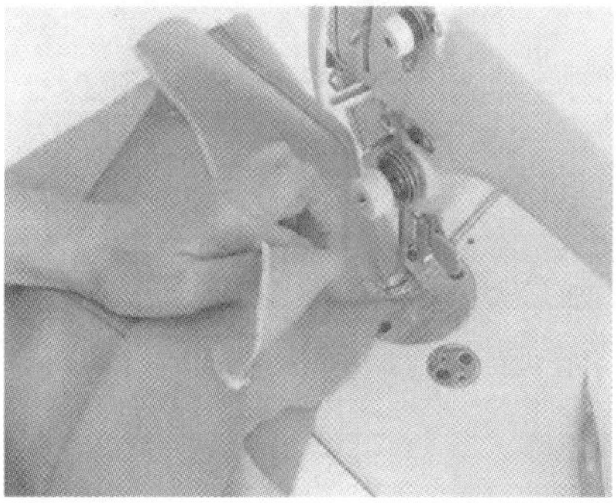

7. 将挂面按门襟止口线向衣片正面折转，衣领按刀眼对齐夹在中间，领里下口与衣身领圈正面相对，然后沿着衣领净缝线车缝，将衣身、衣领、挂面固定在一起。

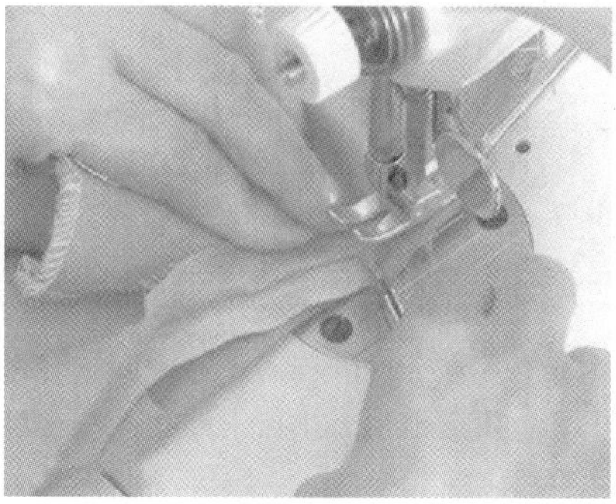

8. 距肩缝5厘米处将挂面、领面、领里、衣身四层一起打剪口，并掀开最上面挂面与领面两层，然后沿领围按刀眼车缝，固定领里与衣身领口。

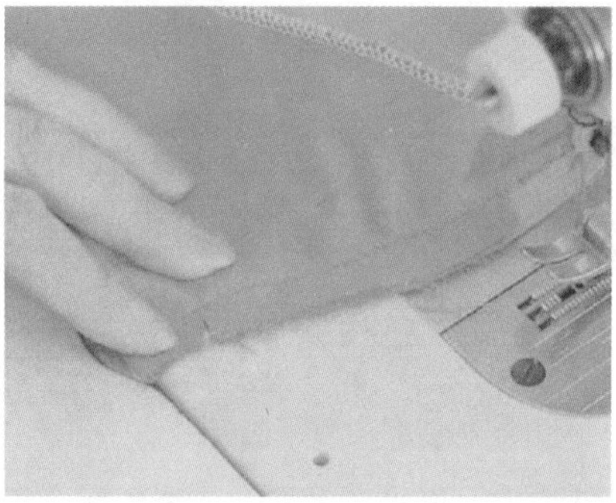

9. 另一端挂面同前处理，并在前中心处打剪口。

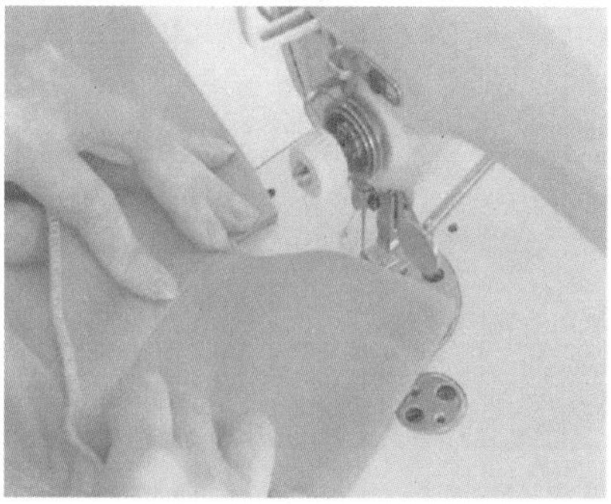

10. 将挂面翻转至正面，整理成型。

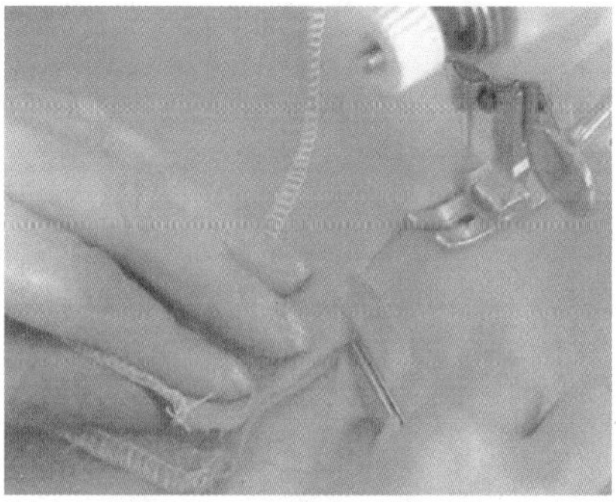

11. 将衣领距肩缝5厘米处的剪口翻开后，把挂面塞入衣领并与领口缝份对齐。

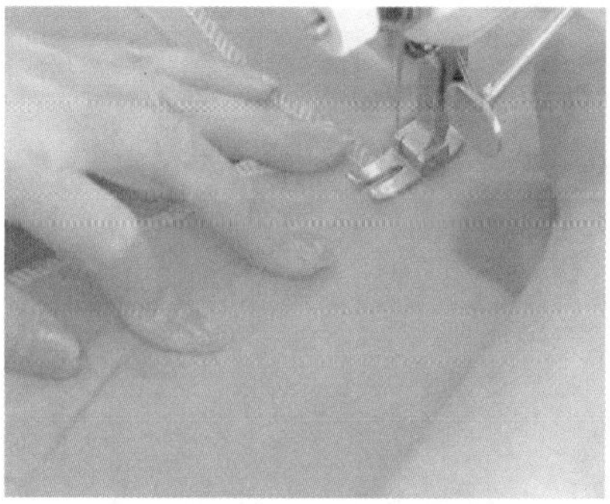

12. 接着，将领面下口从剪口处按净缝线折进盖住挂面缝份，然后沿领面下口边缘0.1厘米缉明线。

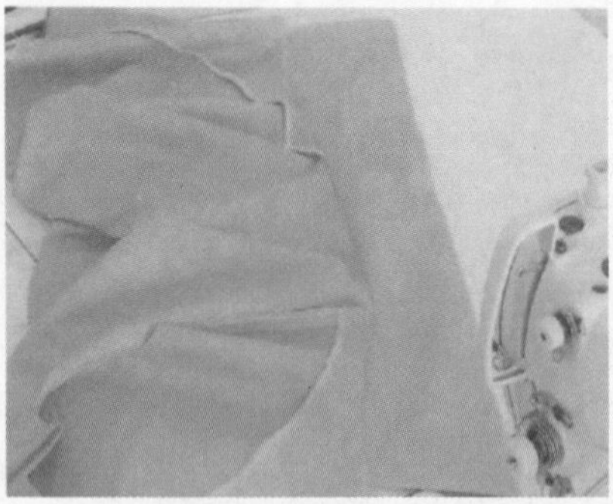

13. 衣领左右两端相同处理。装缝完成后的衣领不扭不歪、不起涟形，止口不外吐，左右对称，领角窝势服帖。

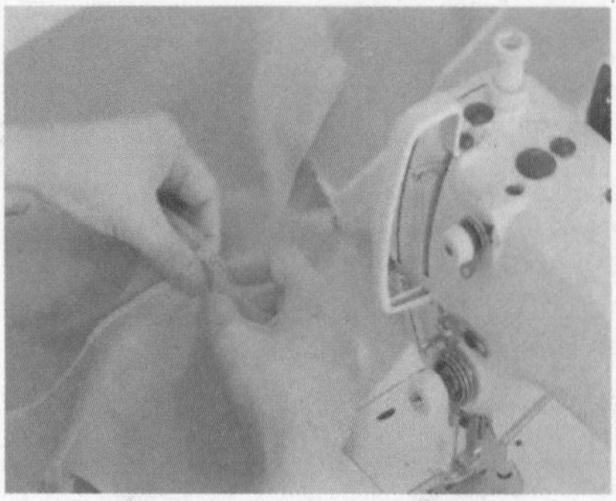

14. 固定挂面与肩缝，并熨烫整理。

第五节 男式衬衫领

5.1 成品效果

5.2 制作准备

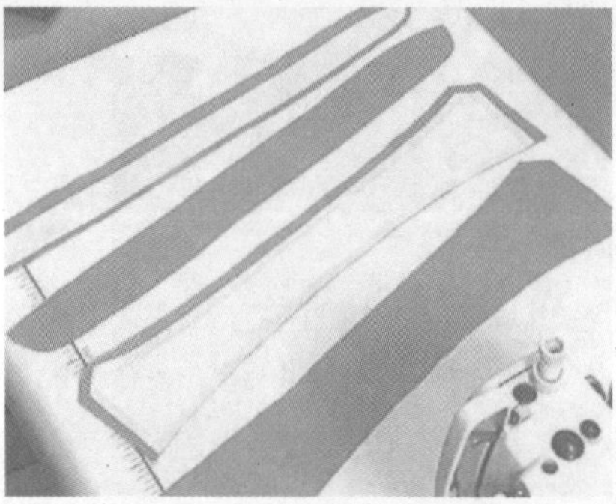

衣身领口（门、里襟已做好），翻领面、里（面粘衬），领座面、里（面粘衬）。

5.3 制作步骤

5.3.1 做领

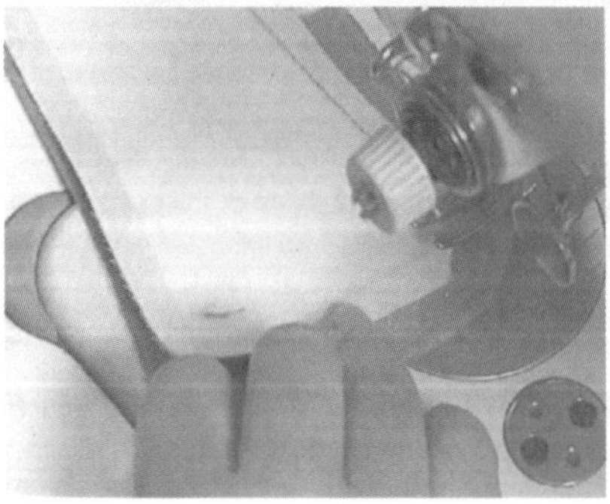

1. 将翻领面、里正面相对，按刀眼车缝领外口，注意领角的里外匀。

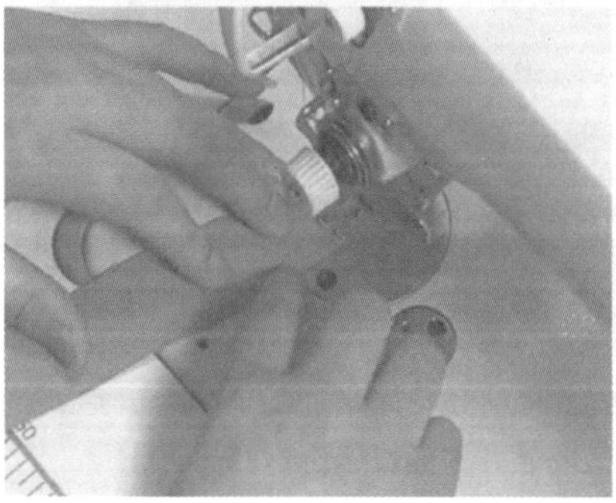

2. 将领座面的下口按净缝线扣烫好，缉0.6厘米明线。

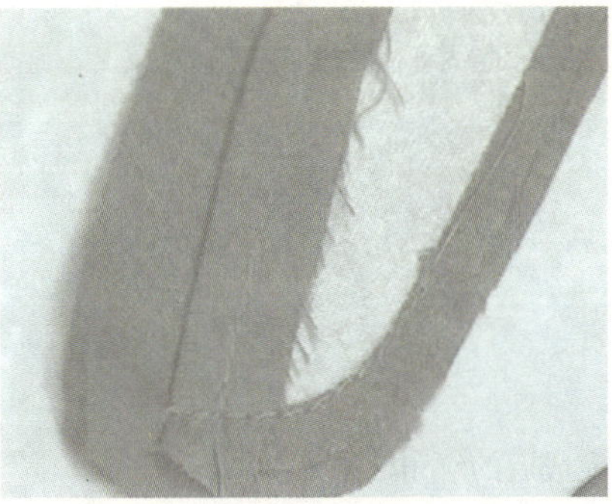

3．将领座面、里正面相对，分别车缝领座上口两端（从前中心刀眼起至领下口的位置）。

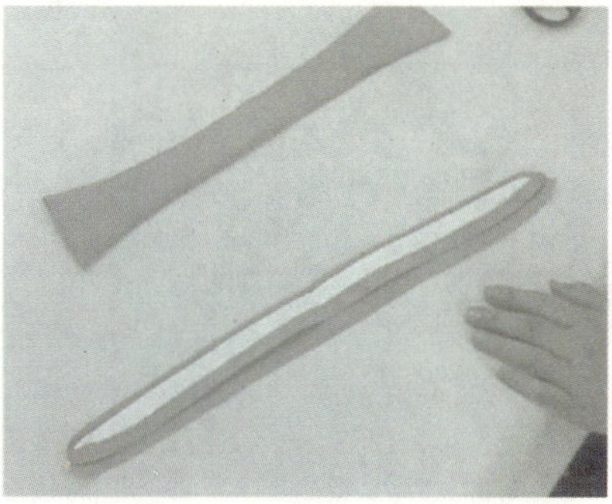

4．修剪翻领并翻转至正面，熨烫平服后，检验、修剪，使其左右对称。

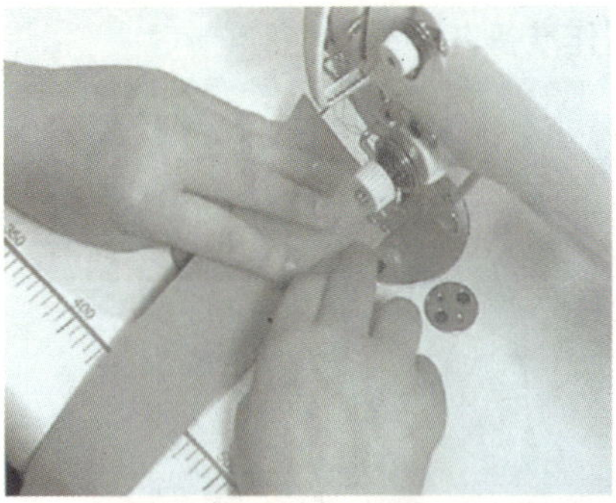

5．沿翻领外口0.1厘米缉明线，控制好翻折层势并固定翻领下口。

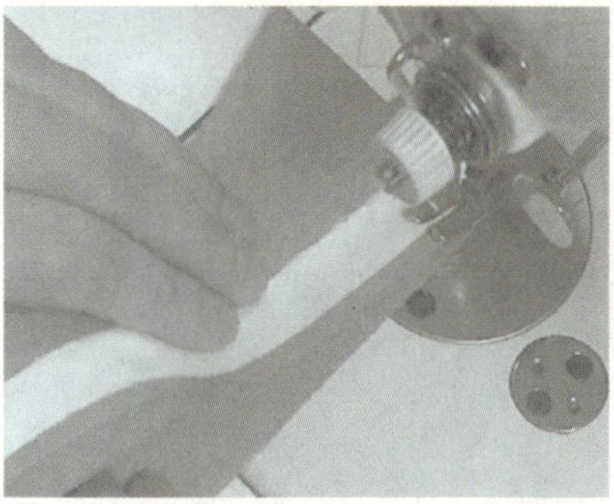

6．将翻领夹在领座上口中间，按刀眼车缝固定翻领与领座。

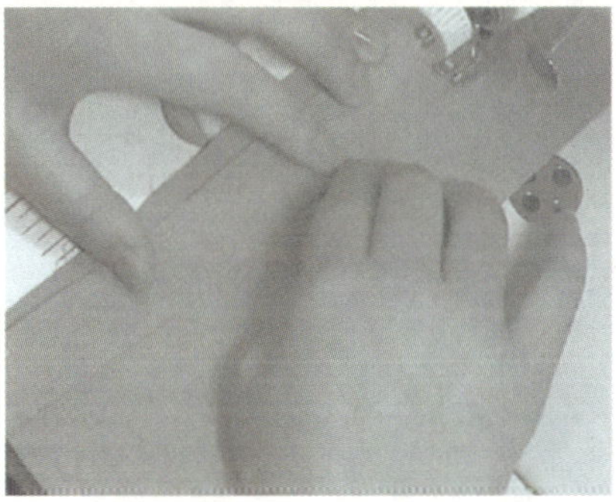

◀7．将领座面、里折转，距左、右前中心各2厘米开始沿领座上口0.1厘米缉明线。

5.3.2 绱领

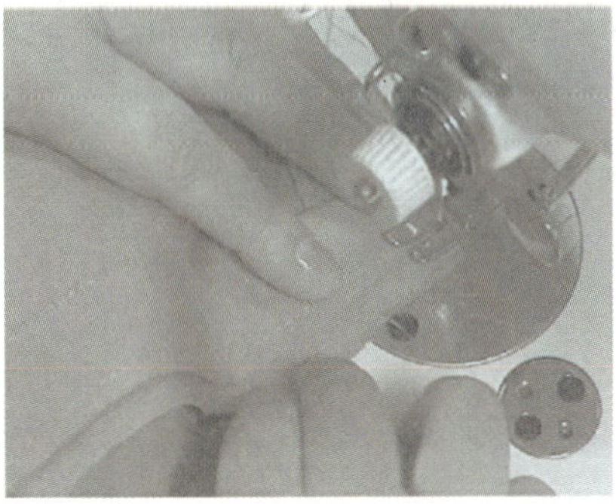

8．将领座里与衣身反面相对，沿领座下口和领围按刀眼车缝固定。

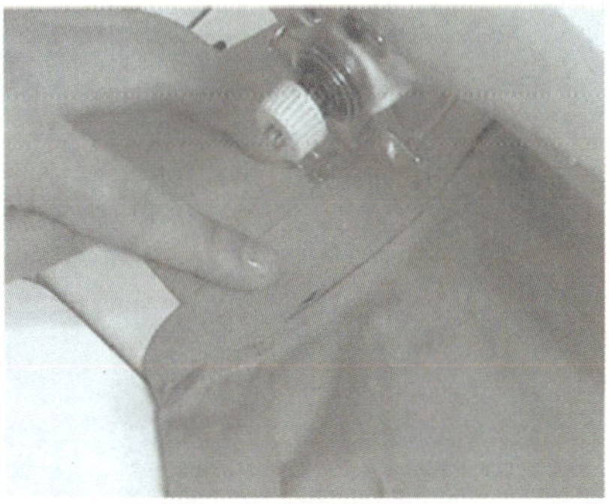

9．将缝份塞入领座中并盖住、抚平，距一端前中心2厘米接续领座上口明线处开始，沿领座上口、下口0.1厘米缉明线至另一端止。

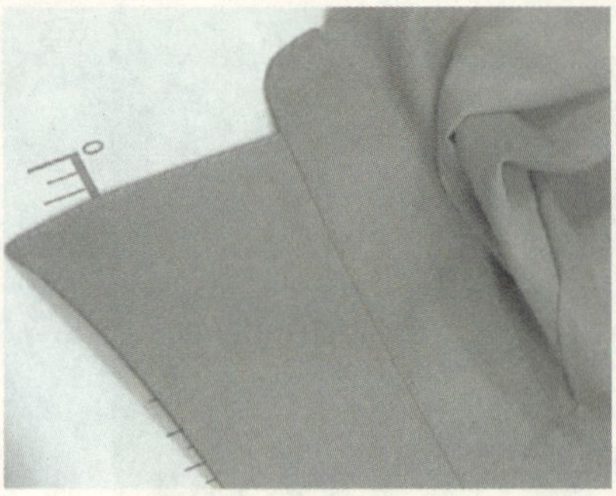

◀10. 完成后的领角效果。

第六节 立领

6.1 成品效果

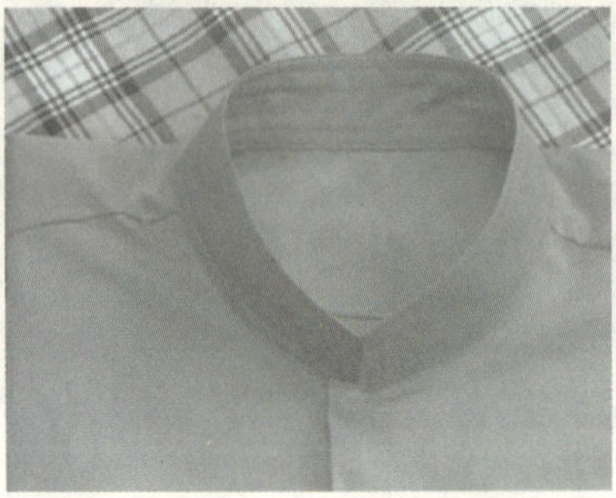

6.2 制作准备

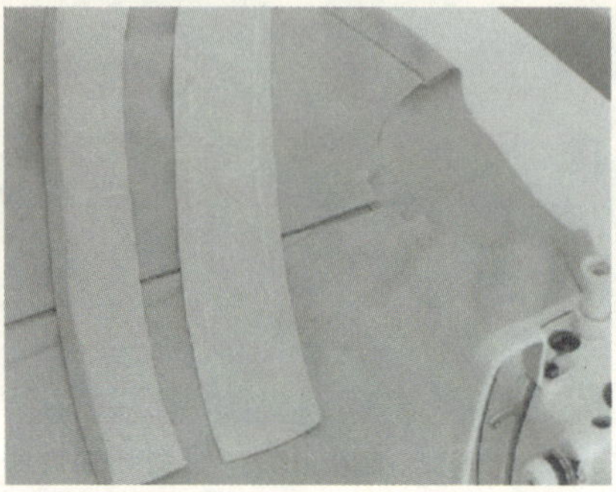

衣身领口，立领面（粘衬，领下口缝份扣烫），立领里（粘衬）。

6.3 制作步骤

6.3.1 做领

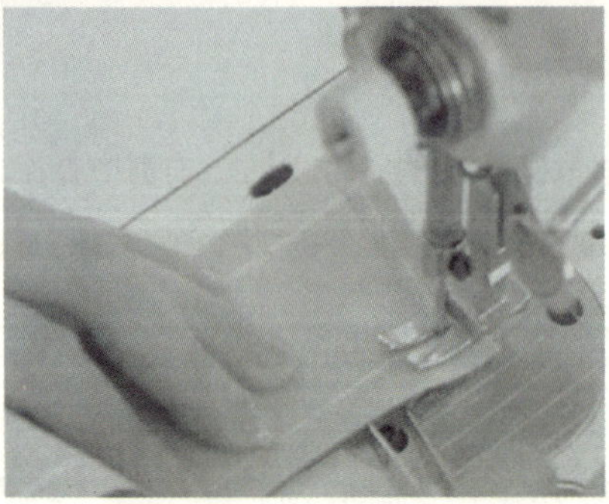

1. 将领面与领里正面相对，按刀眼车缝领上口。

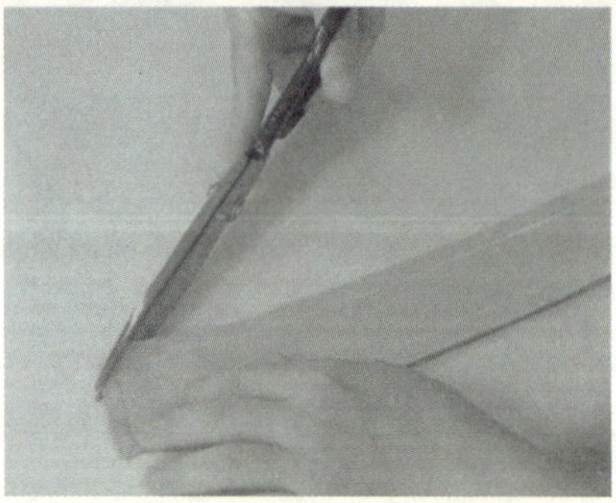

2. 修剪缝份至0.3厘米，转角缝份修成三角。

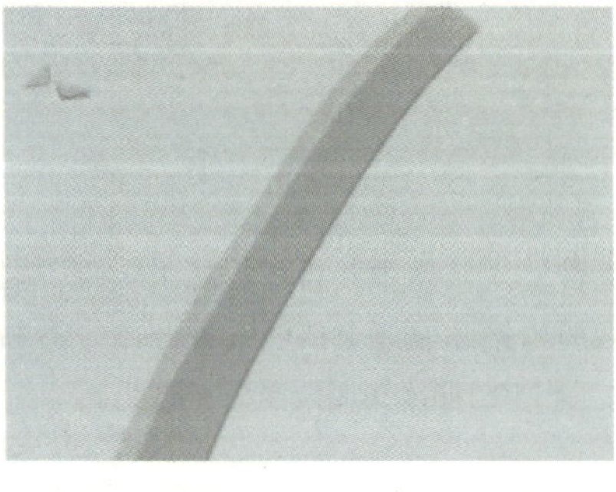

◀3. 将衣领翻转至正面并熨烫定型，注意里外匀。

6.3.2 绱领

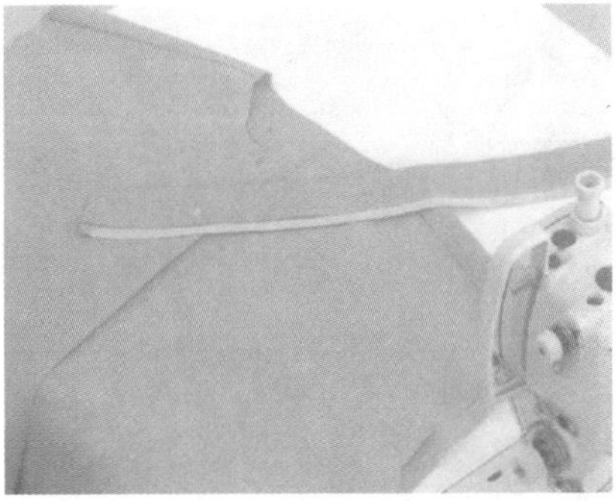

4．领口处沿前中心打剪口，沿剪口缝合叠门上端并翻转熨烫定型。

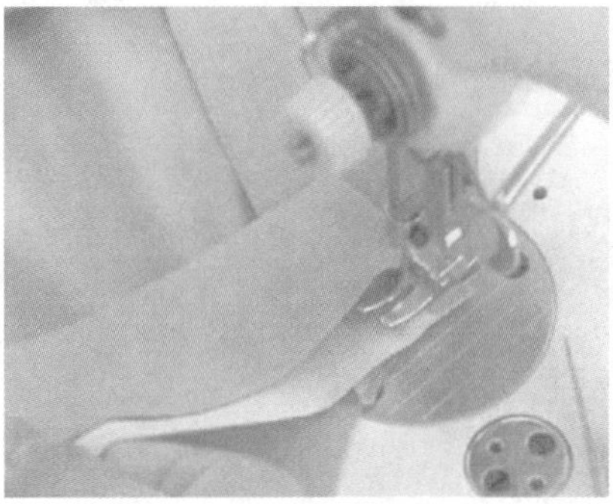

5．将立领领里正面与衣身领口反面相对，从前中心开始按刀眼缝合领里与衣身领口。

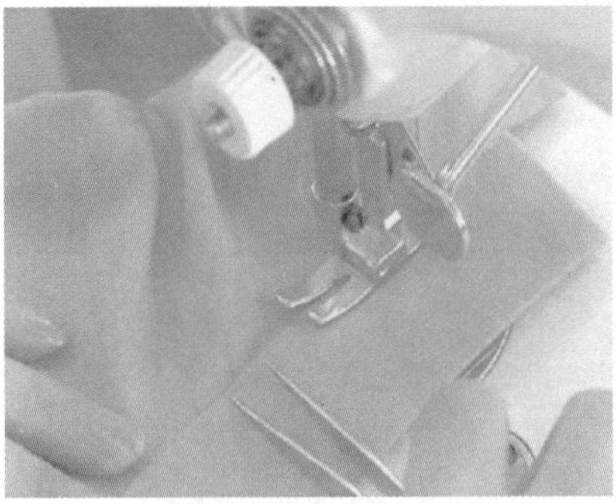

6．翻转衣领，将领口缝份夹在衣领里，整理平服，领面朝上沿领下口0.1厘米缉明线。

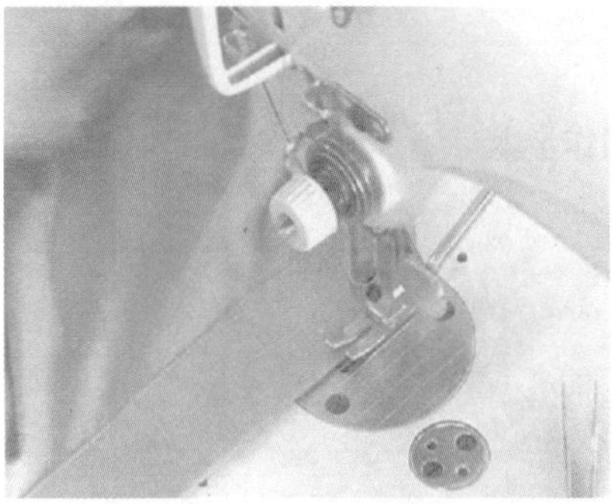

7．继续沿领外口0.1厘米缉明线。

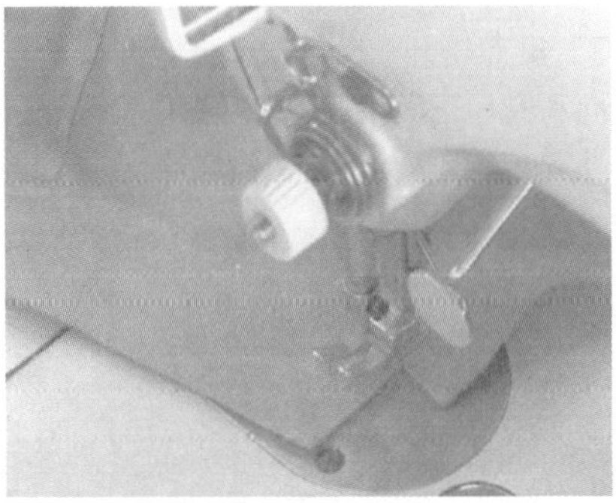

8．领面朝上，在内圈距缉线0.5厘米再缉缝一圈，形成双缉线造型。

第二章　门襟缝制工艺

第一节 半开襟门襟

1.1 成品效果

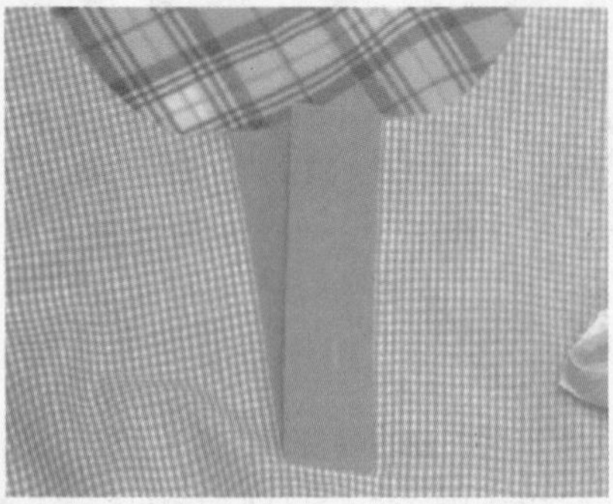

1.2 制作准备

上衣片，门襟条（双层已锁缝），里襟（双层已锁缝）。

1.3 制作步骤

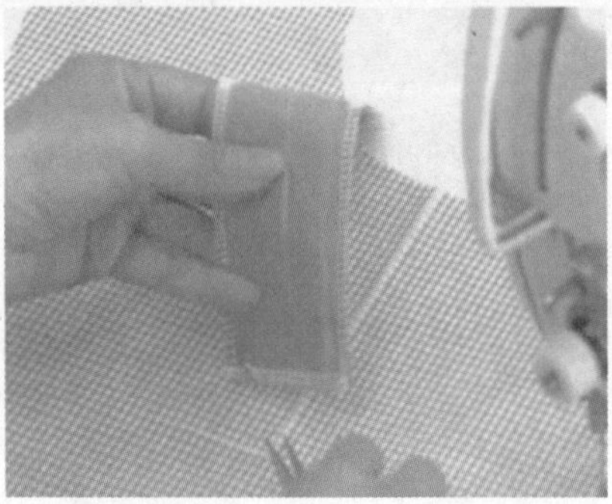

1. 在衣片前中心确定好半开襟位置、开襟宽度与止点。

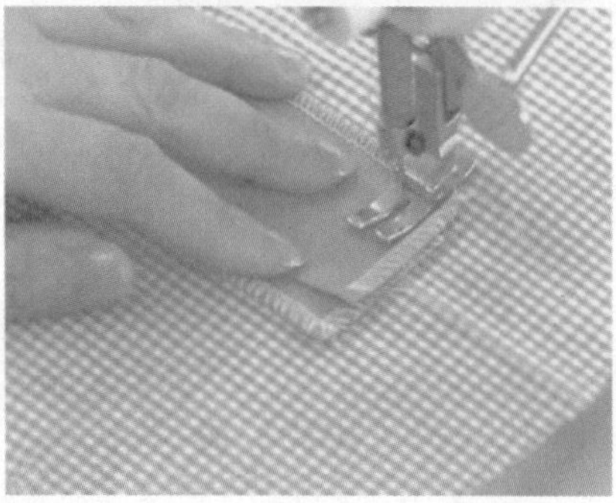

2. 将门、里襟错开一个缝份重叠，并按开襟相反方向和衣片正面相对、按开襟位置对齐，按半开襟宽度车缝固定门、里襟底端。

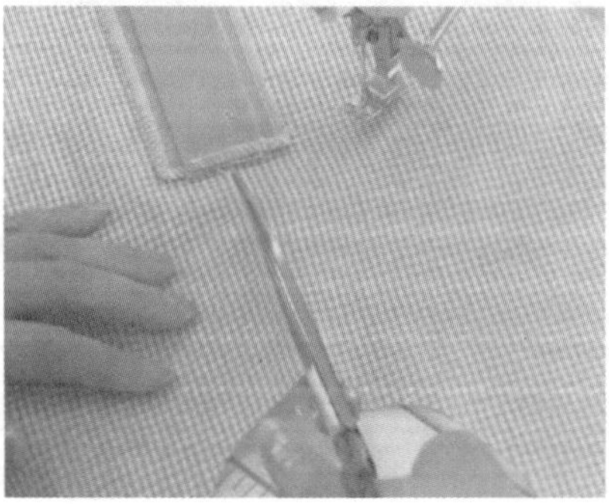

3. 从领口开始沿半开襟位置剪开至开襟止点约1.5厘米处止。

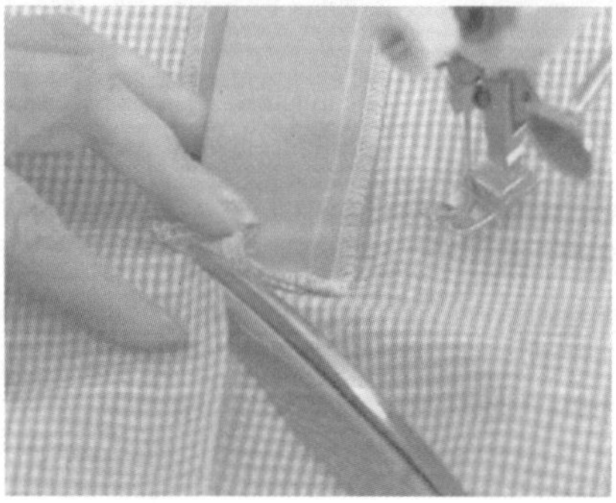

4. 沿着剪开线至开襟止点处剪Y形三角，剪至开襟宽度末端0.1厘米止，不能剪断缝线。

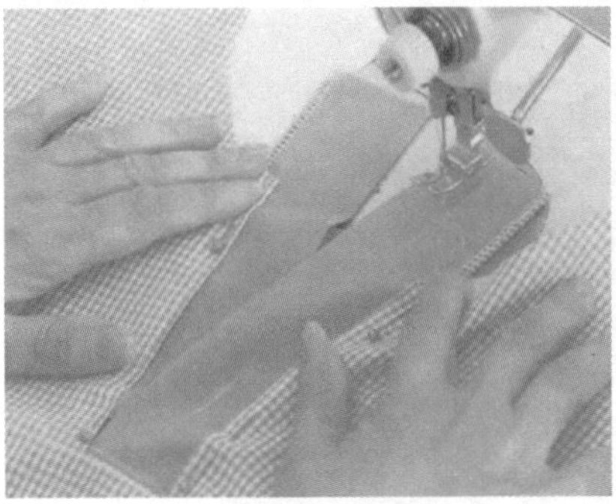

5. 将门、里襟翻至正面，再将衣片开襟两侧缝份折进分别压住门、里襟，整理成型并用珠针固定。

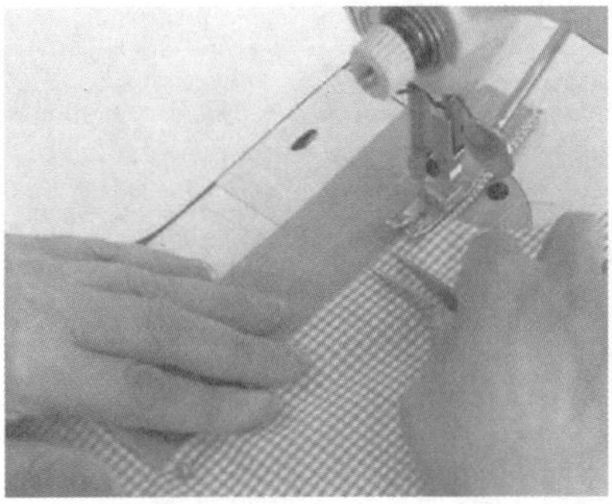

6. 车缝衣片与门襟，沿衣片边缘0.1厘米缉明线。

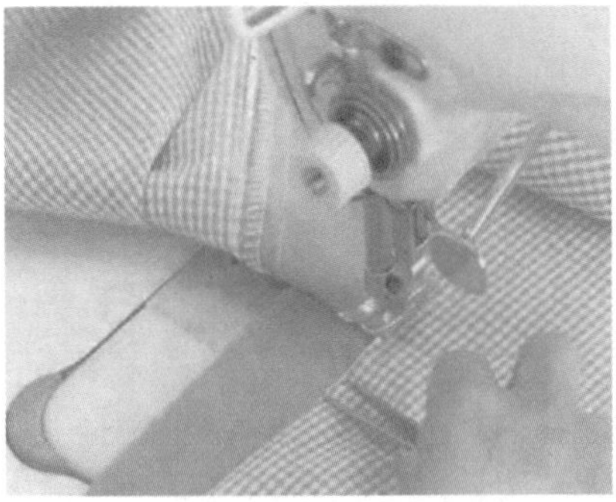

7. 车缝衣片与里襟，沿衣片边缘0.1厘米缉明线。

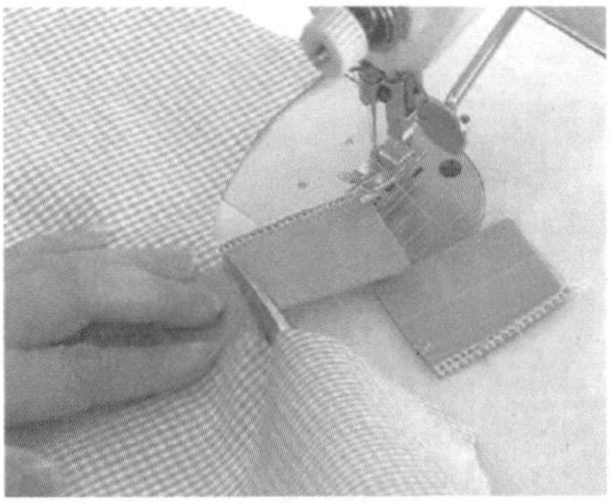

8. 沿领口造型修剪门、里襟。

第二节 外翻式门襟

2.1 成品效果

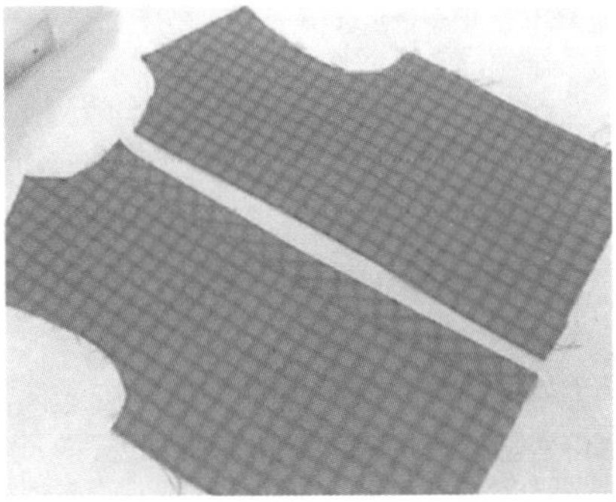

2.2 制作准备

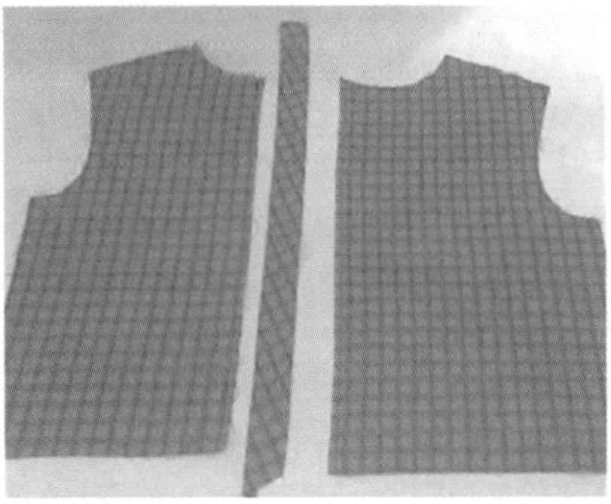

左前衣片（连里襟），右前衣片，门襟条。

2.3 制作步骤

1. 将左衣片里襟向反面折烫。

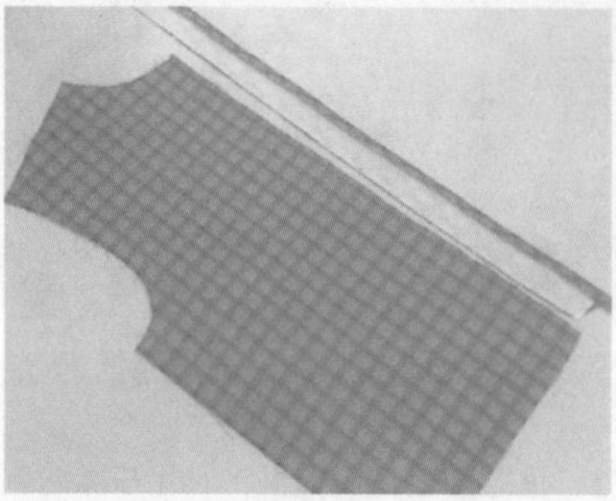

2. 门襟条反面粘衬，并扣烫1厘米缝份。

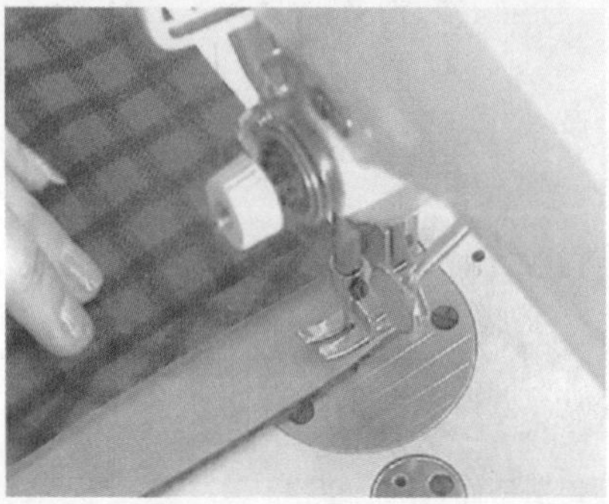

3. 将门襟条正面与右衣片前中反面相对，沿净缝线车缝。

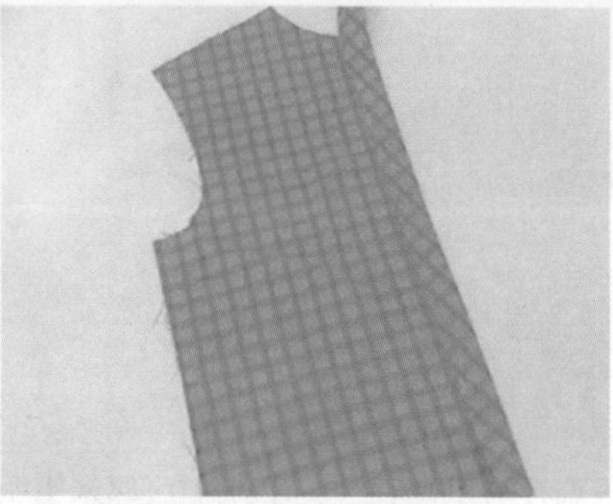

4. 将门襟翻至衣片正面熨烫。

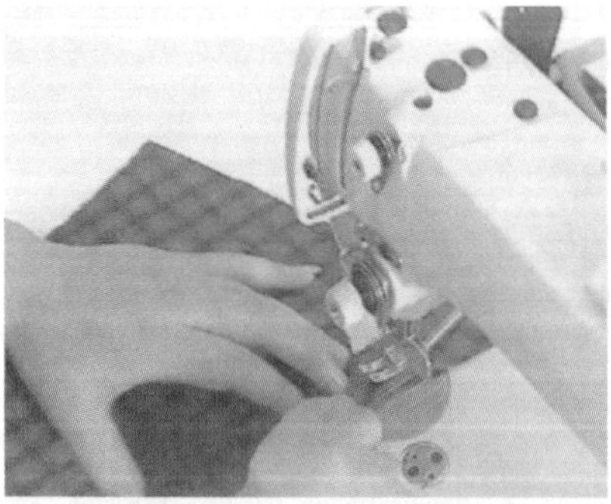

5. 在翻门襟正面车缝一周，缉明线0.6厘米。

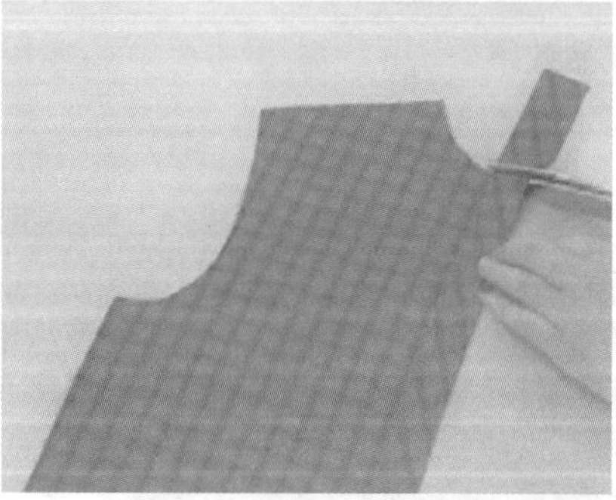

6. 按领口造型修剪门襟，并熨烫整理。

第三节 暗门襟

3.1 成品效果

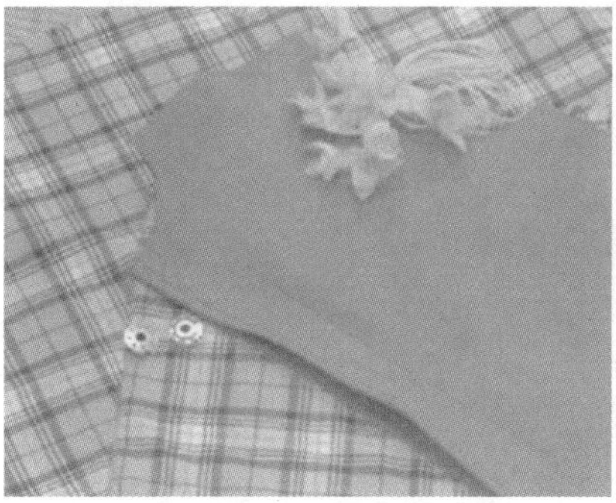

3.2 制作准备

左衣片，门襟面一片（与衣片正面相对两端缝合，中间留出不缝，为暗门襟开口部分），门襟里两片。

3.3 制作步骤

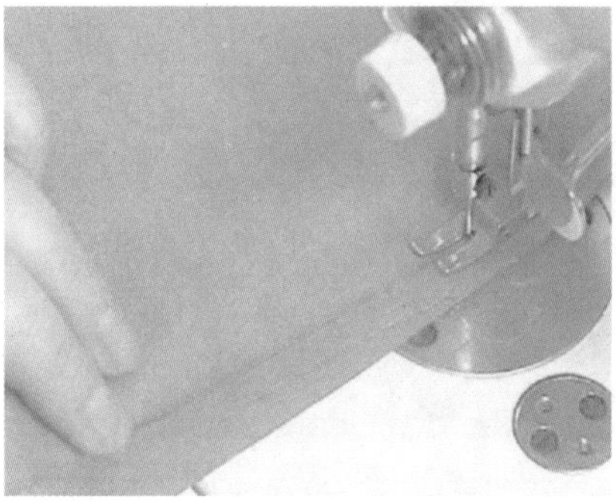

1. 将衣片与一片门襟里正面相对，门襟面在两者中间，按边缘对齐，沿门襟止口净缝线车缝衣片与门襟里的暗门襟开口部分。

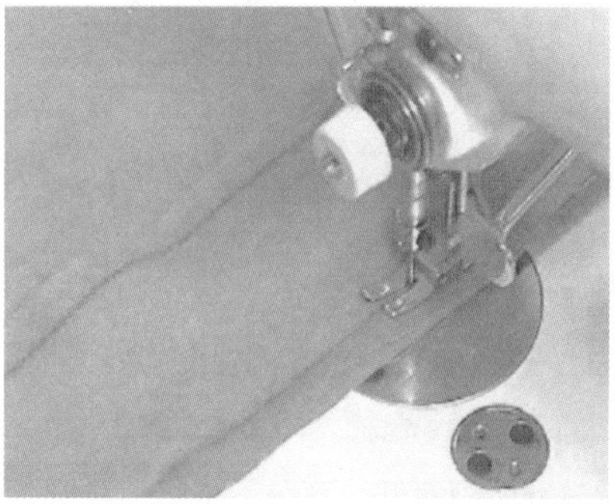

2. 将门襟面与另一片门襟里正面相对，衣片及其对应的门襟里在两者中间，按边缘对齐，沿门襟止口净缝线车缝暗门襟开口部分。

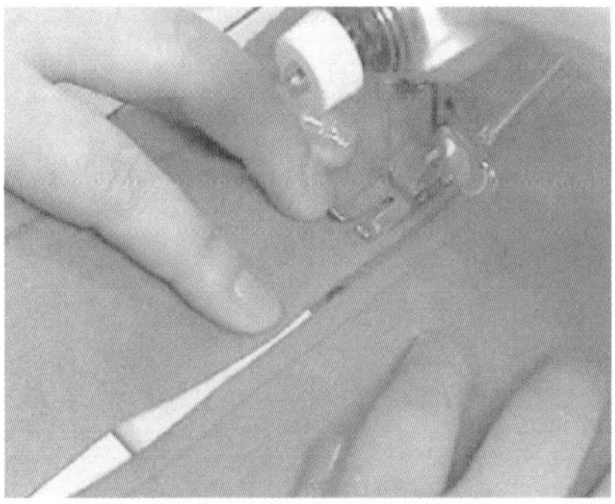

3. 分别熨烫整理好衣片、门襟面及其分别相对应的门襟里，然后在衣片正面绕暗门襟开口部分一周0.6厘米缉明线。

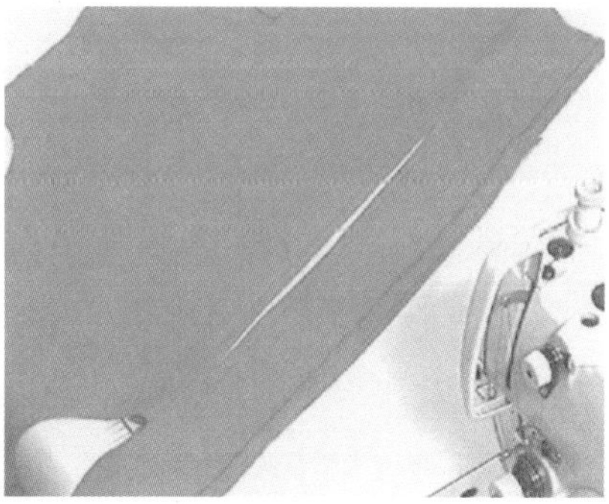

4. 暗门襟缝合后的效果。

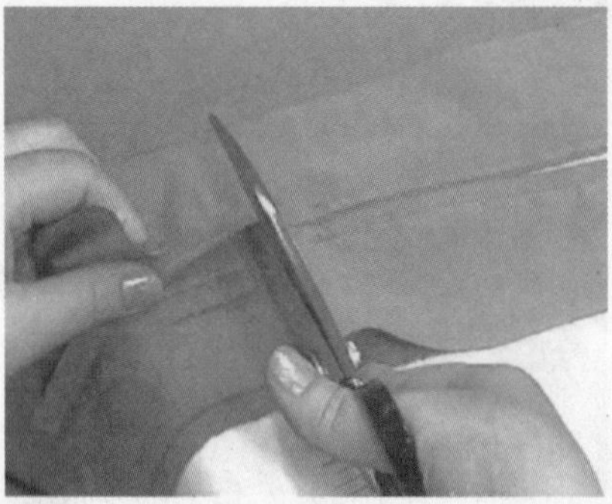

5. 根据暗门襟开口大小修剪两片门襟里的长度。

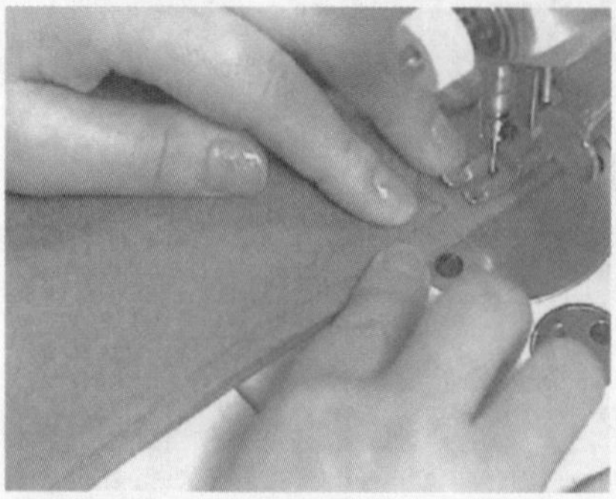

6. 将门襟按止口线折烫好，在衣片正面从衣片下摆开始沿门襟止口0.6厘米缉明线，至暗门襟开口部分与原先的明线相连接。

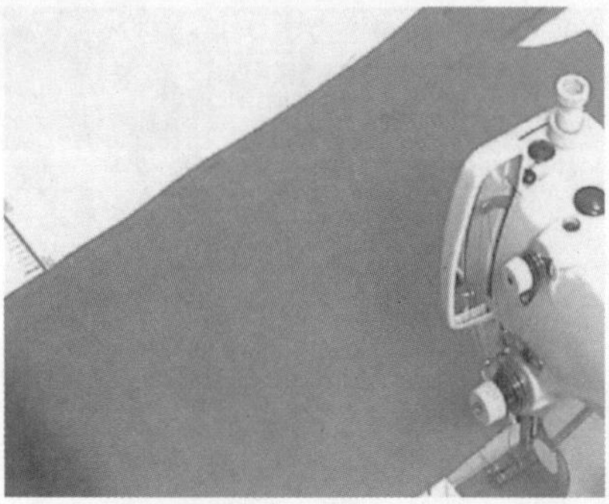

7. 继续车缝暗门襟开口部分，按暗门襟圆弧造型及暗门襟宽3.5厘米缉明线至领口。

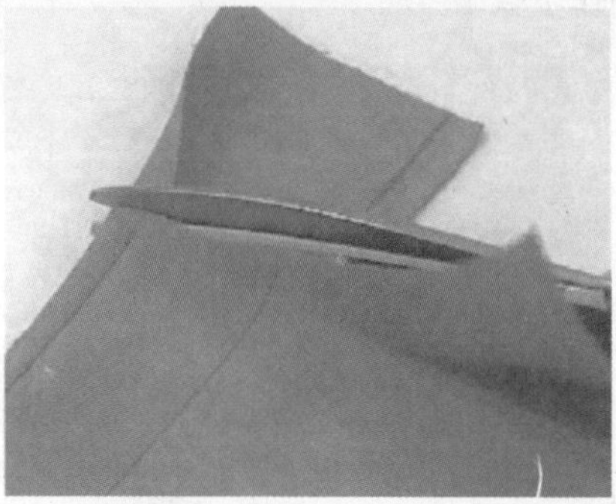

8. 按领口造型修剪暗门襟面的长度，并熨烫整理。

第三章　口袋缝制工艺

第一节 单贴袋

1.1 成品效果

1.2 制作准备

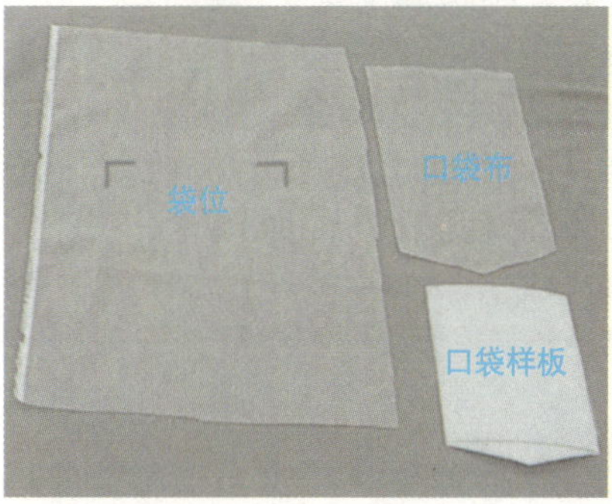

衣片（确定好袋位），口袋布，口袋样板。

1.3 制作步骤

1. 将口袋布沿袋口两折烫成光边后，用口袋样板扣烫整个口袋缝份。

2. 正面熨烫定型口袋，注意口袋左右对称，缝份不外露。

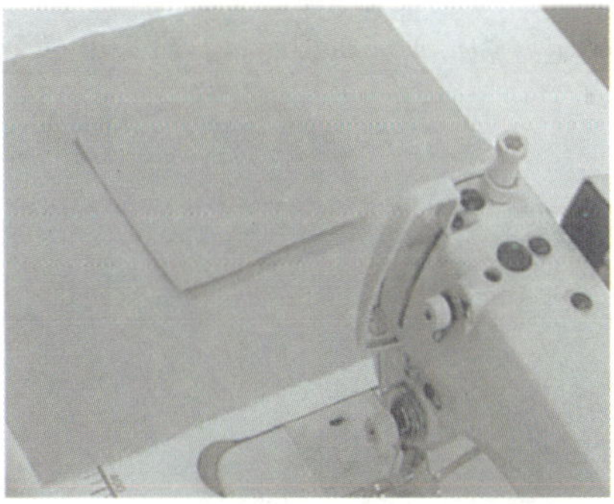

3. 将口袋按衣片上确定的袋位放好，并手针固定好。

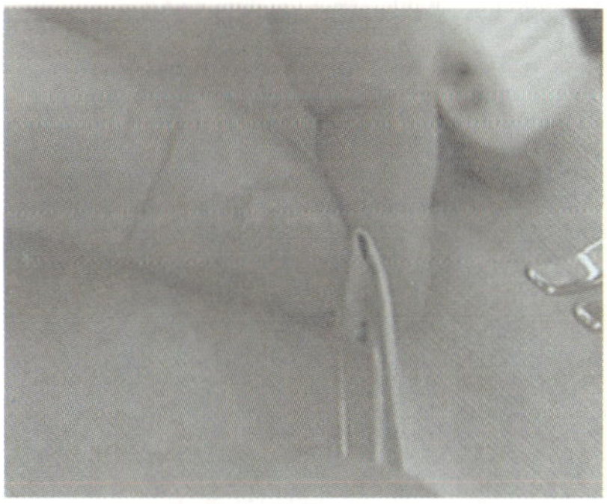

4. 将袋口两端缝份毛边折角成光边，然后从袋口一端处开始缉缝口袋边缘。

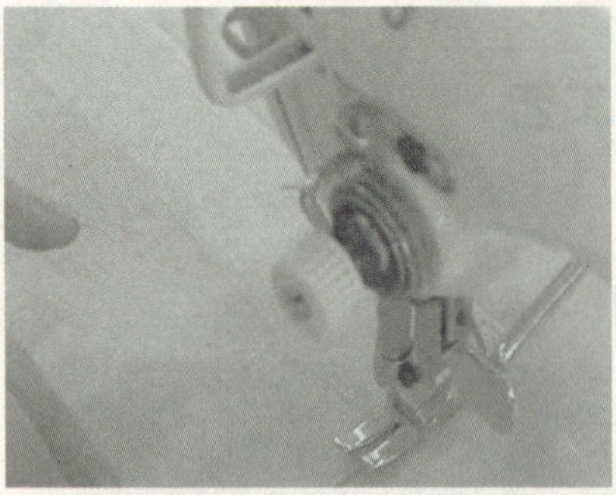

5. 从袋口开始缉缝口袋三边，袋口两端车缝折角造型加固，口袋侧边与底边0.1厘米缉明线。

6. 熨烫整理。

◀7. 单贴袋的各种造型设计。

第二节 夹贴袋

2.1 成品效果

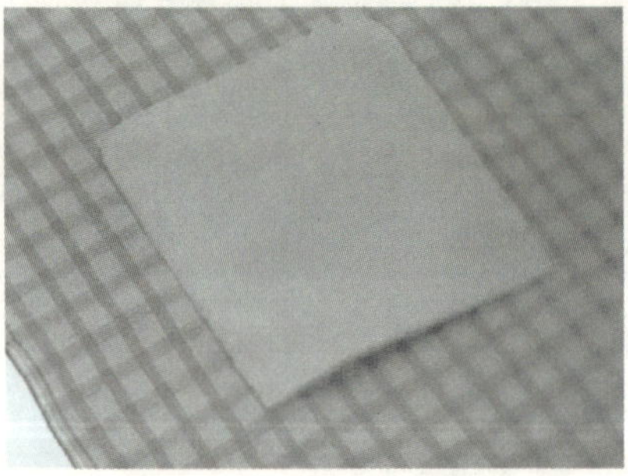

2.2 制作准备

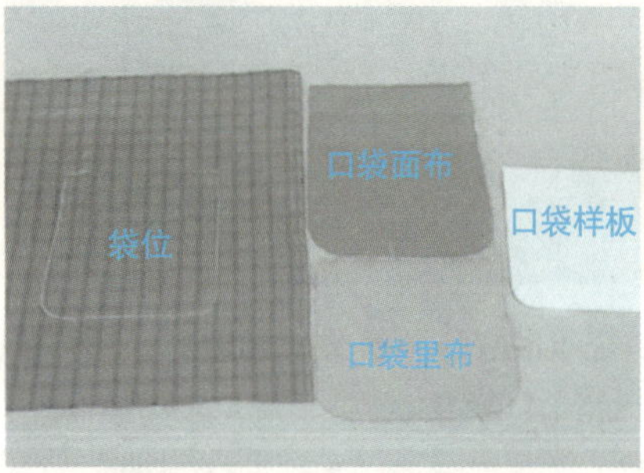

衣片（确定好袋位），口袋面布，口袋里布，口袋样板。

2.3 制作步骤

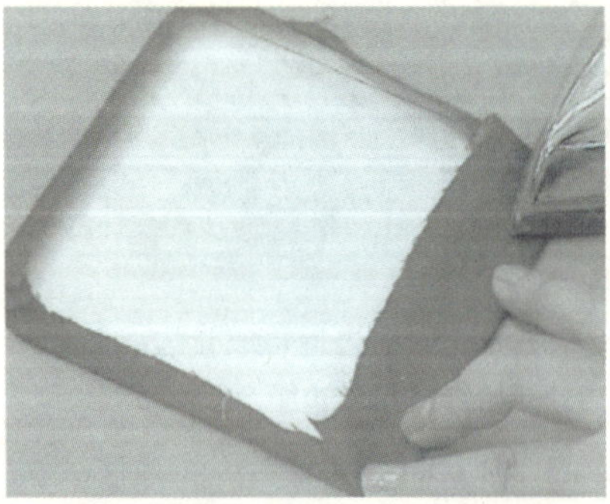

1. 先用口袋样板扣烫口袋四周缝份，袋口两端向内侧斜折烫约0.3厘米，避免毛边外露。

2. 然后取出口袋样板，在正面熨烫定型口袋，转角圆顺。

3．将口袋面、里正面相对，按袋口大小车缝袋口，并将袋里翻至正面熨烫平整。

4．按口袋面外口造型在口袋里上划好净样，并按缝份0.5厘米修剪口袋里外口。

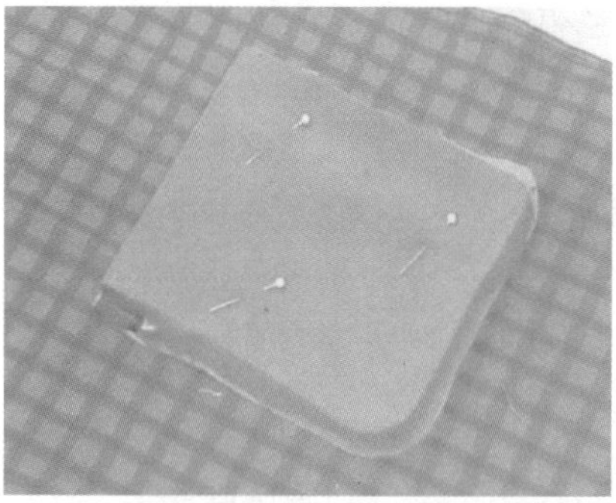

5．将口袋按衣片上确定的袋位放好，并用珠针固定。

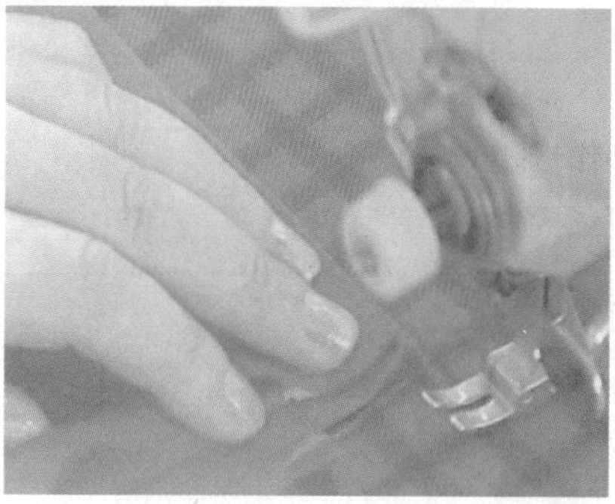

6．掀开口袋面布，按净缝线里侧0.2厘米车缝口袋里侧边与底边。

7．将袋里缝份向里侧折烫。

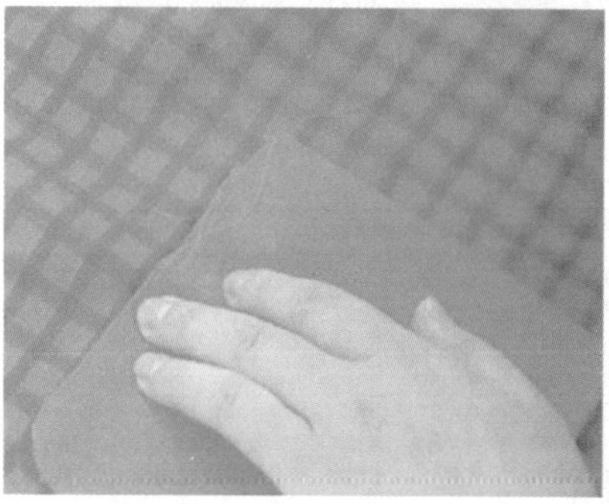

8．将口袋面翻下盖住口袋里，然后沿口袋边缘手缝大针脚固定口袋。

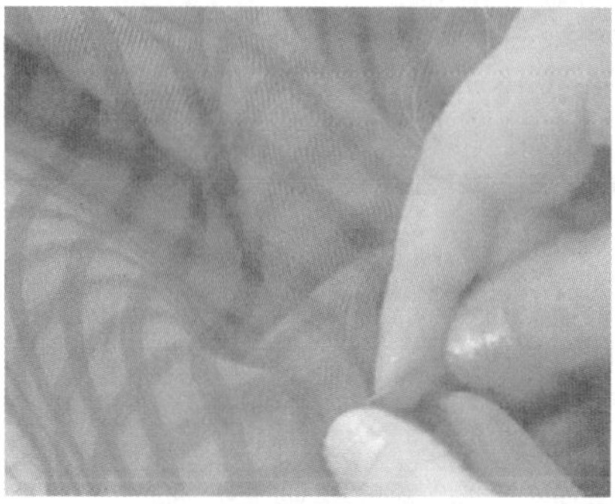

9．先在衣片反面手工固定住口袋的袋口两端，然后在衣片正面手工暗缲缝口袋面的侧边与底边，缝线松紧适宜。

10．熨烫整理口袋造型。

第三节 立体口袋

3.1 成品效果

3.2 制作准备

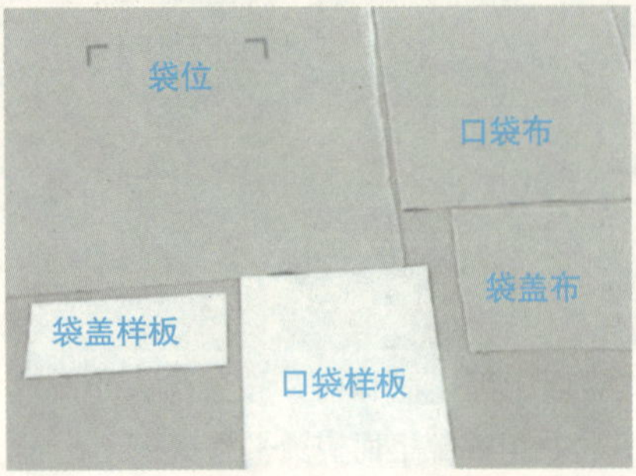

衣片（确定好袋位），口袋布、袋盖布（粘衬），口袋样板、袋盖样板。

3.3 制作步骤

1．将口袋布底边两角分别正面相对对折后，按上图在口袋布反面按45° 车缝立体袋角，并两折光袋口后车缝一道。

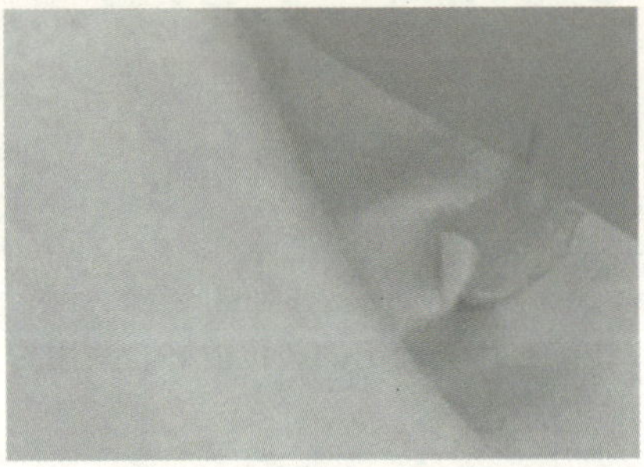

2．按缝迹线外侧1厘米修剪袋角，并分烫缝份。

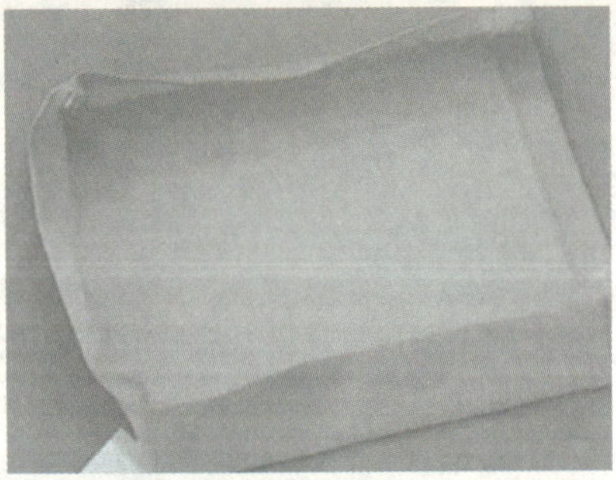

3．用口袋样板按立体口袋造型整理扣烫口袋侧边与底边。

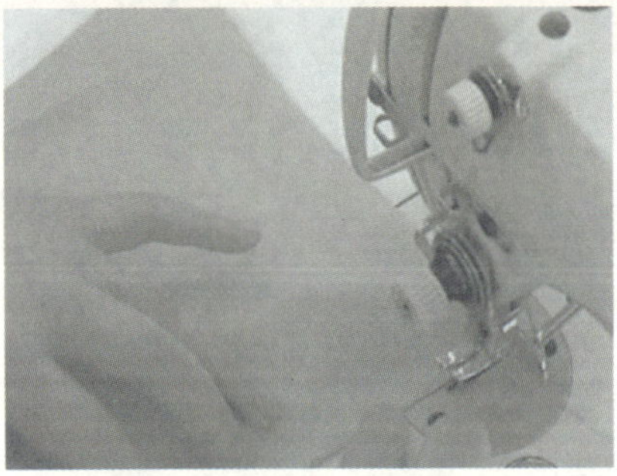

4．沿口袋立体外边缘0.1厘米缉止口明线。

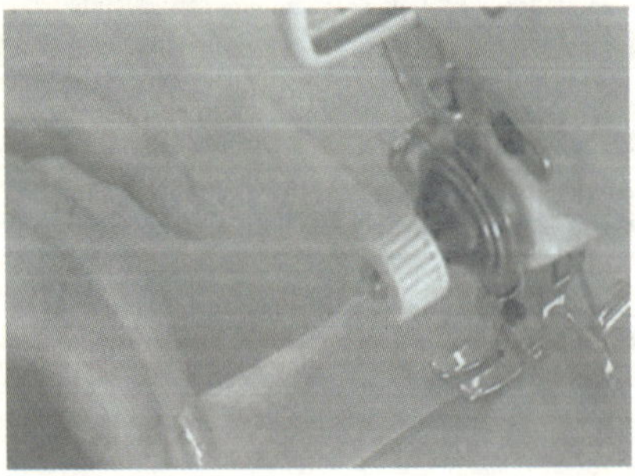

5．将口袋对准衣片上的袋位，沿口袋侧边与底边0.1厘米缉止口明线。

6．将袋口两端的口袋内外边缘立体量叠合在一起，加固缉缝4-5厘米。

7．将袋盖布正面朝外，对折熨烫。

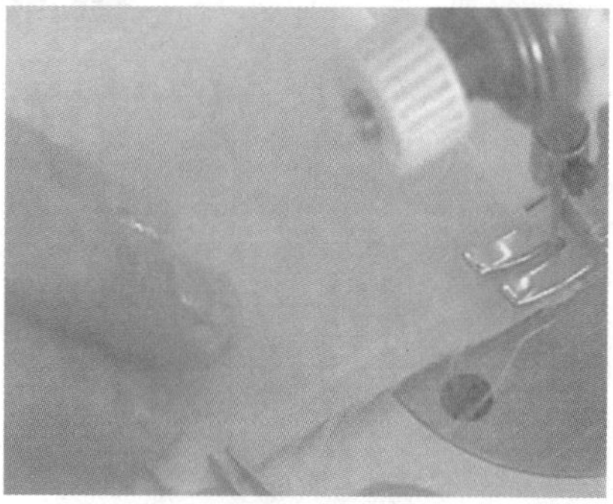

8．将袋盖布按熨烫线正面相对折转，然后按净缝线车缝袋盖布两端。

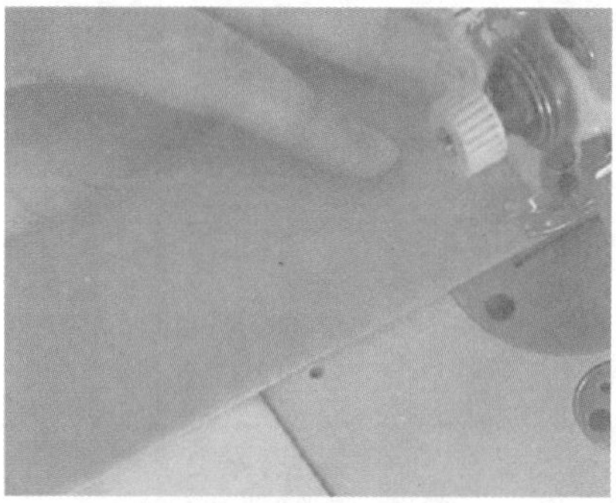

9．将袋盖翻至正面熨烫整理后，沿袋盖外口0.1厘米缉明线。

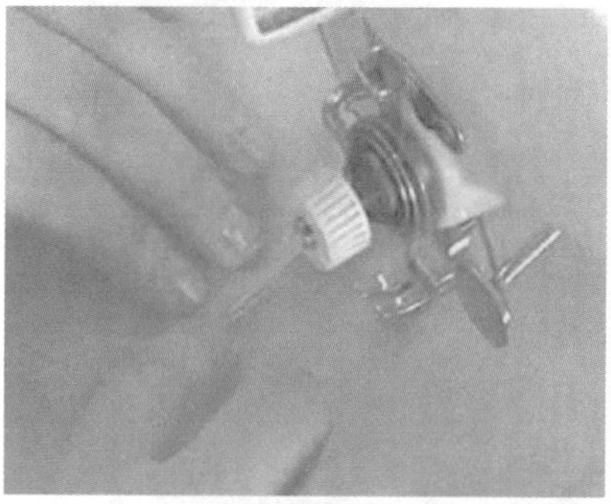

10．左手微微折起袋盖，同时在袋盖上端缝份处车缝固定，以使袋盖向内窝服。

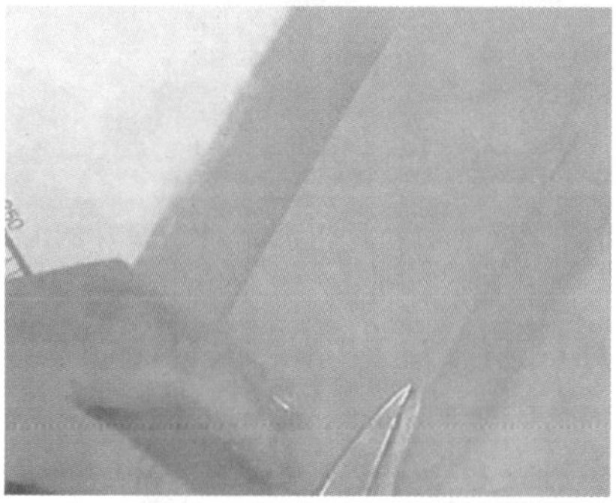

11．将袋盖面与衣片正面相对，袋盖上口毛边与袋口相对离开约1厘米，然后按袋盖位车缝袋盖，并将缝份修至0.3厘米。

12．将袋盖翻下盖住袋口，并沿袋盖上口0.5厘米压缉明线。

13．熨烫整理口袋。

第四节 单嵌线口袋

4.1 成品效果

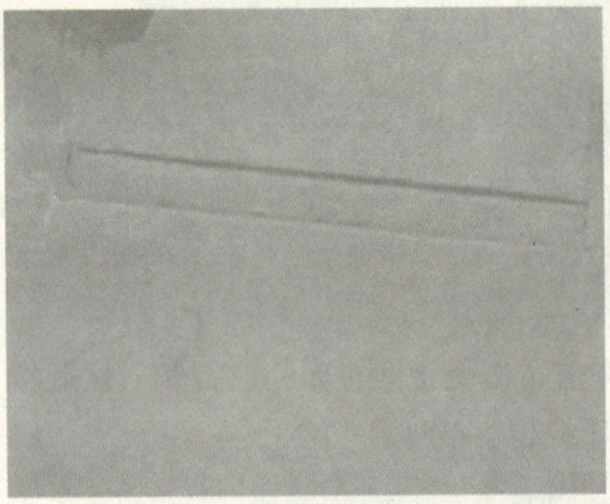

4.2 制作准备

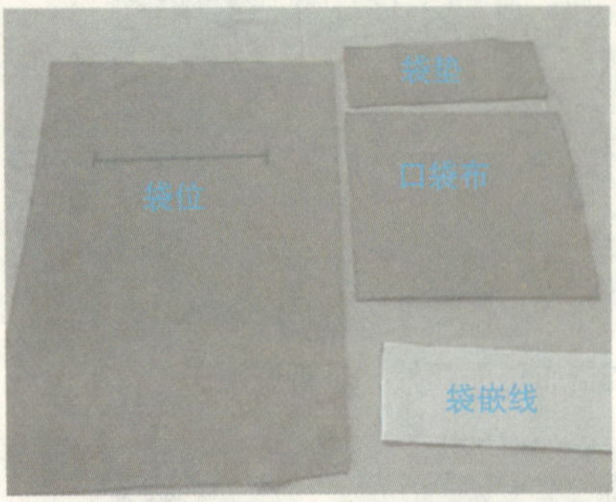

衣片（确定好袋位），口袋布两片，袋垫，袋嵌线（粘衬）。

4.3 制作步骤

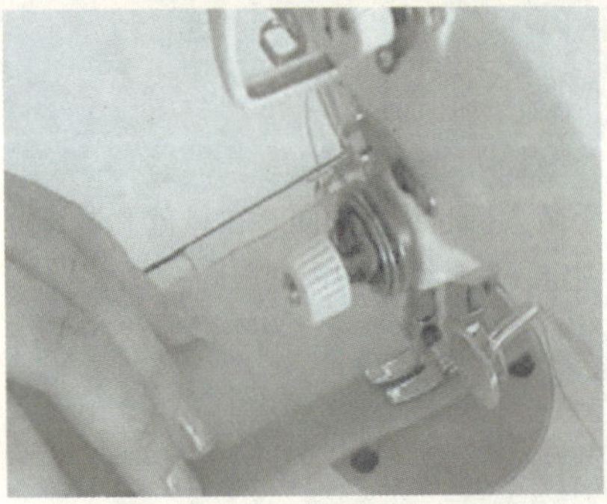

1．将袋嵌线一边1厘米宽正面折叠后，按嵌线宽约0.8厘米车缝一道。

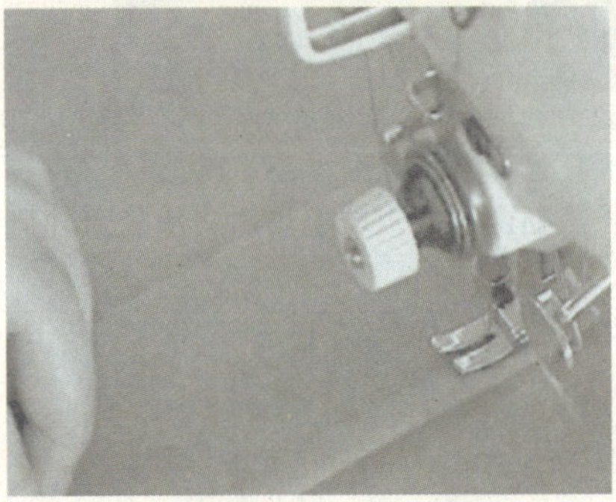

2．将袋嵌线反面与衣片正面相对，缝好的0.8厘米嵌线宽朝向底摆方向，嵌线毛边与衣片上的袋位对齐，按袋口大小沿嵌线宽缝迹线车缝袋嵌线与衣片。

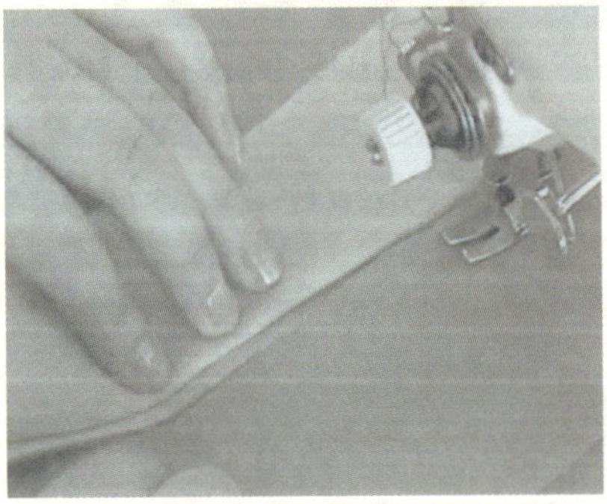

3．掀开袋嵌线另一侧，在衣片袋位上侧将袋垫与衣片正面相对，边缘与袋位对齐，按袋口大小以缝份0.5厘米车缝袋垫与衣片。

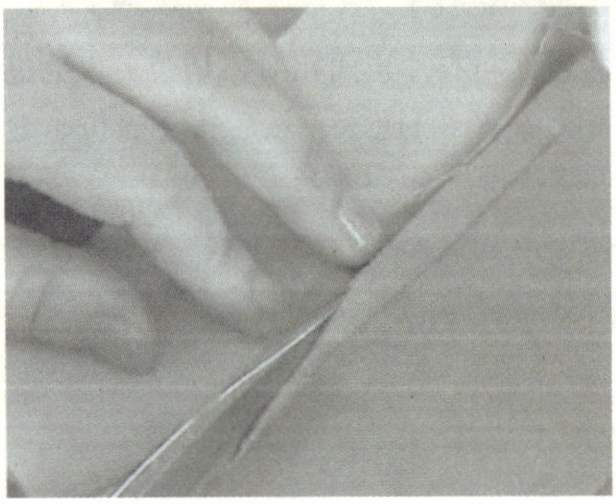

4．开袋口。掀开袋嵌线与袋垫，从两道车缝线中间剪开衣片。

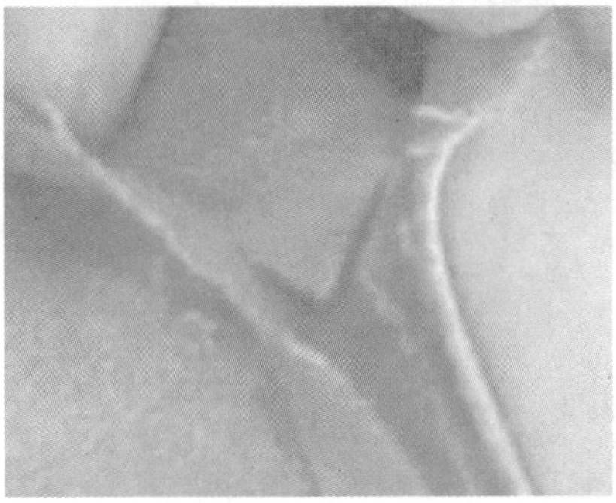

5．袋口两端按嵌线宽剪成Y形三角，不能剪断缝线，离开缝线约0.1厘米。

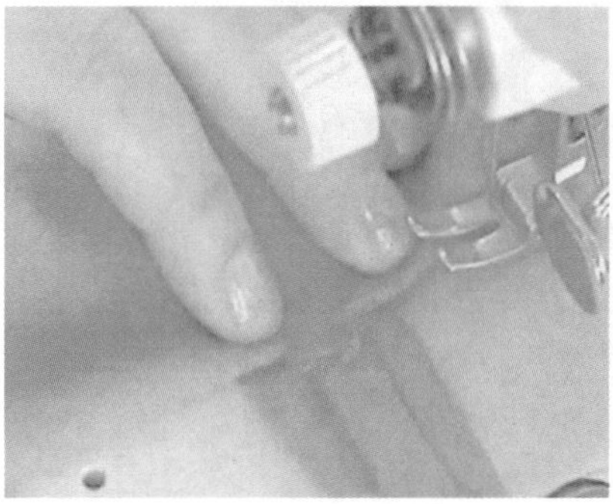

6．将袋嵌线和袋垫从剪开的衣片袋口翻至衣片反面后整理成型，并拉紧袋口两端三角车缝固定三角、嵌线与袋垫。

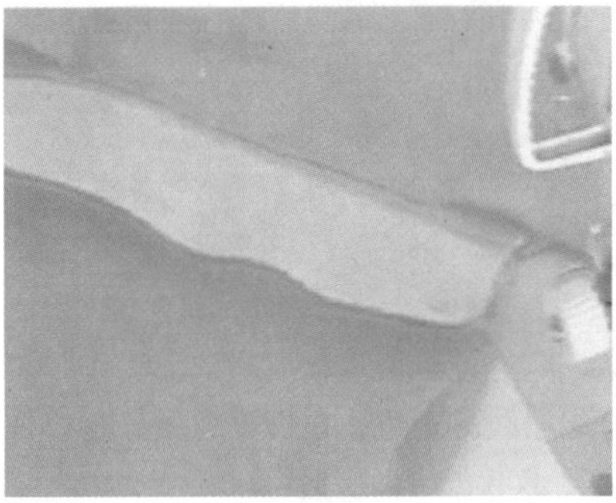

7．将袋布面与袋嵌线下端、袋布里与袋垫下端分别正面相对车缝连接。

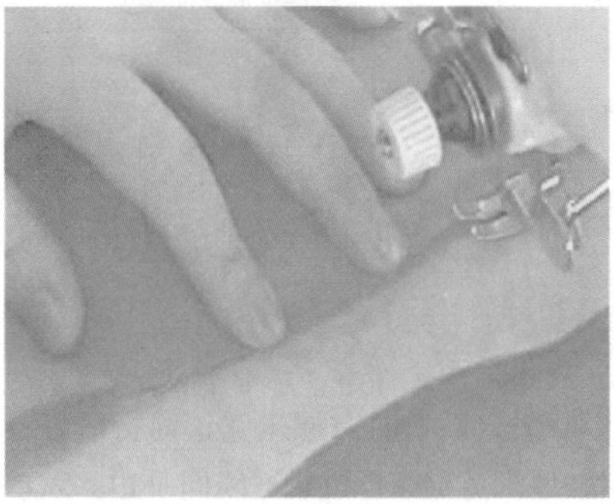

8．从衣片正面整理好口袋嵌线造型后，掀开衣片，大针脚车缝固定袋口各层布。

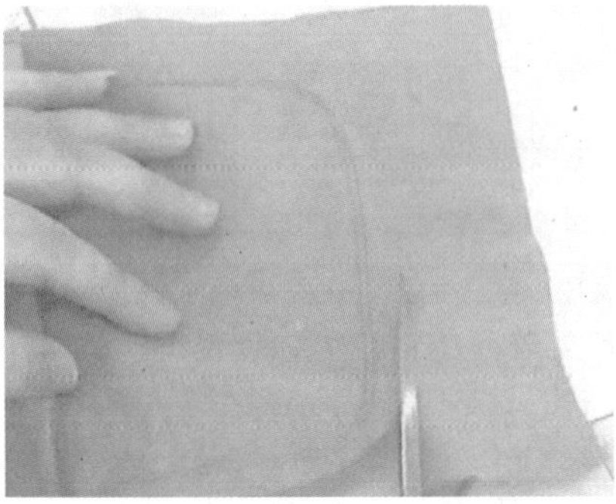

9．按袋布造型兜缝袋布面和袋布里两道线，间隔约0.2厘米，并把袋布缝份修至1厘米。

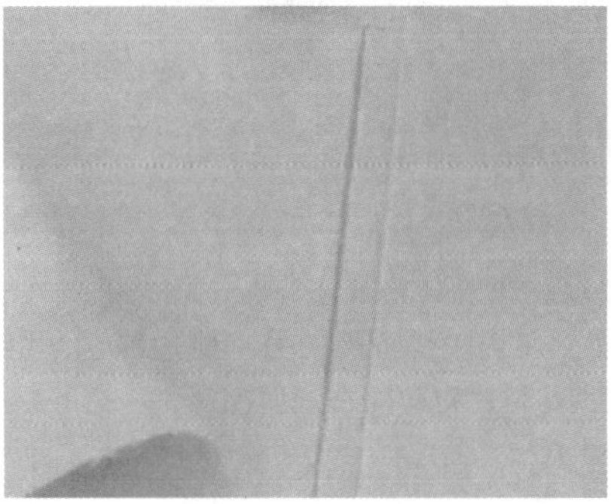

10．熨烫整理口袋。

第五节 双嵌线带袋盖口袋

5.1 成品效果

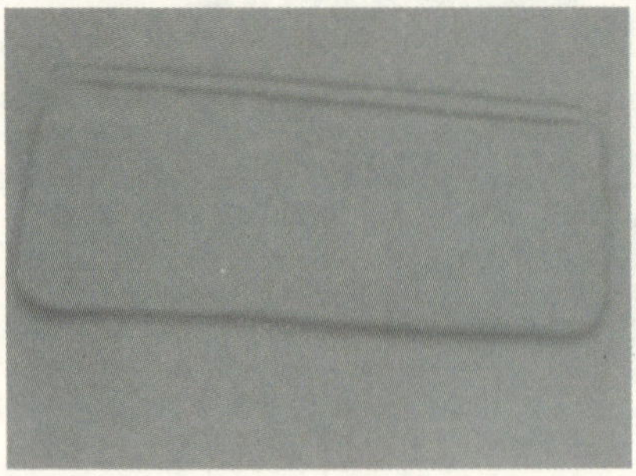

5.2 制作准备

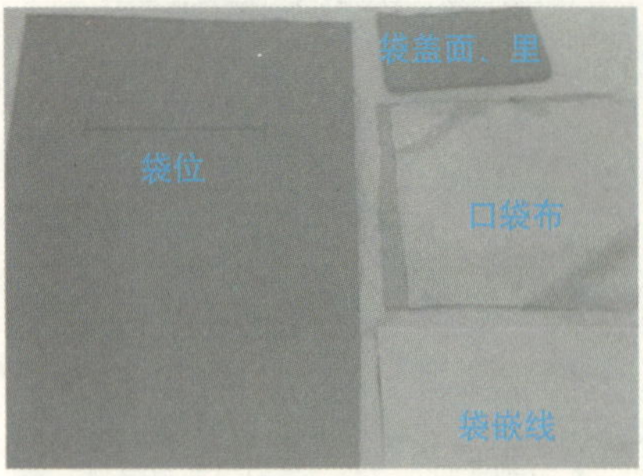

衣片（确定好袋位），口袋布两片，袋盖面（粘衬），袋盖里，袋嵌线。

5.3 制作步骤

1．首先将袋嵌线一边按1厘米宽正面折烫好，然后再按2厘米宽继续折烫袋嵌线同一边。

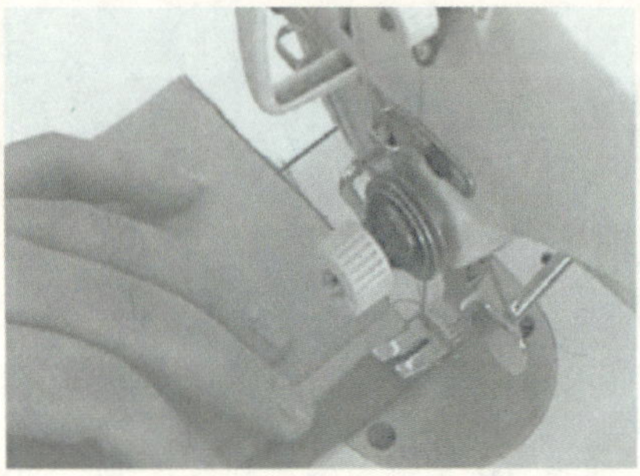

2．掀开袋嵌线另一边，在折烫边缘车缝0.5厘米嵌线宽，仅仅缝合两层面料。

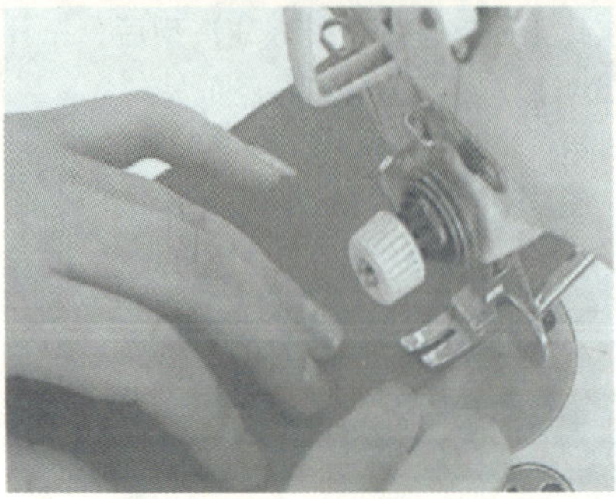

3．同样，在袋嵌线折烫的另一侧边缘也车缝0.5厘米嵌线宽，仅仅缝合两层面料。

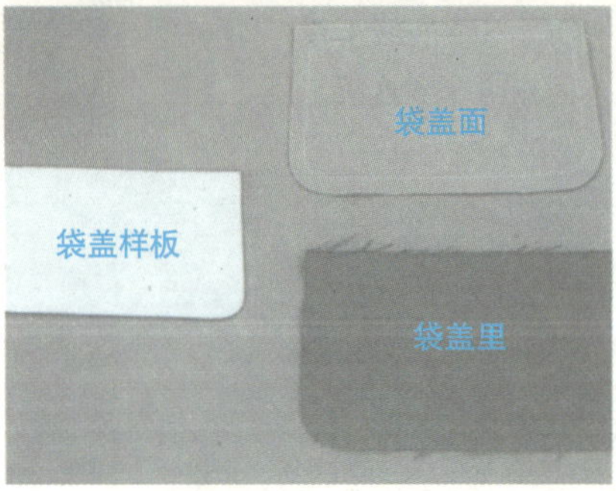

4．准备袋盖面（粘衬），袋盖里，袋盖样板。

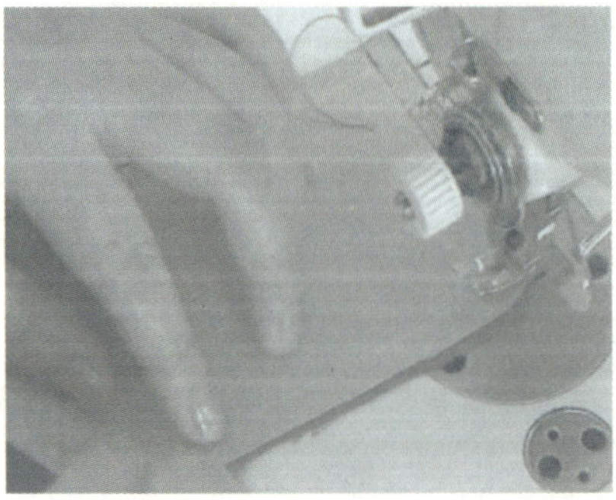

5．将袋盖面、里正面相对，按刀眼车缝袋盖外口，注意圆角窝势量。

6．将袋盖外口缝份修成0.3厘米。

7．将袋盖翻至正面，用袋盖样板熨烫整理定型，注意里外匀。

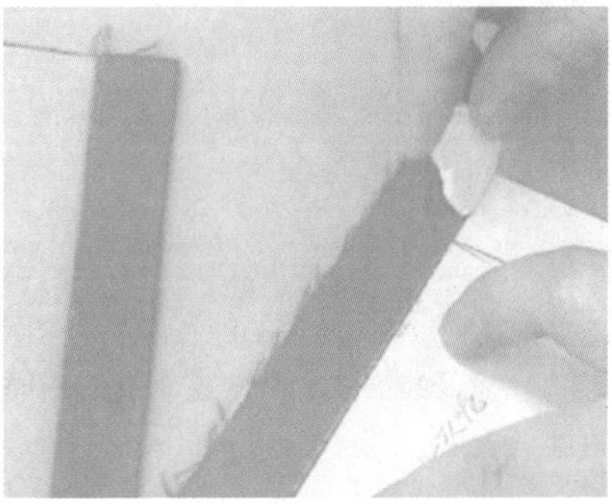

8．用袋盖样板在袋盖成品的正面划出袋盖上口净缝线。

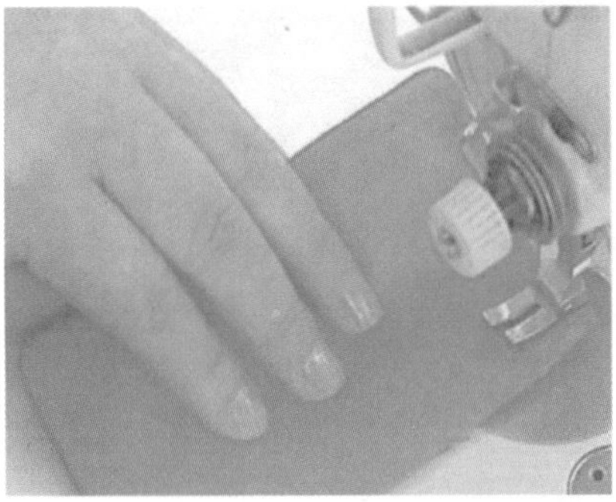

9．左手微微折起袋盖，同时车缝固定袋盖上端，以使袋盖向内窝服。

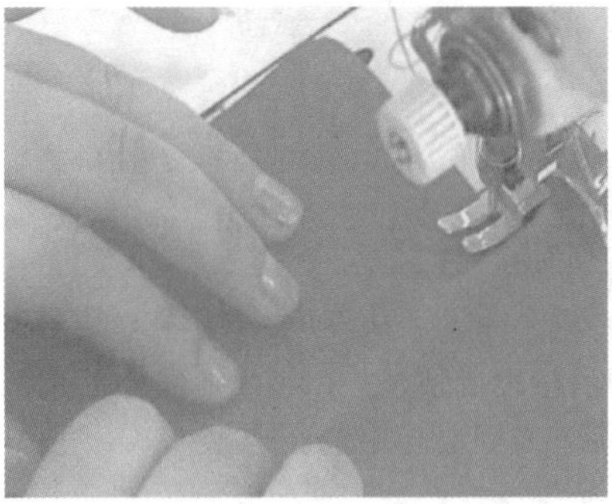

10．将袋嵌线反面与袋盖正面相对，并将嵌线宽与袋盖上口净缝线对齐，然后沿嵌线宽缝迹线车缝固定袋盖与嵌线。

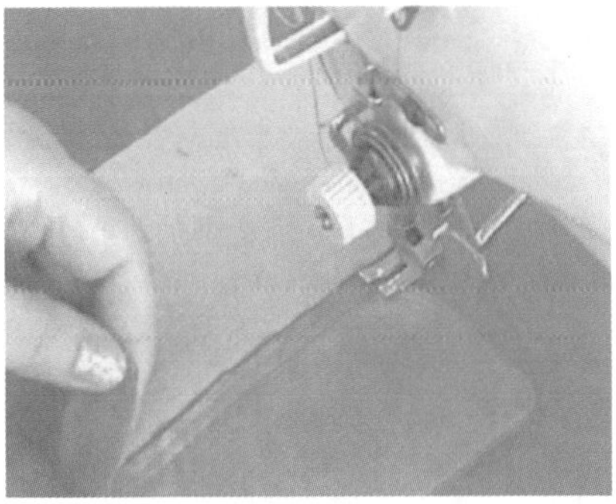

11．缝好后，将袋盖缝份修至0.5厘米。然后将缝好的袋嵌线与衣片正面相对，袋盖朝向领口，将衣片嵌线宽上口线与袋盖上口净缝线对齐，并按袋位大小车缝袋嵌线。

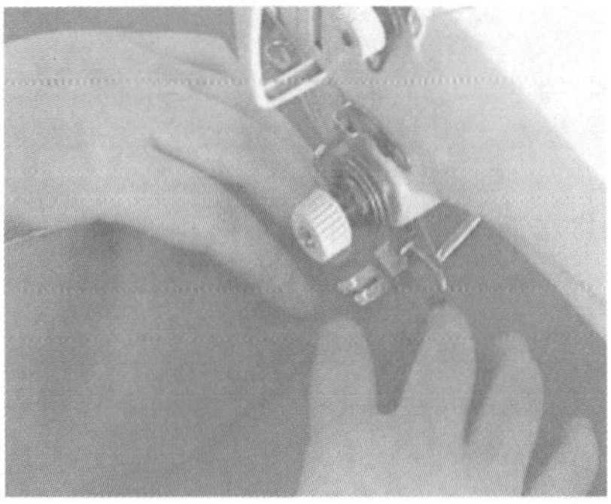

12．将衣片嵌线宽下口线与袋盖上口净缝线对齐，并按袋位大小车缝下侧嵌线，要求袋口两端牢固、口袋大小准确。

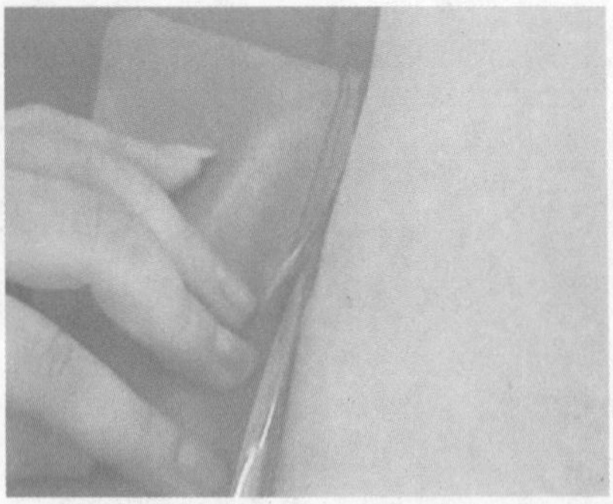

13. 开袋口。掀开袋嵌线，从两道车缝线中间剪开袋嵌线、衣片。

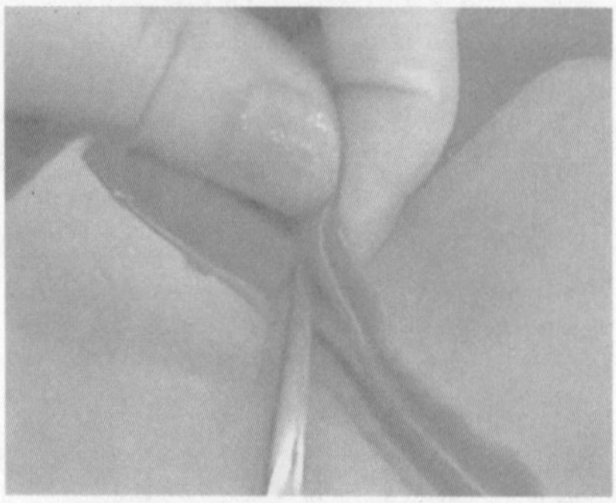

14. 袋嵌线剪成上、下两部分，衣片袋口两端按嵌线宽剪成Y形三角，不能剪断缝线，离开缝线约0.1厘米。

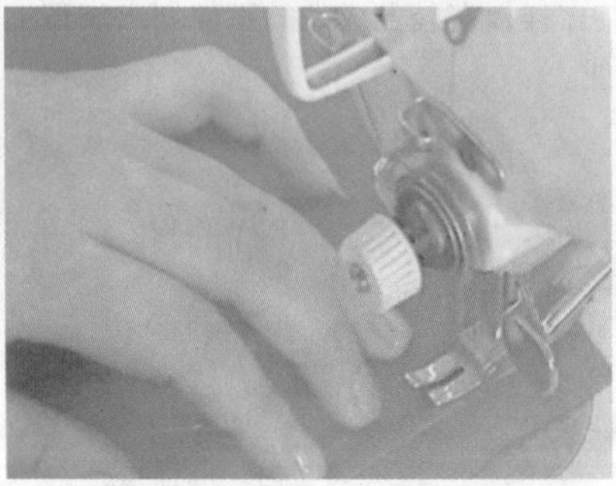

15. 将袋嵌线和袋盖从剪开的衣片袋口翻至衣片反面后整理成型，并在衣片下面垫上袋布里，然后车缝固定上嵌线缝份与袋布。

16. 衣片正面朝上，掀开衣片，拉紧袋口两端三角车缝固定三角、嵌线与袋布。

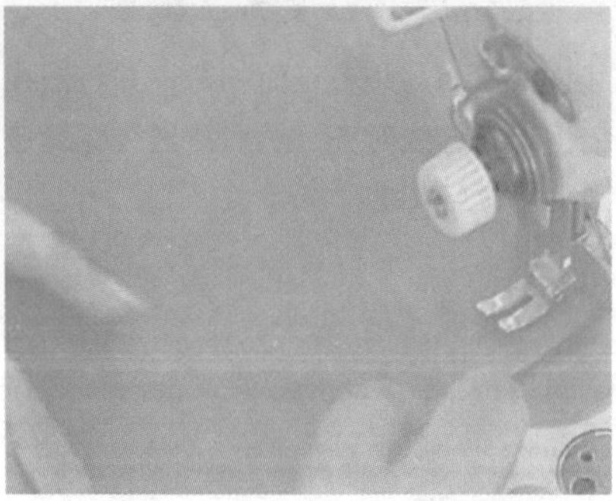

17. 将袋布面与下嵌线下端正面相对，按1厘米车缝。

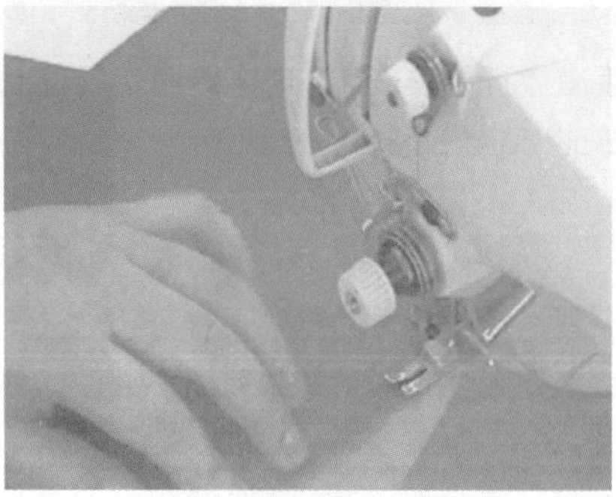

18. 从衣片正面整理好口袋造型后，掀开衣片，大针脚车缝固定袋口各层布。

19. 按袋布造型兜缝袋布面和袋布里两道线，间隔约0.2厘米，并把袋布缝份修至1厘米。

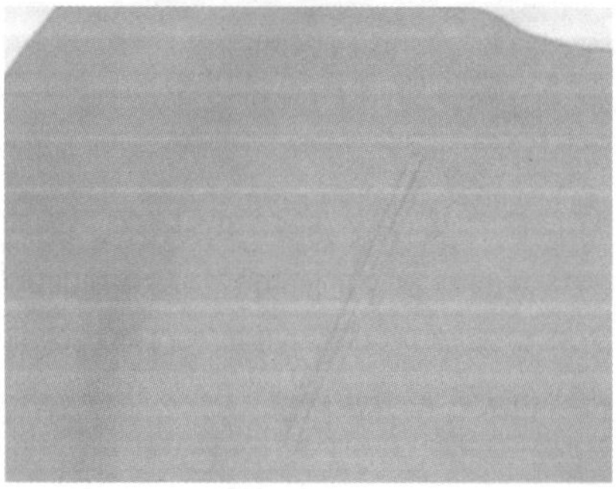

20. 熨烫整理好的效果，袋盖在口袋里侧。

第六节 西裤直插袋

6.1 成品效果

6.2 制作准备

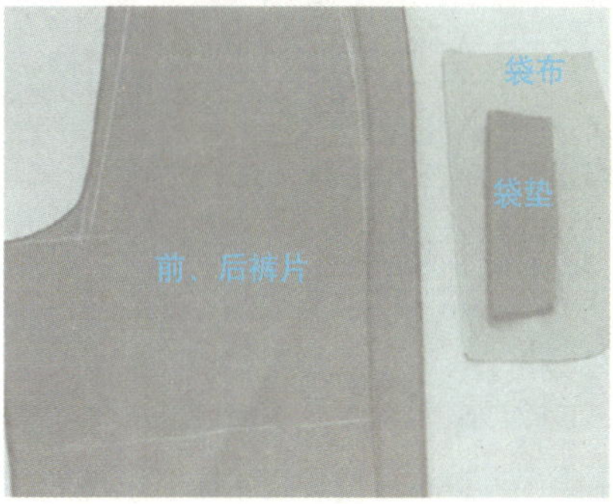

前、后裤片（侧缝锁缝，并确定好袋位），袋布，袋垫（靠近前中心侧边和底边边缘锁缝）。

6.3 制作步骤

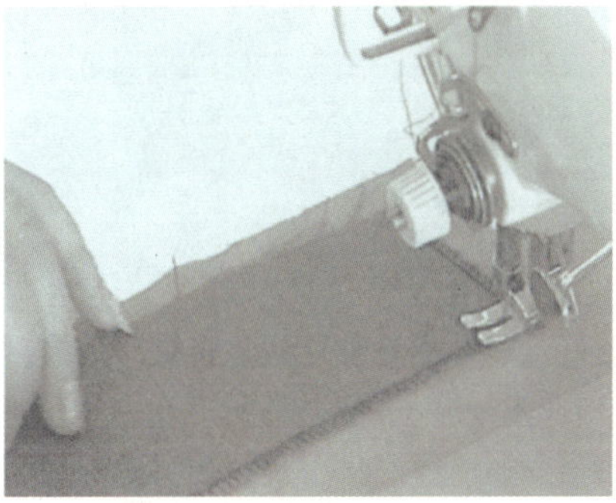

1. 将袋垫与袋布里正面朝上叠放，按袋位放好后，以0.5厘米车缝固定锁缝一侧。

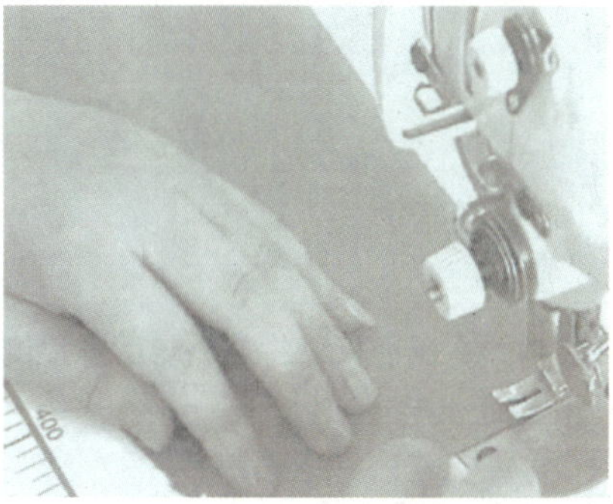

2. 将袋布对折，使袋布面、里反面相对，然后按缝份0.3厘米兜缝袋布底边，缝至离开袋口下口2–3厘米止。

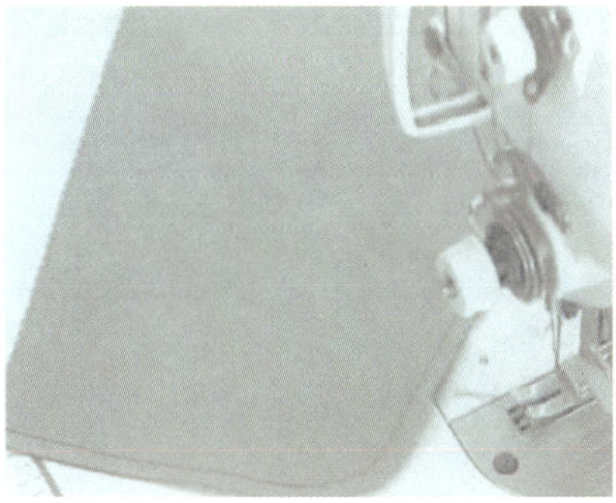

3. 将袋布翻至反面，并按0.5厘米兜光袋底。

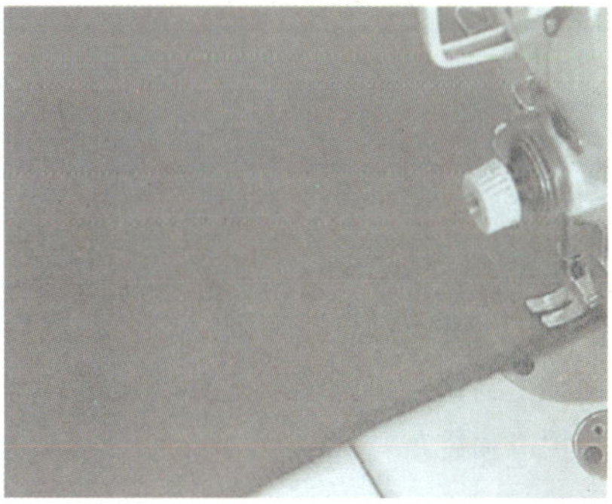

4. 将前、后裤片正面相对，从脚口开始车缝侧缝至袋口下端，并加固缝袋口。

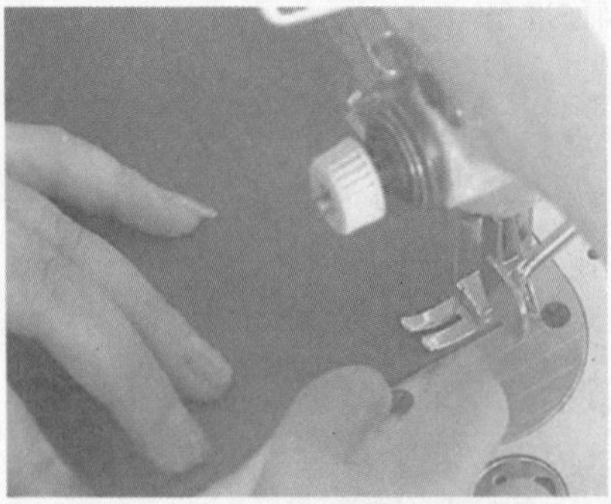

5. 将前裤片与袋布面按袋位正面向上叠放，然后按0.5厘米车缝裤片袋口边缘。

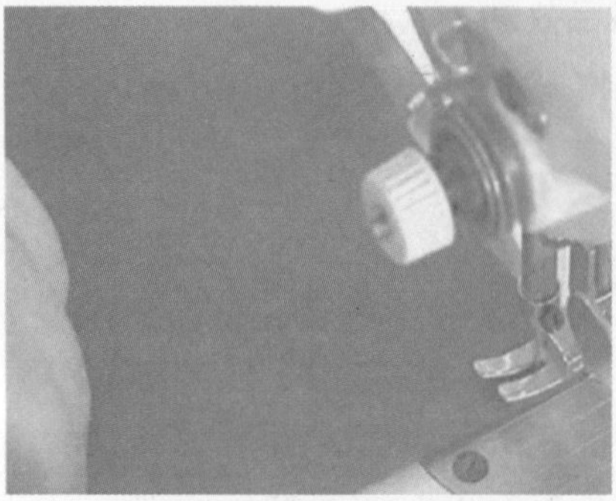

6. 将袋布面按前裤片袋位线向反面折转后，在前裤片正面按0.6–0.8厘米缉袋口明线。

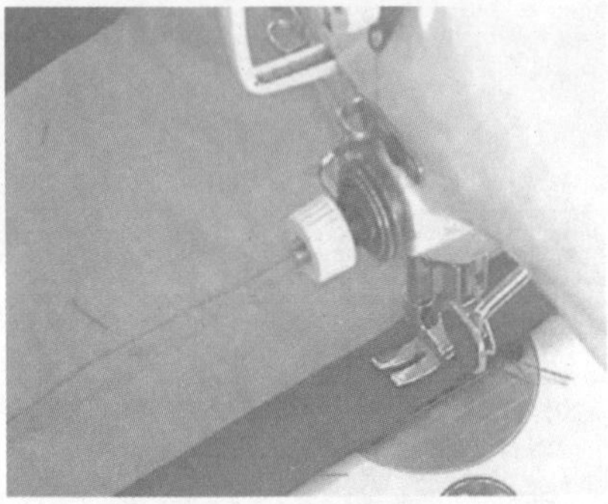

7. 掀开袋布，在反面仅仅将袋垫与后裤片侧缝对齐，按净缝线车缝。

8. 把缝好的裤片侧缝分缝后，将袋布毛边折光后按0.1厘米扣缉在后裤片缝份上。

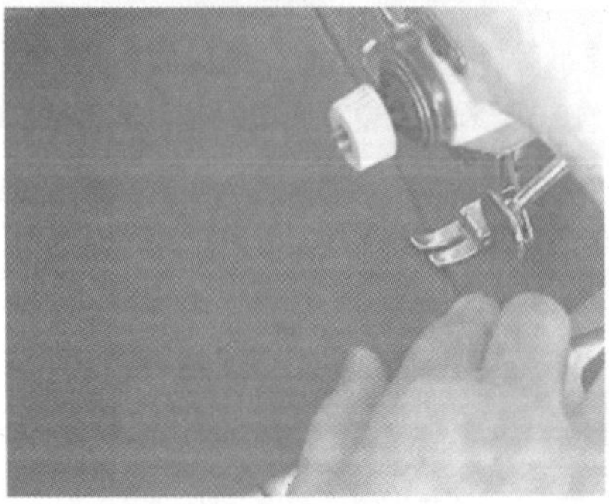

9. 整理口袋，使袋口与裤片侧缝对合。然后裤片正面朝上封缉袋口两端，宽为0.8厘米，并固定裤片腰口和袋布。

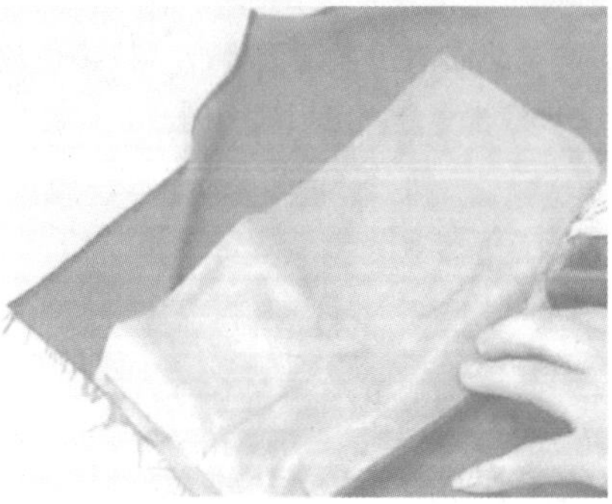

10. 熨烫整理。

第七节 西裤斜插袋

7.1 成品效果

7.2 制作准备

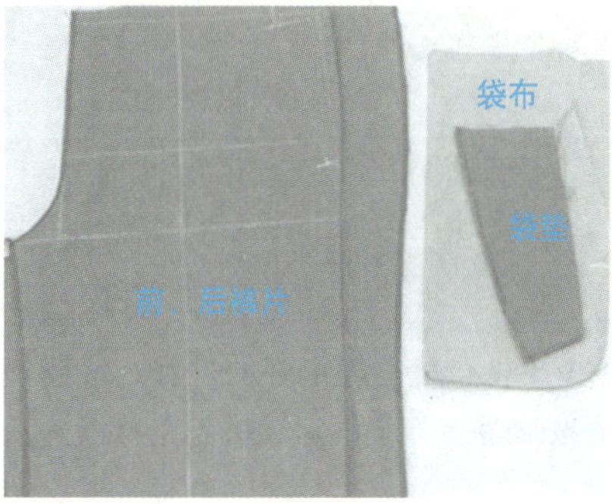

前、后裤片（侧缝锁缝，并确定好袋位），袋布，袋垫（靠近前中侧边和底边边缘锁缝）。

7.3 制作步骤

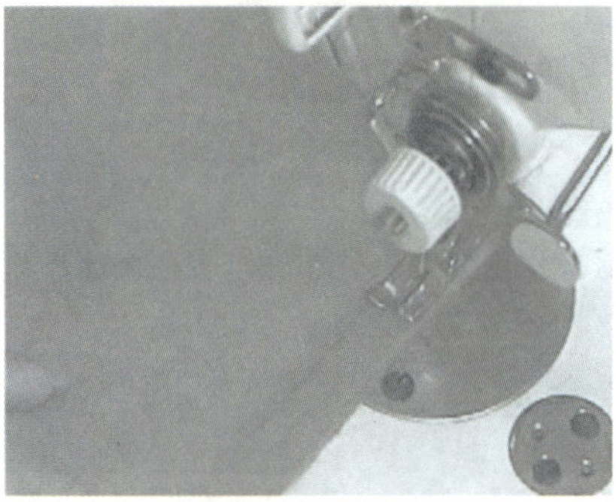

1. 在前裤片反面的袋口位置外侧放好牵带，并车缝牵带中间固定。

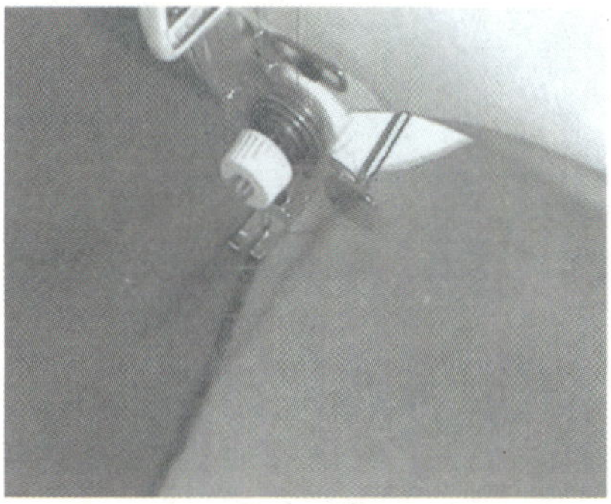

2. 将前裤片袋口贴边部位与袋布面按袋位正面朝上叠放，然后按0.5厘米车缝袋口贴边边缘。

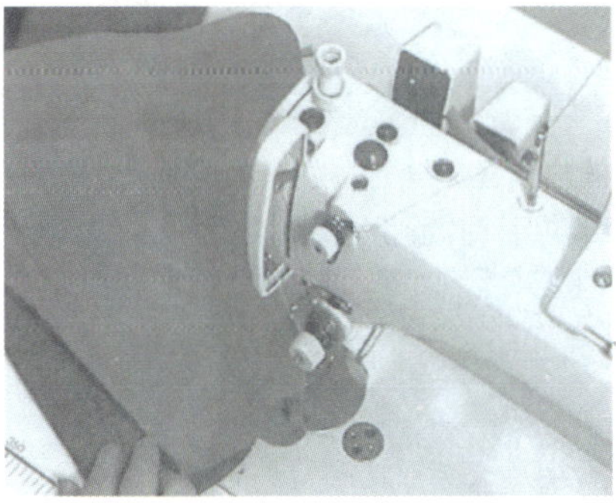

3. 将袋布面按前裤片袋位线向反面折转后，在前裤片正面按0.6–0.8厘米缉袋口明线。

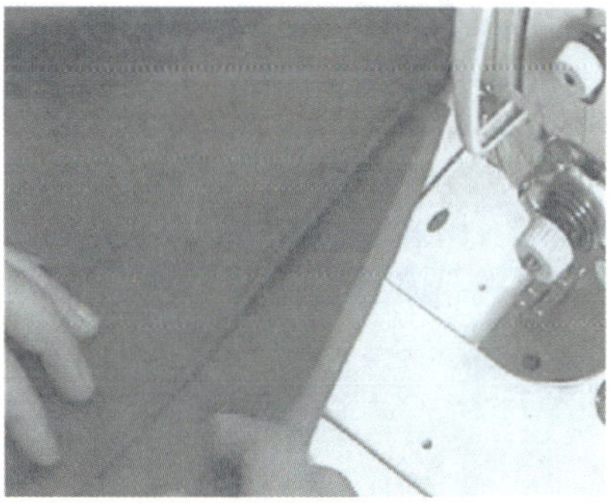

4. 整理袋布，将袋垫、袋布里与裤片按袋位正面朝上相叠合，来确定袋垫在袋布里的位置。

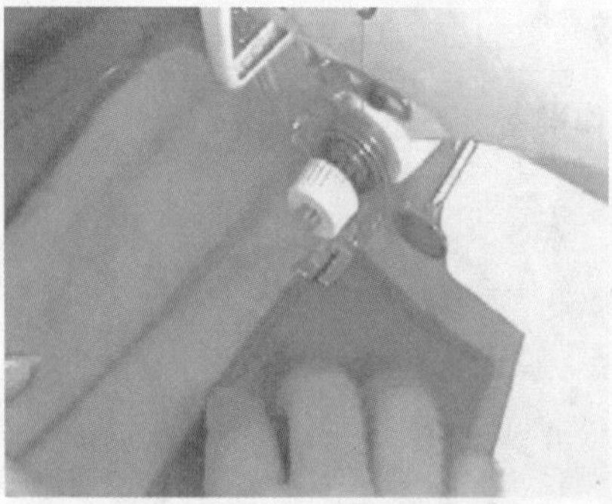

5．将袋垫按袋布里上确定好的位置，沿袋垫锁缝边缘按0.5厘米车缝固定袋垫与袋布。

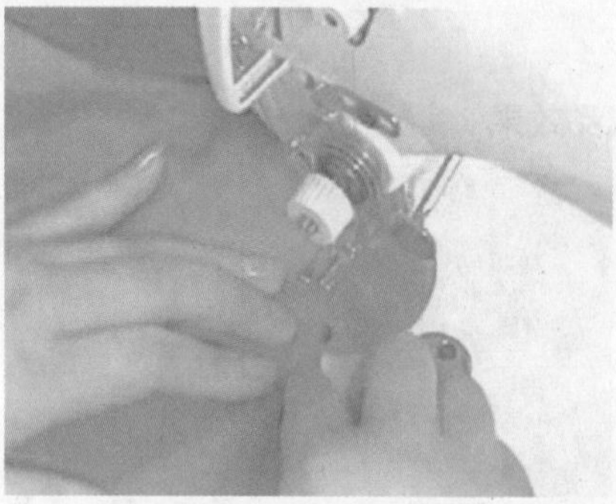

6．将袋布对折，使袋布面、里反面相对，然后按缝份0.3厘米兜缝袋布底边，缝至离开袋口下口2–3厘米止。

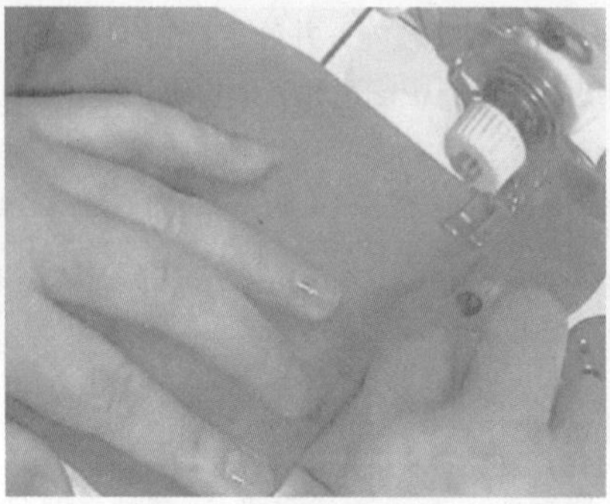

7．将袋布翻至反面，并按0.5厘米兜光袋底。

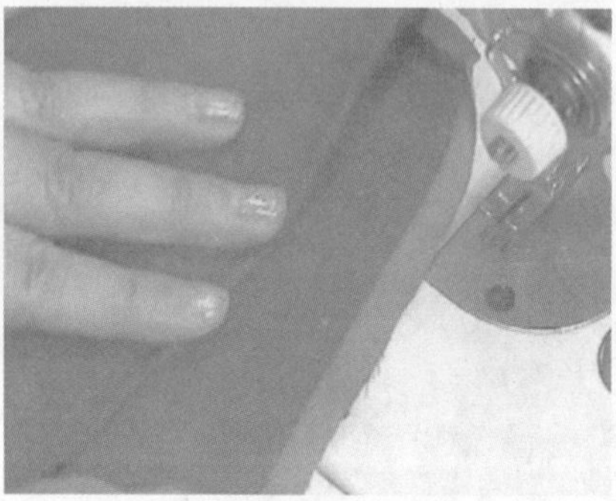

8．将前裤片正面朝上整理好口袋，在前裤片正面缝份外侧分别车缝固定袋位两端。

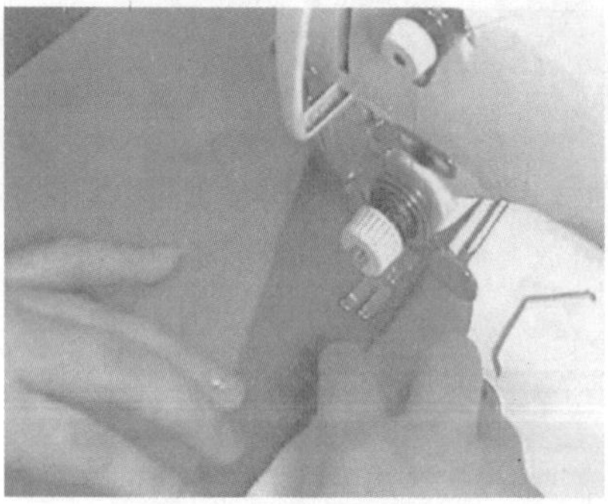

9．掀开袋布，将前、后裤片正面相对，按刀眼车缝整条裤片侧缝。

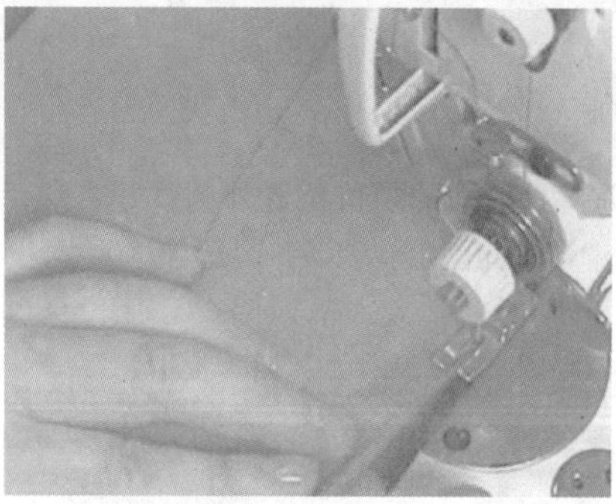

10．将裤片侧缝分缝，将袋布毛边折光后按0.1厘米扣缉在后裤片缝份上。

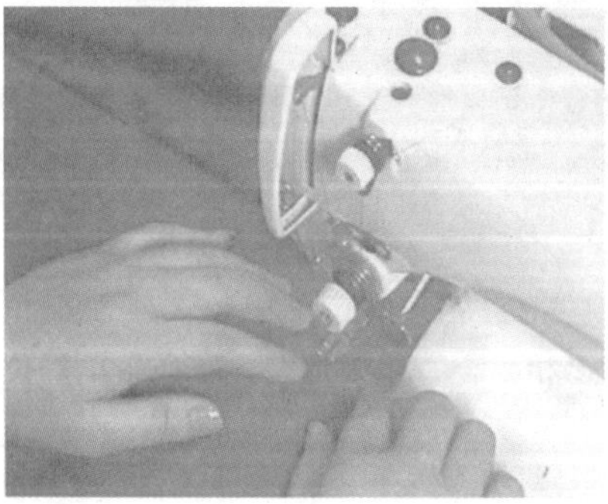

11．整理口袋。将裤片正面朝上封缉袋口两端，宽为0.8厘米，并固定裤片腰口和袋布。

12．熨烫整理。

第四章　衩与袖头缝制工艺

第一节 全夹开启式衩

1.1 成品效果

1.2 制作准备

左、右开衩裙片面，左、右开衩裙片里。

1.3 制作步骤

1. 左、右裙片开衩处粘衬。然后将左、右开衩面正面相对，按刀眼车缝分割缝至开衩止点。

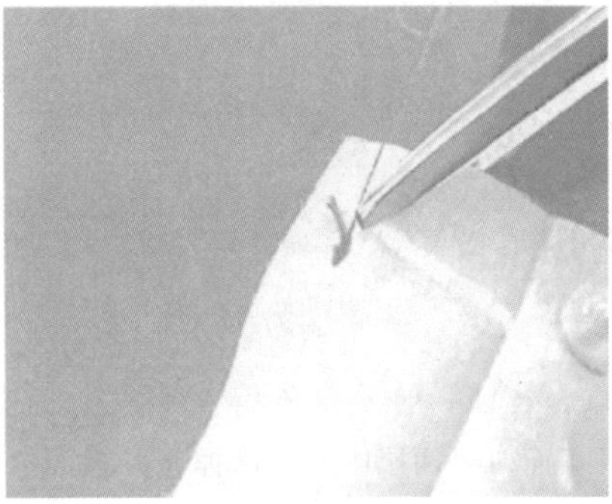

2. 在裙片开衩止点处缝份斜向打剪口，指向开衩止点并距之0.1厘米，不能剪断缝线。

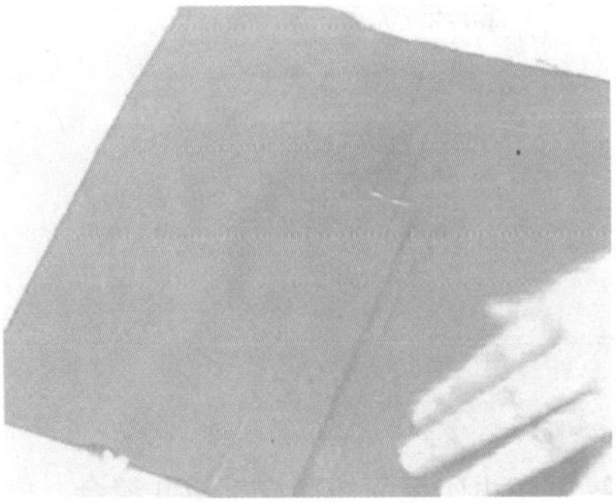

3. 开衩止点以上的分割缝缝份分烫，开衩止点以下部分按开衩门、里襟关系整理熨烫，门襟按净缝线扣烫，里襟按离开净缝线一个里襟宽折烫。

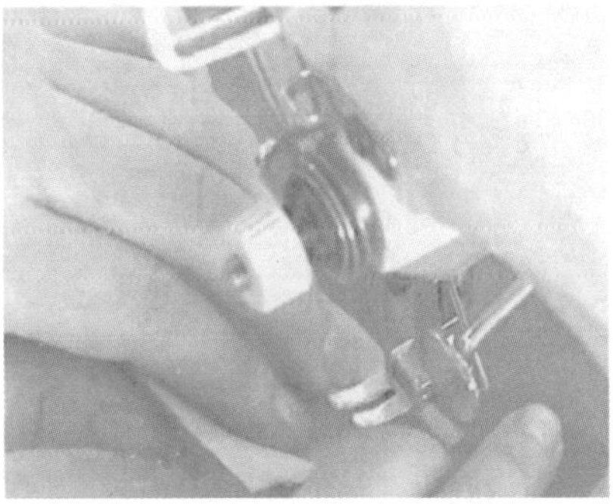

4. 从开衩止点开始，向里襟宽方向车缝开衩上端，仅仅缝合开衩门、里襟。

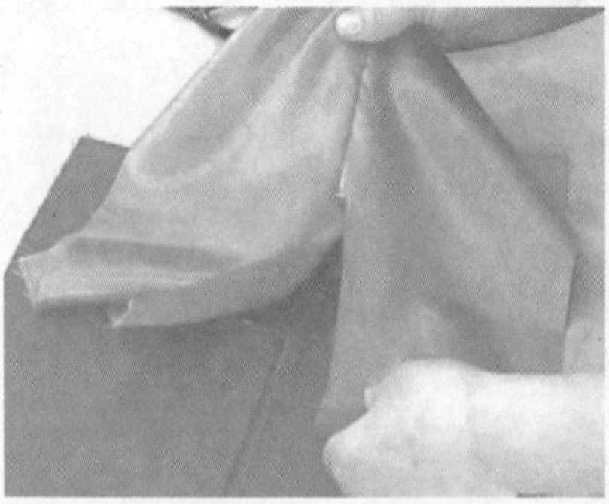

5. 将左、右开衩里正面相对，按刀眼车缝分割缝至开衩止点。

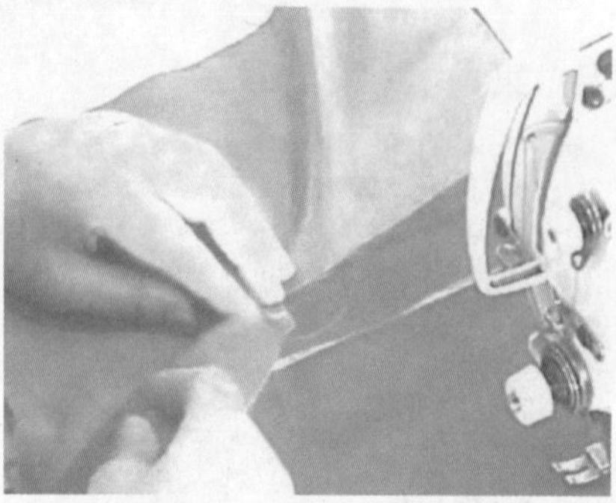

6. 将开衩面、里按开衩止点对位后，从两层中间一起捏住开衩面、里的上端缝份，并按门襟宽车缝固定。

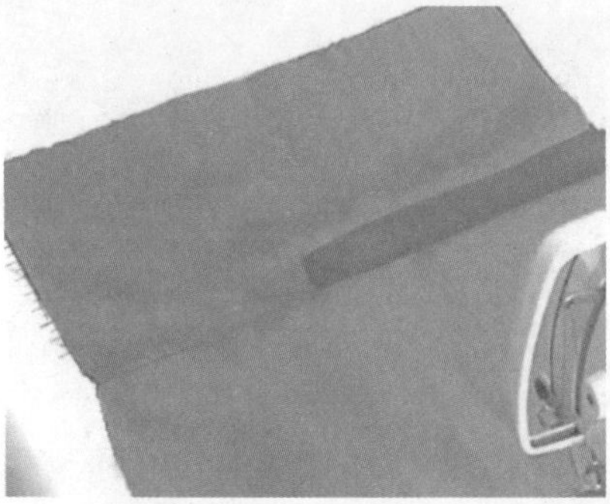

7. 从开衩面、里两层中间一起捏住开衩面、里的左侧缝份，并分别车缝固定。开衩面、里的右侧缝份同样处理。

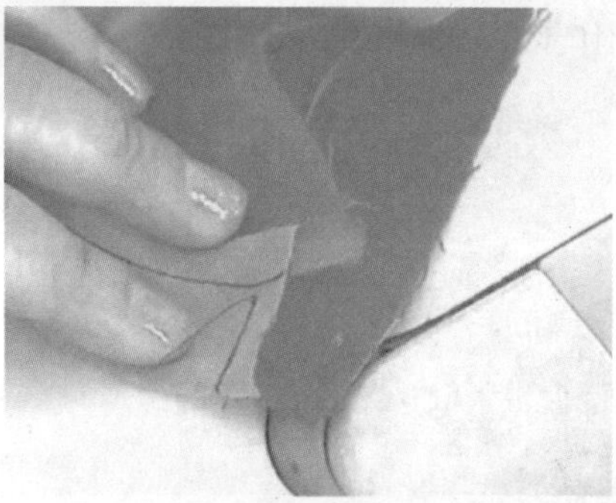

8. 将开衩面门、里襟分别按折烫线折向正面，然后按底边净缝线车缝开衩门、里襟底端，并修剪底边重叠缝份，形成L形。

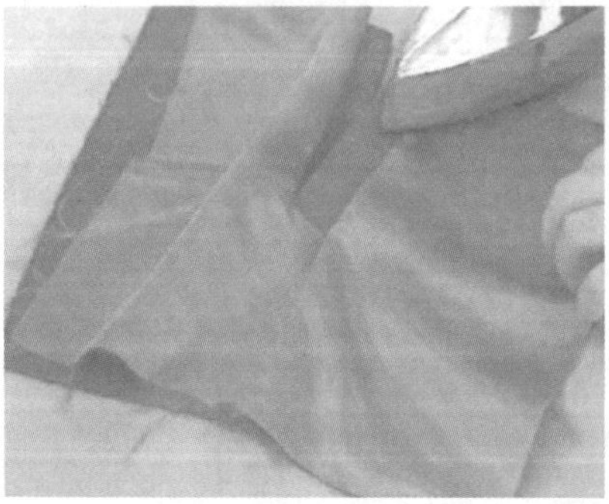

9. 将开衩面的底边翻至正面，按底边净缝线熨烫。

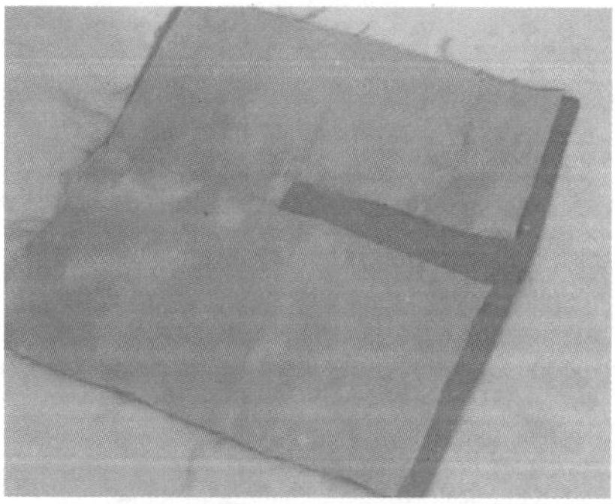

10. 开衩里底边向反面按净缝折烫并缝合，成品夹里的底边距面底边2厘米，开启式衩夹里的两侧用手工缲缝，然后熨烫整理。

第二节 滚边衩

2.1 成品效果

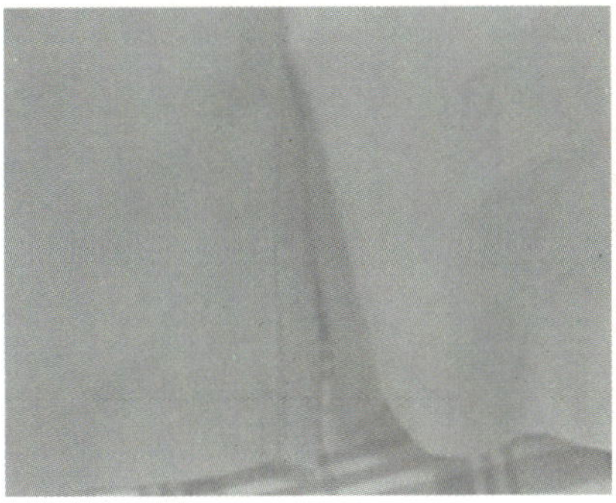

2.2 制作准备

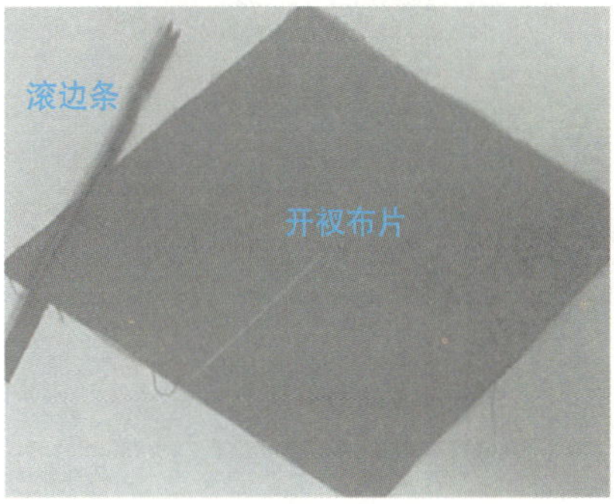

开衩布片，滚边条（两侧折烫成光边）。

2.3 制作步骤

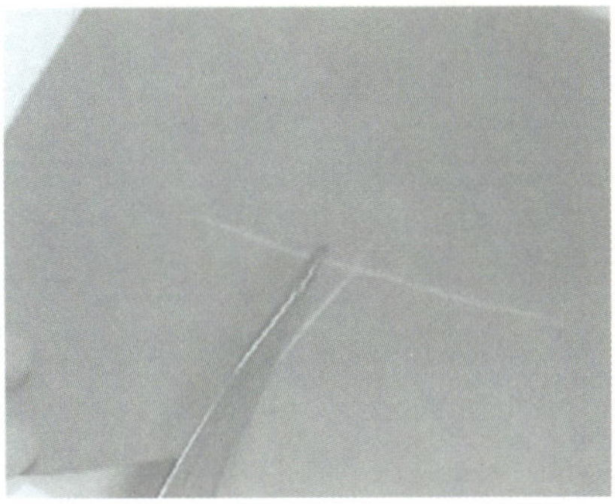

1．在开衩布片上确定开衩位置和长短，然后从开衩侧布边沿开衩线剪开至开衩止点。

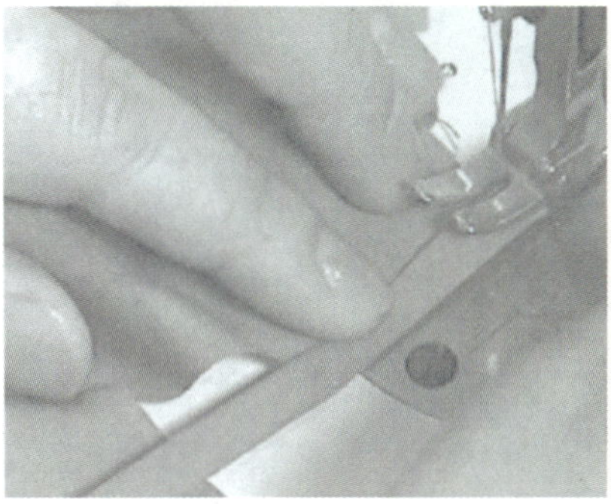

2．将刚刚剪好的开衩两侧毛边尽力拉成一直线，并用滚边条夹住开衩两侧边缘按0.1厘米车缝，注意拐角处必须缝住布片且不能起褶。

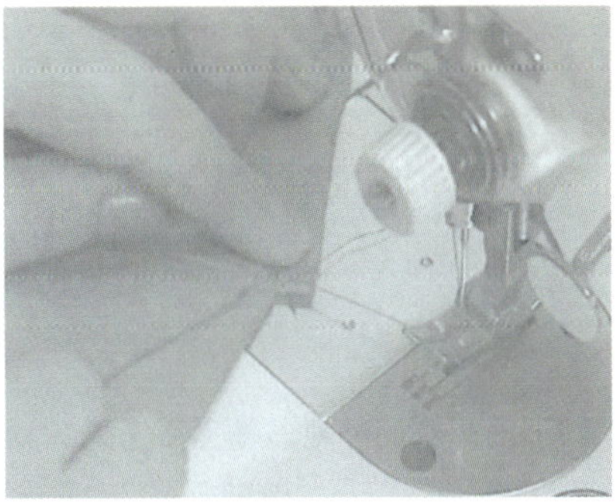

3．将开衩正面相对，两侧边缘对齐，按开衩止点对折，来回车缝反面开衩滚边条的三角。

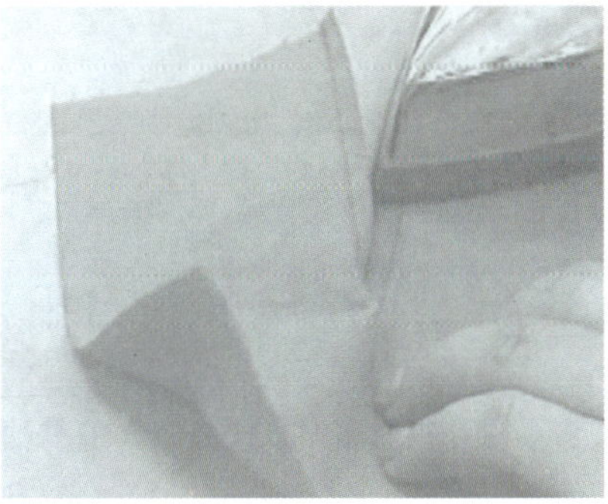

4．熨烫整理。

第三节 褶裥衩

3.1 成品效果

3.2 制作准备

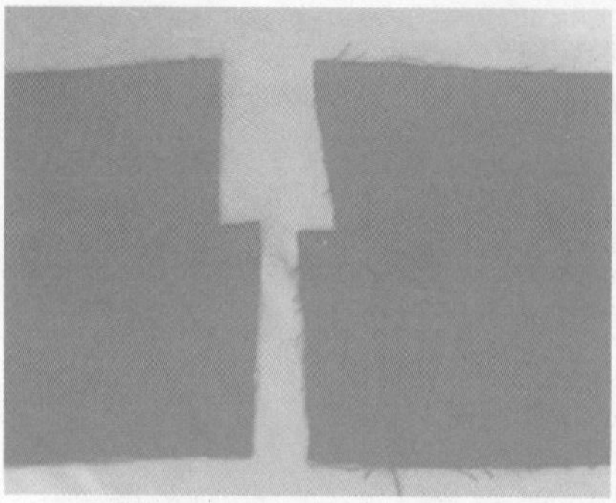

大、小袖片（带开衩）。

3.3 制作步骤

1．在大、小袖片的开衩位置粘衬，呈L形。

2．按袖侧净缝线折烫大袖片的开衩部位。

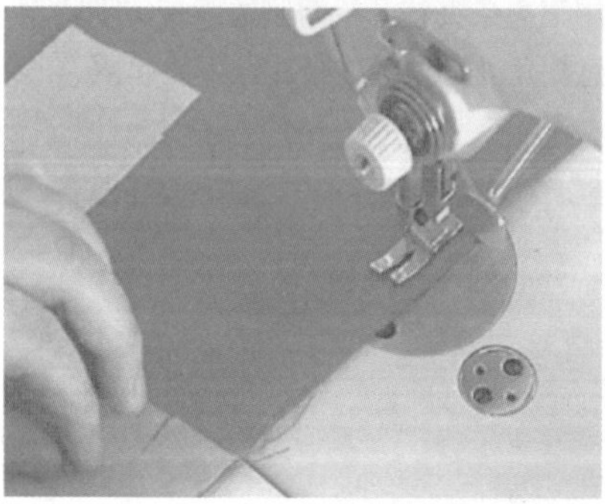

3．将大、小袖片正面相对，按刀眼车缝前袖缝。

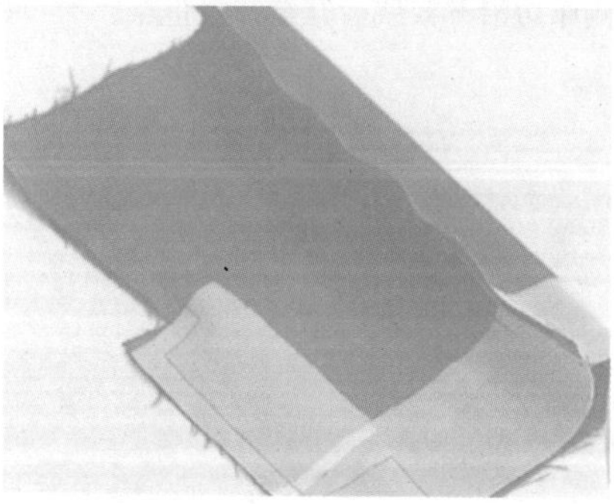

4．将大、小袖片正面相对，按刀眼车缝后袖缝，从袖衩止点开始转角，按袖衩宽度外侧车缝，到袖口净缝线时又转角回到后袖缝净缝线，继续车缝至袖口贴边边缘。

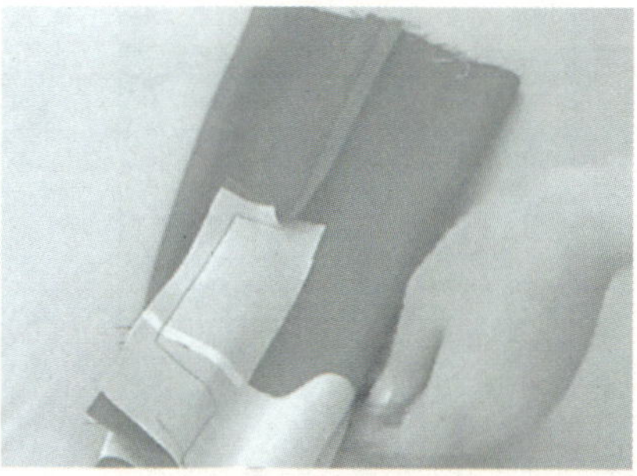

5. 在袖衩止点处缝份打剪口，指向开衩止点并距之0.1厘米，不能剪断缝线。然后分烫前、后袖缝。

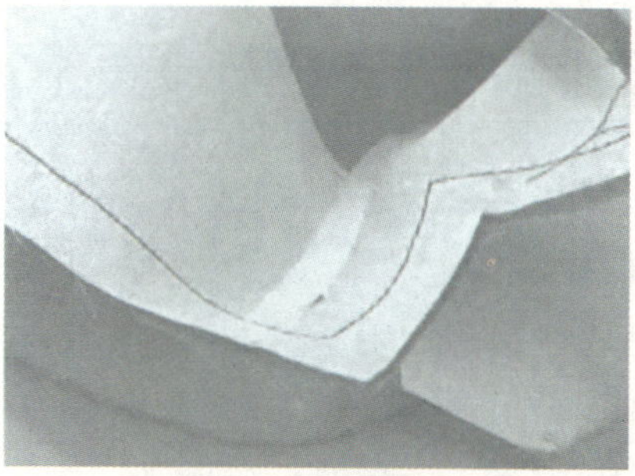

6. 按后袖缝车缝线迹修剪袖口贴边缝份，呈L形。

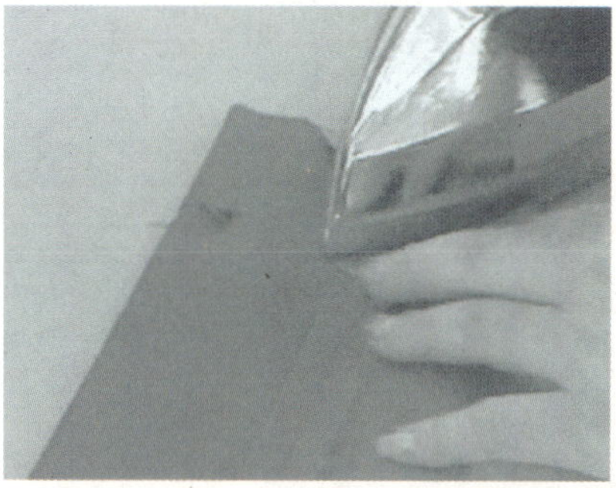

◀7. 袖口贴边扣烫、整理。

第四节 滴水衩

4.1 成品效果

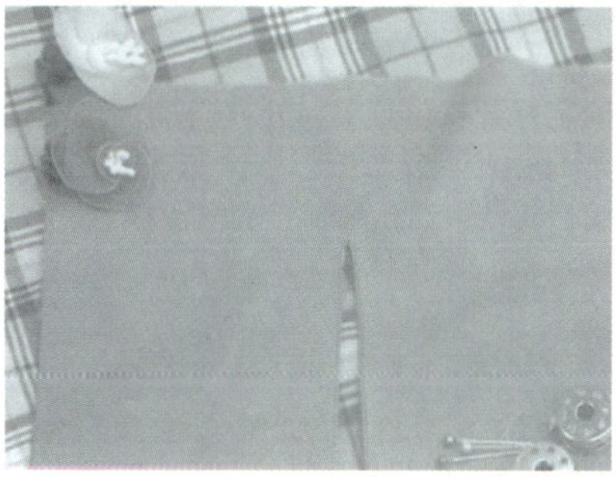

4.2 制作准备

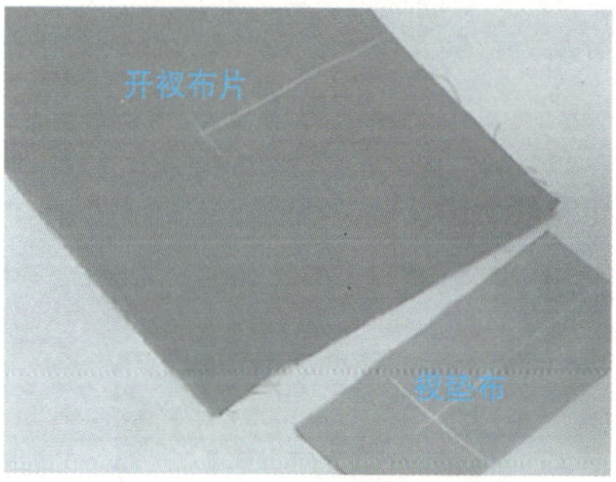

开衩布片、衩垫布（确定好开衩位置和长度）。

4.3 制作步骤

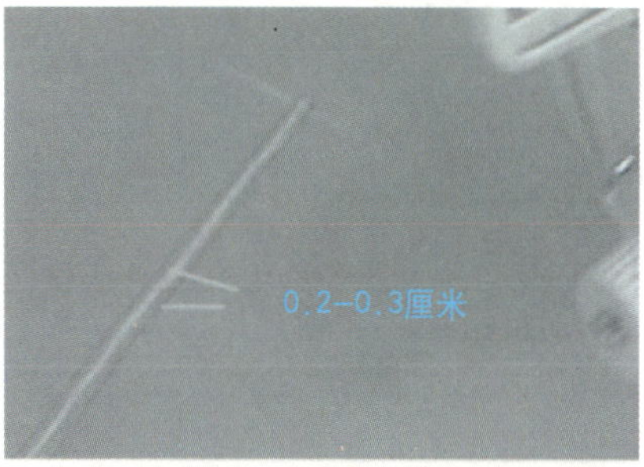

1. 将开衩布和衩垫布正面相对，绕开衩标志线来回车缝一圈，线迹间宽为0.2–0.3厘米。

2. 从开衩边缘开始沿开衩位置中心线剪开至开衩止点，不能剪断缝线。

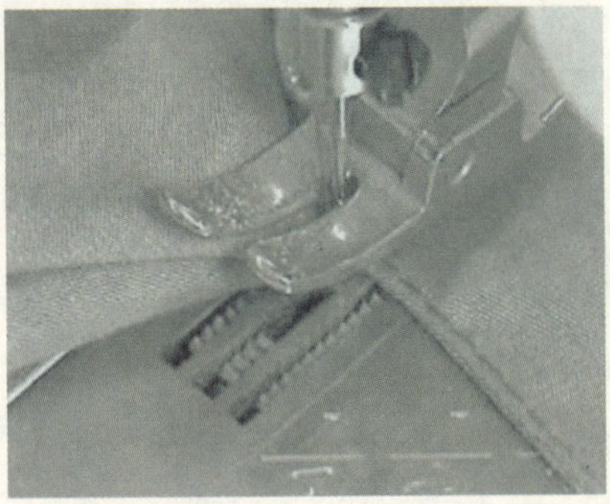

3. 将衩垫布从剪开线中翻至开衩布反面，整理平整，并缉开衩两侧止口明线0.1厘米。

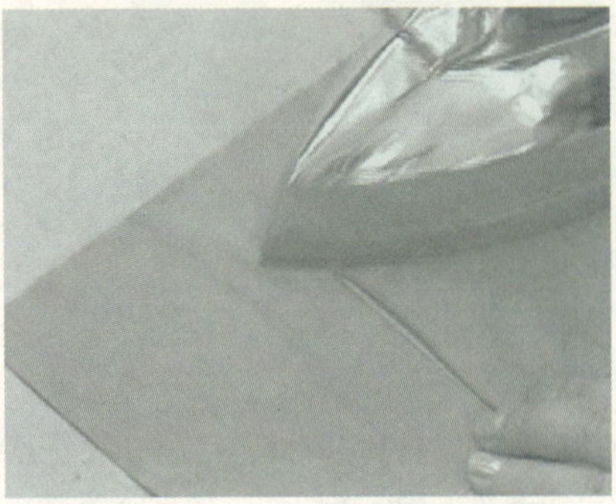

4. 熨烫整理。

第五节 宝剑头衩

5.1 成品效果

5.2 制作准备

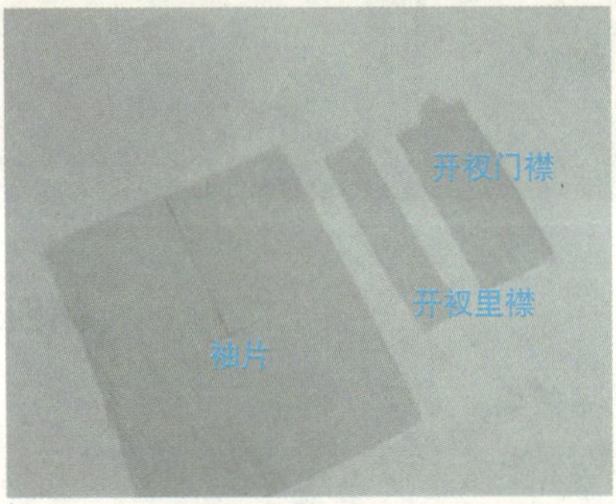

袖片（确定好开衩位置），开衩门襟，开衩里襟。

5.3 制作步骤

1. 把开衩里襟两边朝反面折烫成光边，再对折扣烫。

2. 把开衩门襟两边和宝剑头造型朝反面折烫成光边，再对折扣烫。

3．扣烫好的开衩门、里襟。

4．先从袖口开始沿开衩位置剪开至距开衩止点约1厘米处，然后按宽约1厘米剪Y形三角。

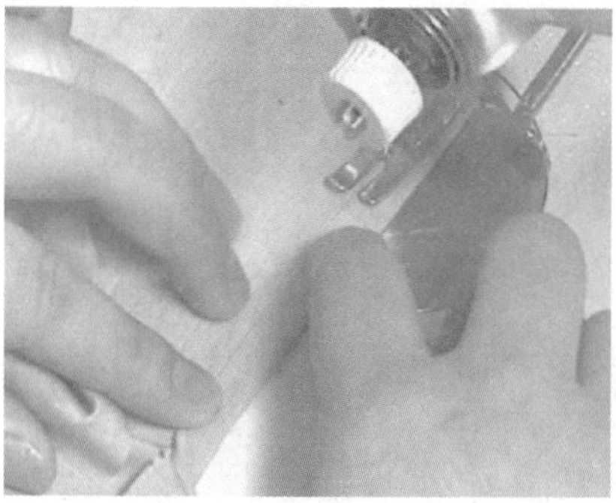

5．将开衩里襟按剪好的开衩三角单侧宽度夹住袖片开衩左侧边缘，然后沿开衩里襟边缘从开衩止点开始车缝0.1厘米至袖口边缘。

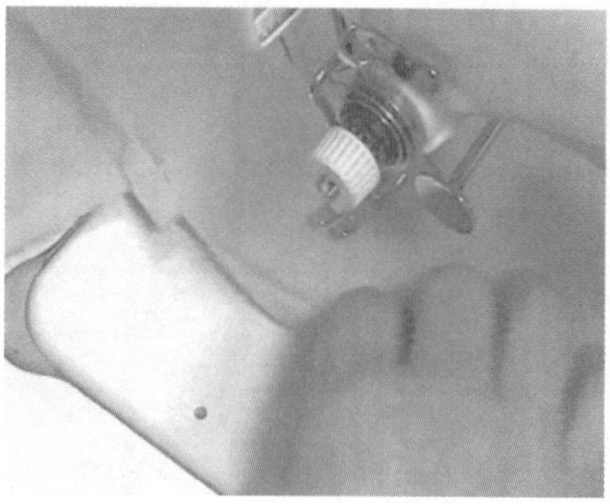

6．开衩里襟倒向袖片反面，车缝固定里襟底端与三角，缝份在袖片正面。

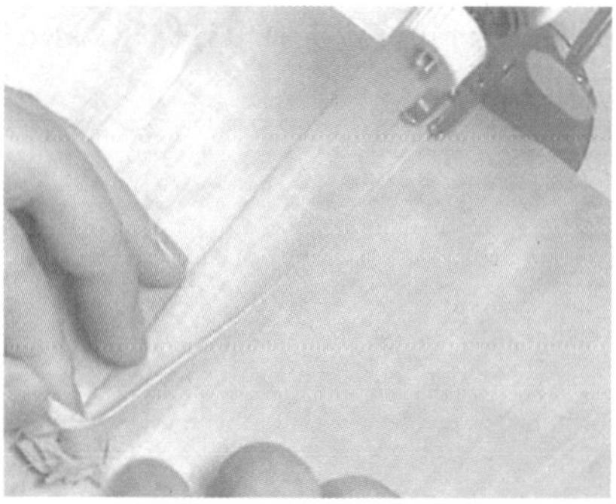

7．将开衩门襟夹住袖片开衩右侧边缘，且下端宝剑头造型完全盖住里襟缝份，然后按开衩位置对齐里襟后车缉明线0.1厘米。

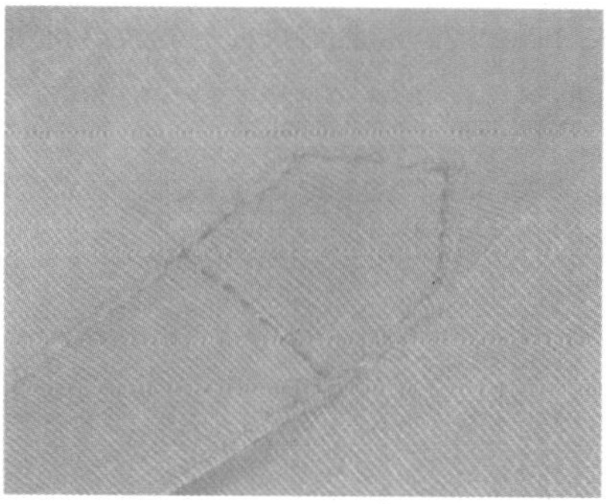

8．宝剑头封口，按照图示车缉止口0.1厘米及宝剑头造型。

第六节 女衬衫袖头

6.1 成品效果

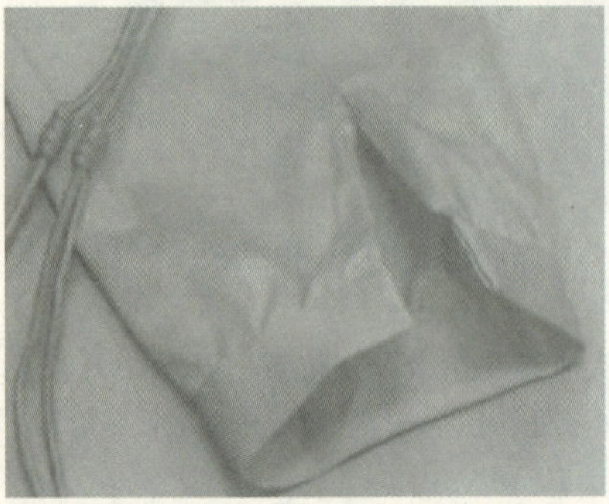

6.2 制作准备

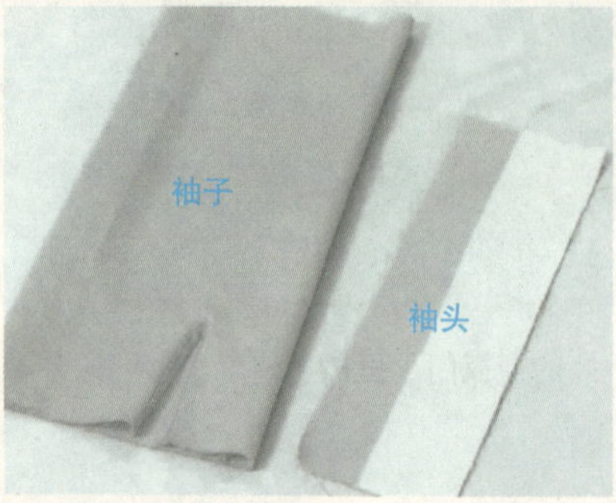

袖子（已做好滚边衩），袖头（袖头面一侧粘衬）。

6.3 制作步骤

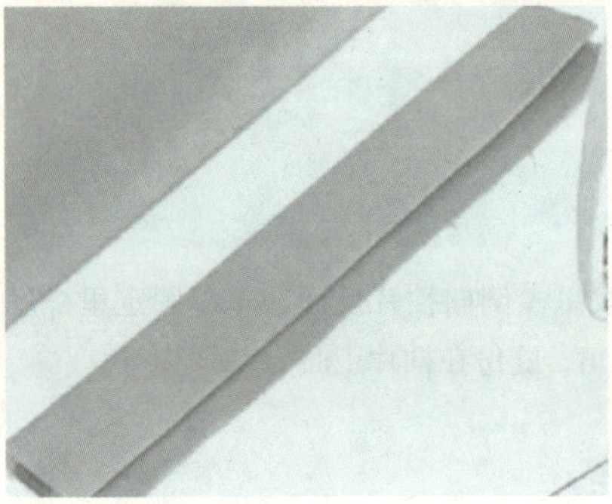

1．袖头对折扣烫，并将袖头面一侧按缝份折烫成光边。

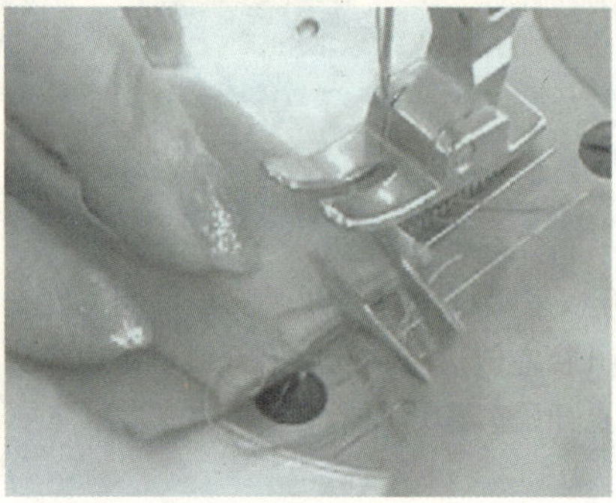

2．将袖头按对折扣烫线正面相对折好，按净缝线车缝袖头两端。

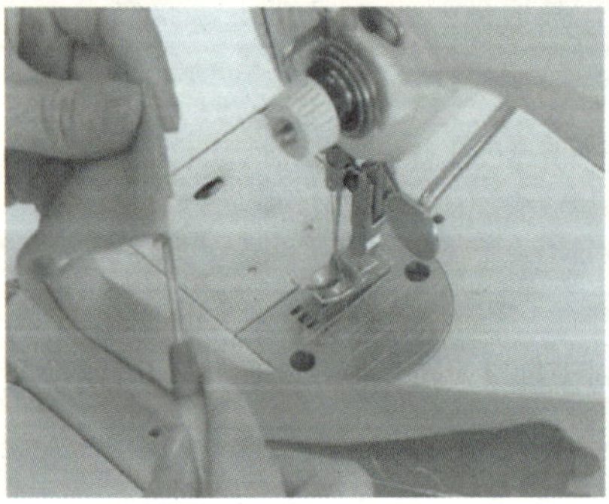

3．将袖头翻至正面，并熨烫整理。翻角方正、平服，左右对称。

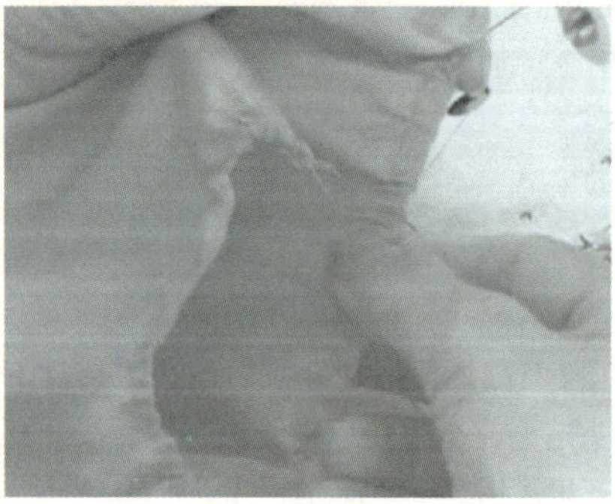

4．沿衣袖袖口净缝线外侧用大针脚车缝一道，然后拉紧车缝底线抽缩袖口碎褶。

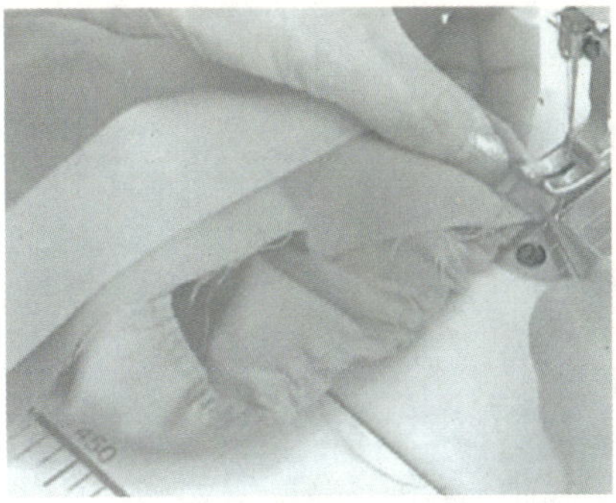

5. 将袖头里与衣袖按袖口反面相对，按刀眼车缝袖口线，注意碎褶均匀。

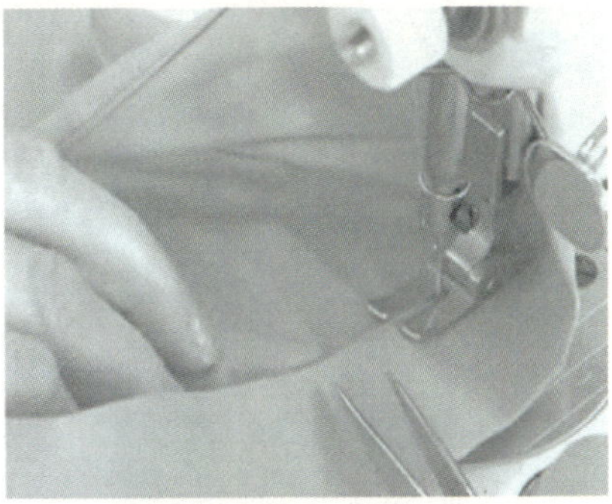

6. 将袖头翻至衣袖正面，盖住袖口缝份，压缉袖头0.1厘米。

第七节 男衬衫袖头

7.1 成品效果

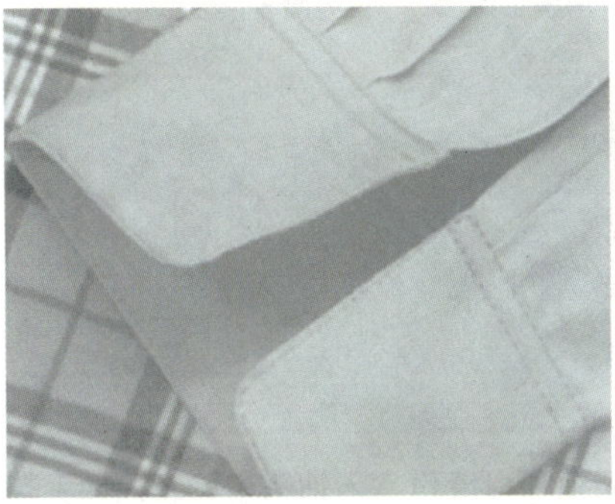

7.2 制作准备

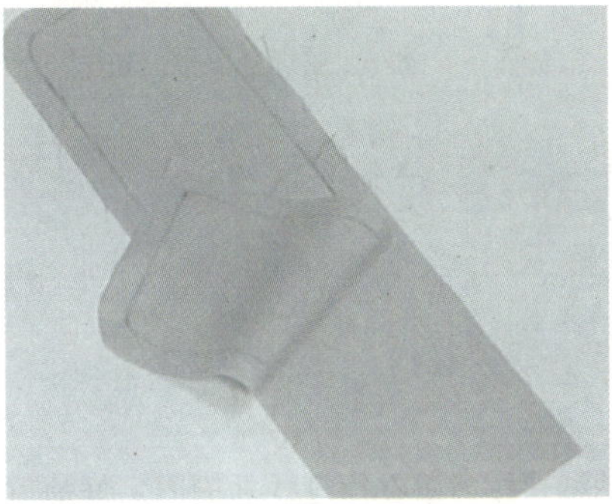

袖子（已做好宝剑头衩），袖头面（粘衬），袖头里。

7.3 制作步骤

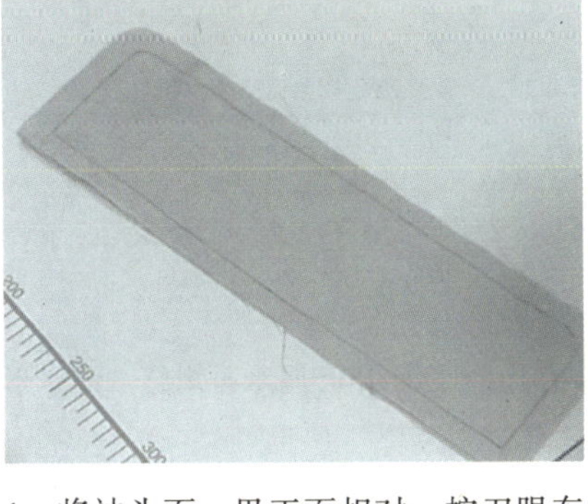

1. 将袖头面、里正面相对，按刀眼车缝袖头外侧净缝线。

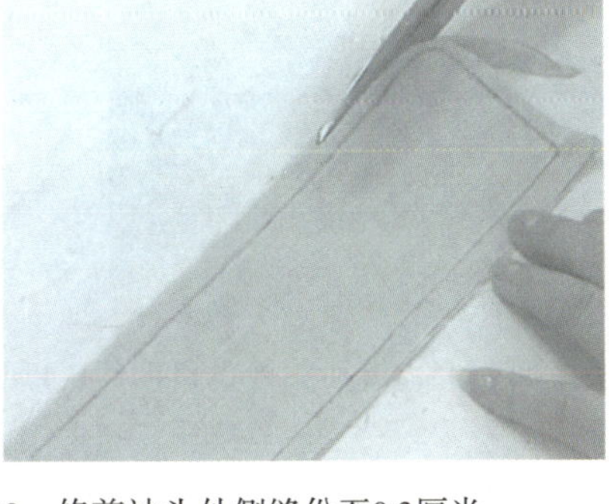

2. 修剪袖头外侧缝份至0.3厘米。

3．将袖头翻转至正面熨烫平服，注意里外匀，袖头左右对称，并将袖口面、里缝份分别向里侧折烫。

4．熨烫整理好的袖子与袖头。

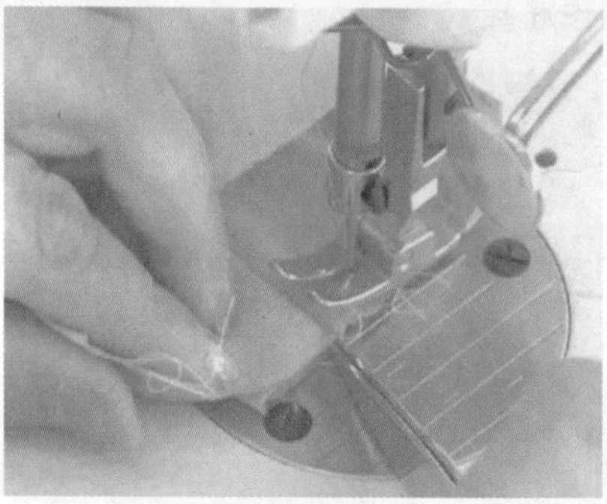

5．衣袖袖口按刀眼在净缝线外侧固定好袖口褶裥。

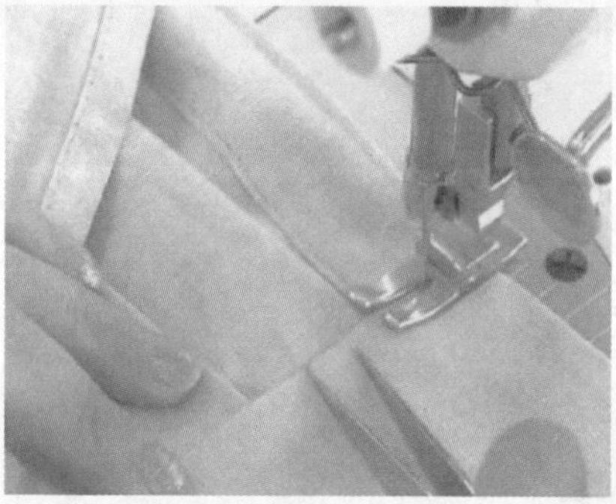

6．将衣袖袖口缝份塞入袖头中，正面朝上按刀眼压缉袖头0.1厘米。

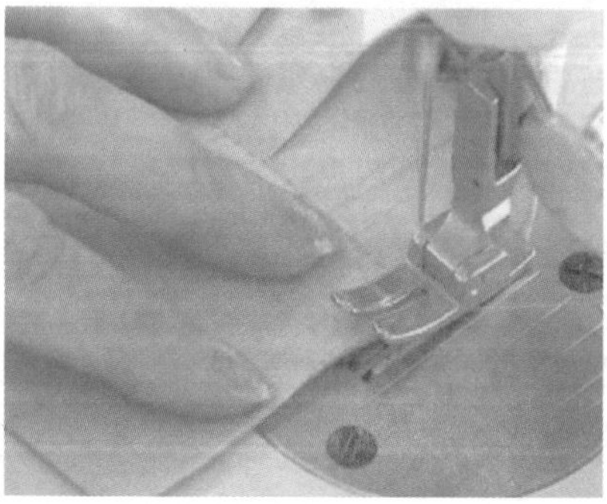

7．袖头正面朝上，缉袖头外止口明线0.1厘米。

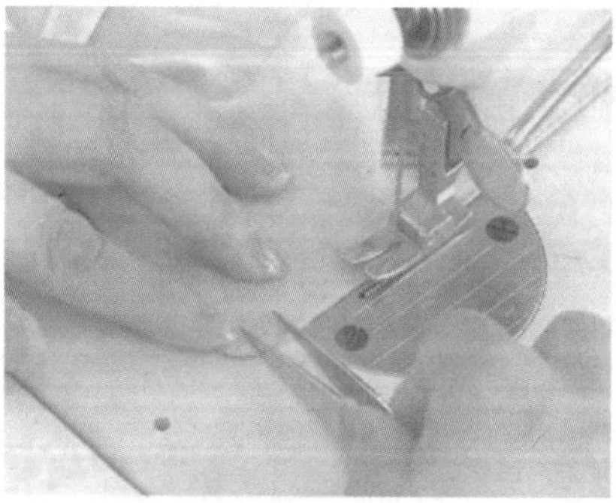

8．袖头在内圈距缉线0.5厘米再缉缝一圈，形成双缉线造型。

第五章 拉链缝制工艺

第一节 暗藏式拉链

1.1 成品效果

1.2 制作准备

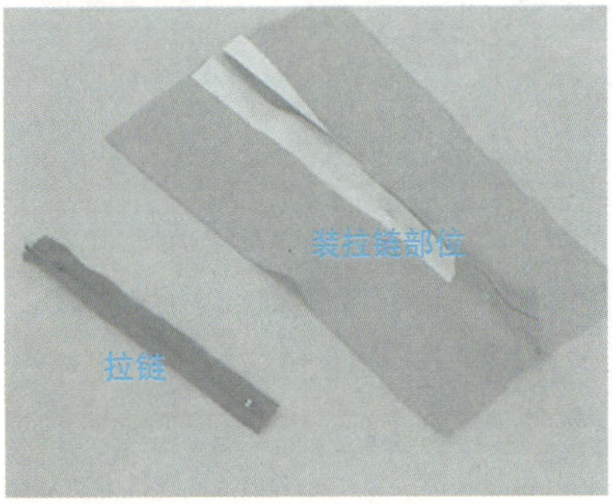

装拉链左、右裙片（装拉链部位粘衬），普通拉链。

1.3 制作步骤

1. 按拉链上下金属的有效长度确定好裙片拉链止点。然后将装拉链左右裙片正面相对，按刀眼车缝分割缝至拉链止点，装拉链部位不缝，分烫缝份。

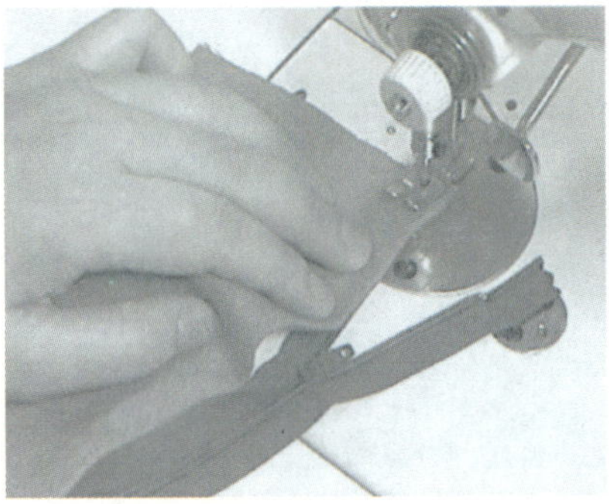

2. 将拉链底端金属以下0.3厘米处与裙片拉链止点对齐，拉链母带与裙片边缘左右分别按刀眼对齐并固定好，然后按拉链单侧明线宽度0.6厘米车缝左侧拉链母带与裙片至拉链止点。

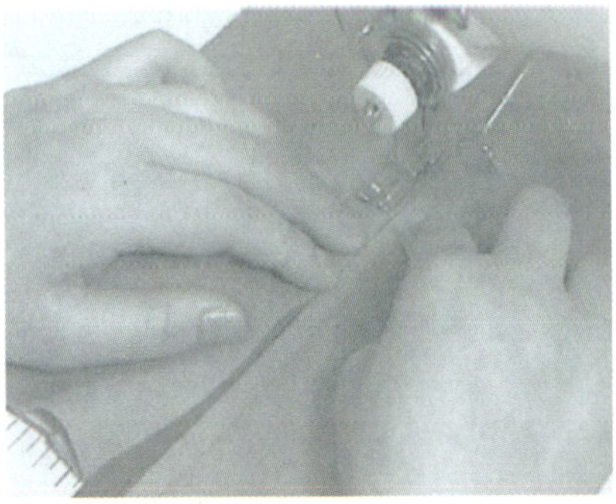

3. 转动裙片，按拉链明线宽度1.2厘米车缝拉链底端三道，继续转动裙片，按拉链单侧明线宽度0.6厘米车缝右侧拉链母带与裙片。要求拉链两侧裙片自然闭合，明线宽窄一致、均匀。

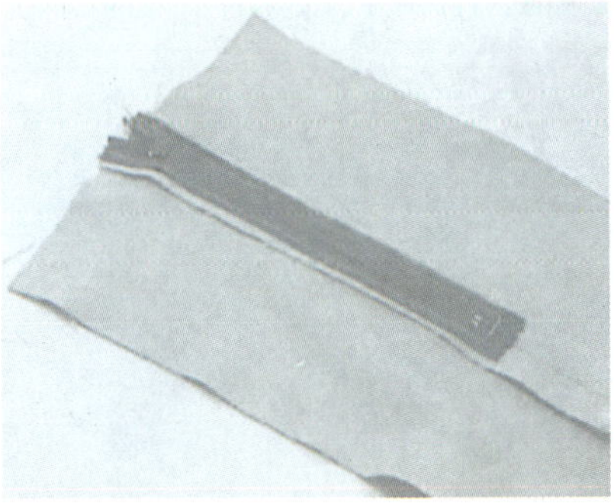

4. 熨烫整理。

第二节 单边覆盖式拉链

2.1 成品效果

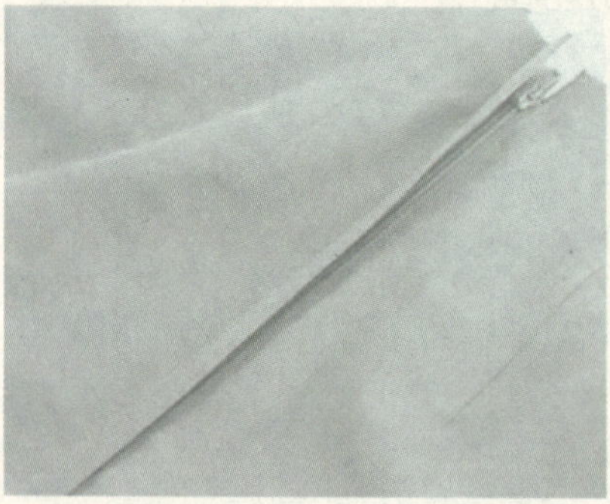

2.2 制作准备

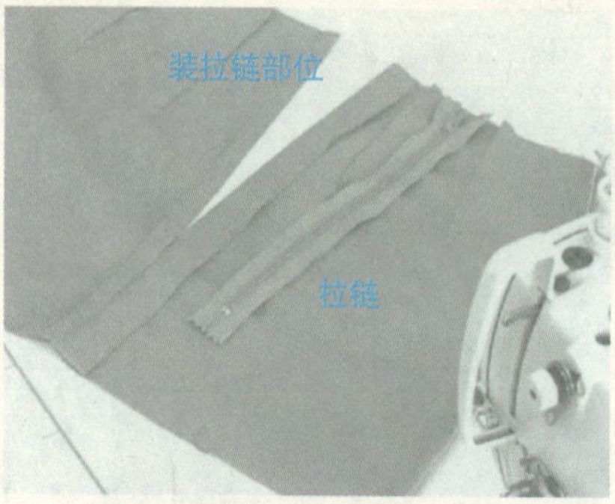

装拉链左、右裙片，普通拉链。

2.3 制作步骤

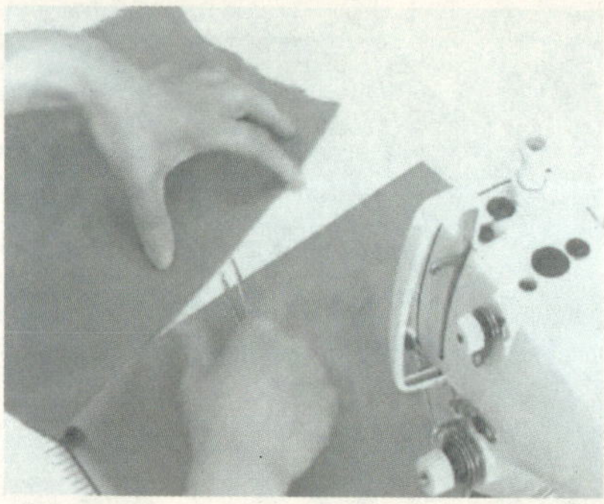

1. 按拉链上下金属的有效长度确定好裙片拉链止点。然后将装拉链的左右裙片正面相对，按刀眼车缝分割缝至拉链止点，装拉链部位不缝。分烫缝份，右侧缝份按净缝线外侧0.3厘米熨烫。

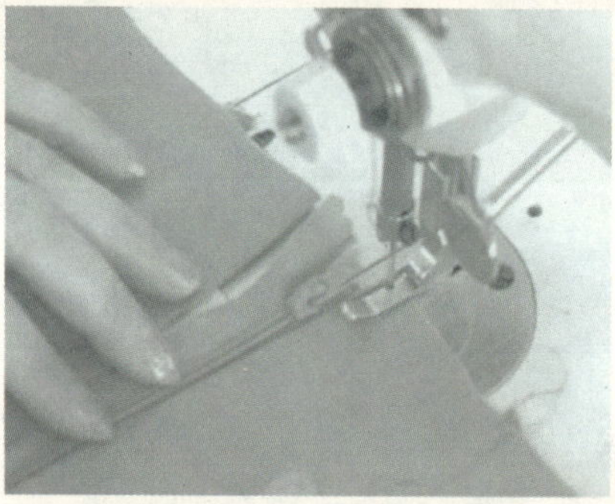

2. 将拉链底端金属以下0.3厘米处与裙片拉链止点对齐，右侧拉链母带与裙片边缘按刀眼对齐并固定，然后裙片边缘用单边压脚缉止口明线0.1厘米至拉链止点以下1厘米。

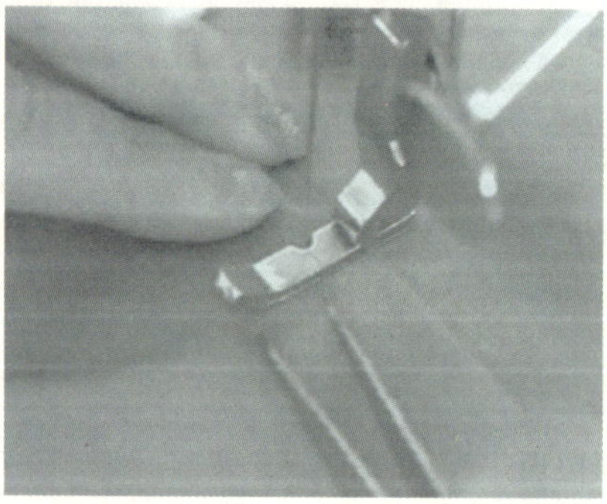

3. 按拉链明线宽度1–1.2厘米车缝左侧裙片与拉链底端三道。

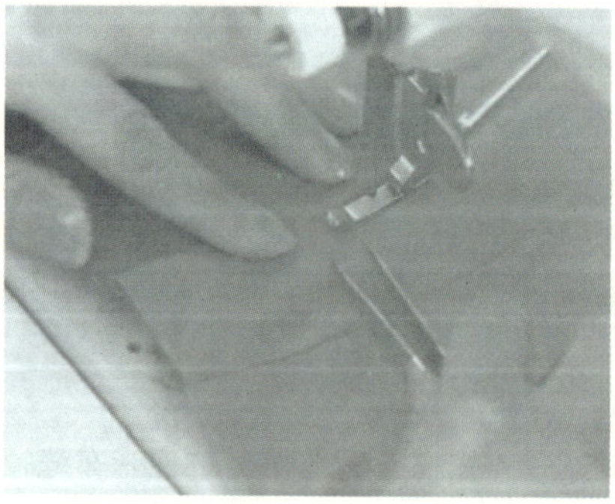

4. 转动裙片，将衣片两侧按净缝线对齐固定好，继续按明线宽度间距车缝左侧拉链母带与裙片，并熨烫整理。

第三节 带门、里襟拉链

3.1 成品效果

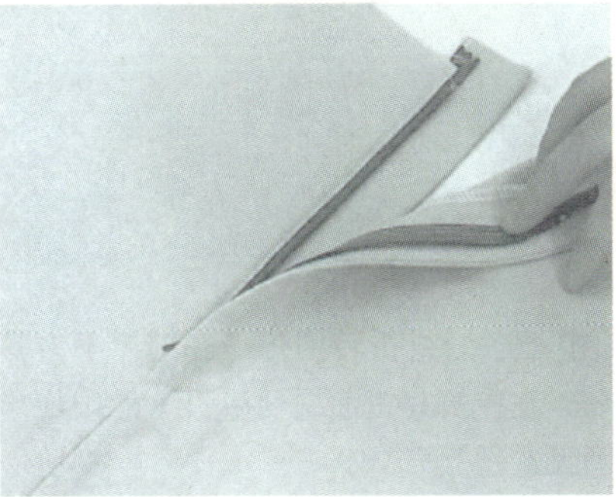

3.2 制作准备

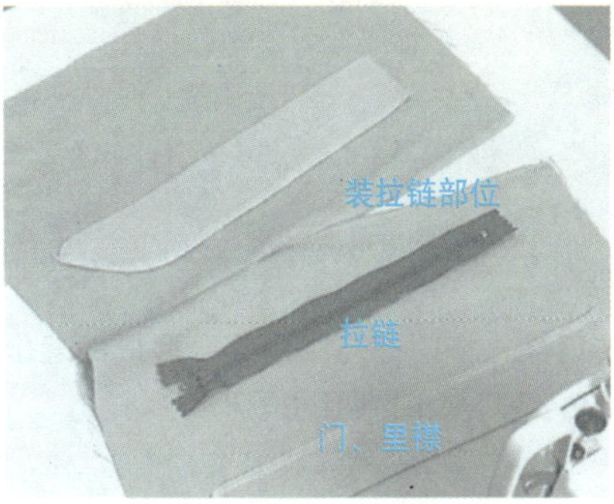

装拉链裤身（车缝至拉链止点，装拉链部位不缝），门襟（粘衬，圆弧侧锁缝），里襟（粘衬后对折熨烫，然后双层边缘侧锁缝），普通拉链。

3.3 制作步骤

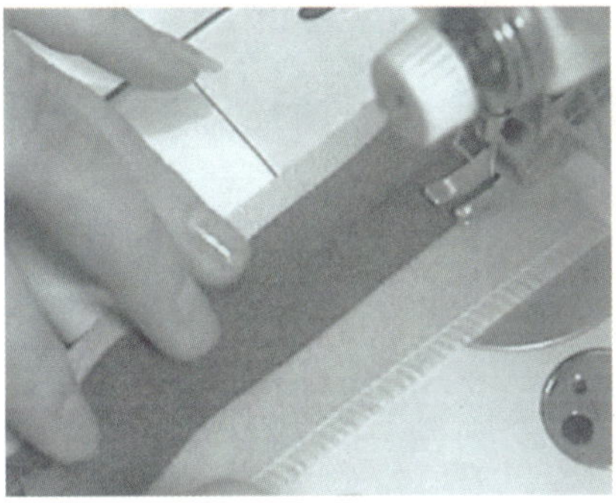

1. 将拉链与门襟正面相对，按拉链的长度与宽度确定好拉链位置，并将拉链下端金属与门襟的拉链止点对齐。

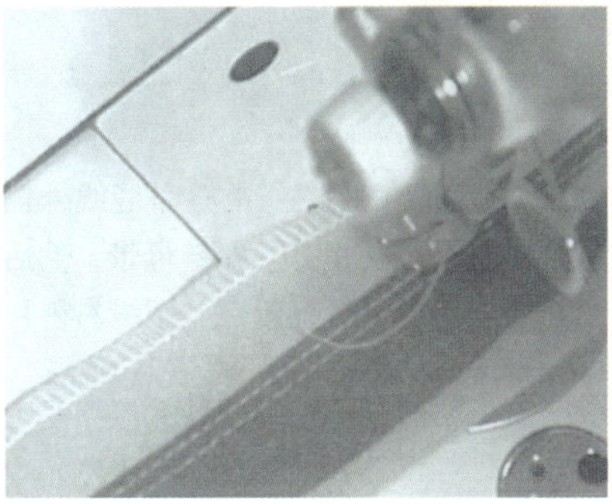

2. 车缝门襟圆弧侧拉链母带两道，距母带边缘分别为0.2厘米、0.4厘米。

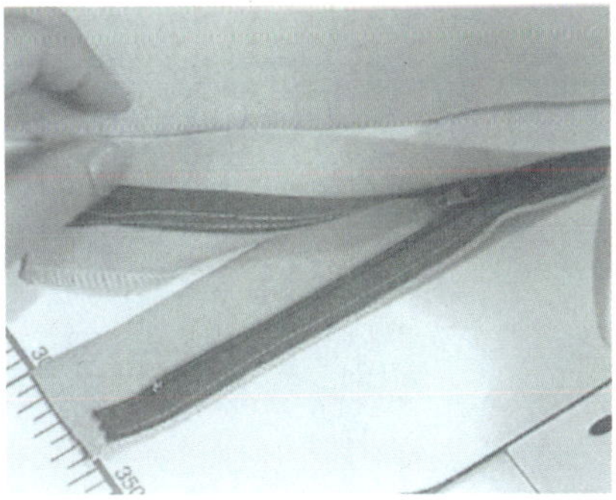

3. 将拉链反面与里襟正面锁缝侧按刀眼对齐后，车缝拉链另一侧母带与里襟，距母带边缘约0.2厘米。

4. 掀开右裤片，将门襟与左裤片前中心正面相对，沿前中心净缝线外侧约0.2厘米、从拉链止点以下约1厘米处开始按刀眼车缝至裤片腰口。

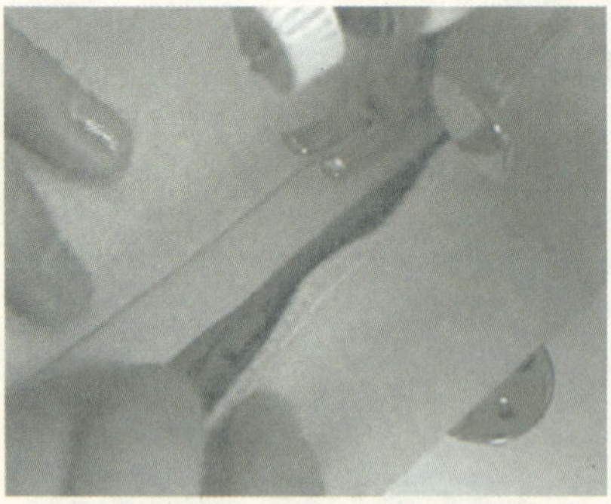

5. 翻转门襟，将门襟与刚刚缝合形成的缝份叠合一起，缉门襟止口明线0.1厘米。

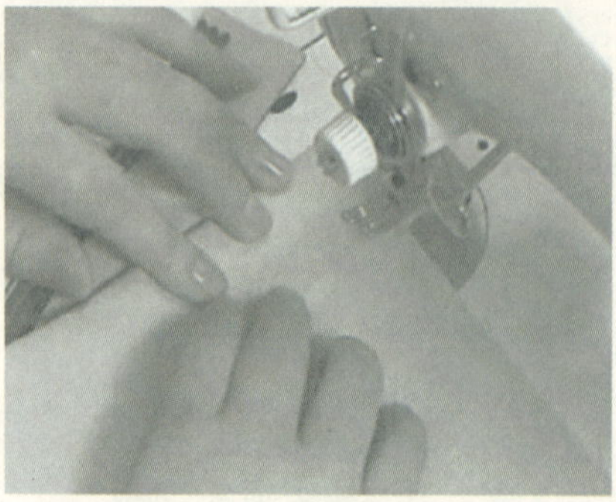

6. 按前中心净缝线折转门襟，在门襟下方拉开里襟后，在左裤片正面缉门襟明线宽3.3厘米及下端圆弧造型。

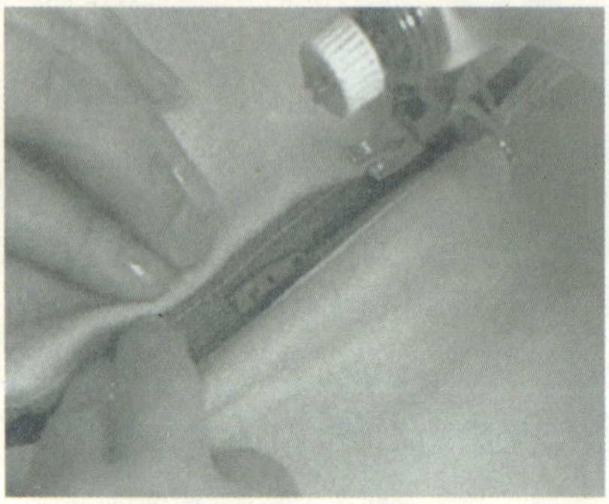

7. 闭合拉链，将右裤片按前中心净缝线外侧0.3厘米折转缝份后盖住里襟上拉链母带，然后对合门襟并固定里襟相对位置后，压缉右裤片前中止口0.1厘米。

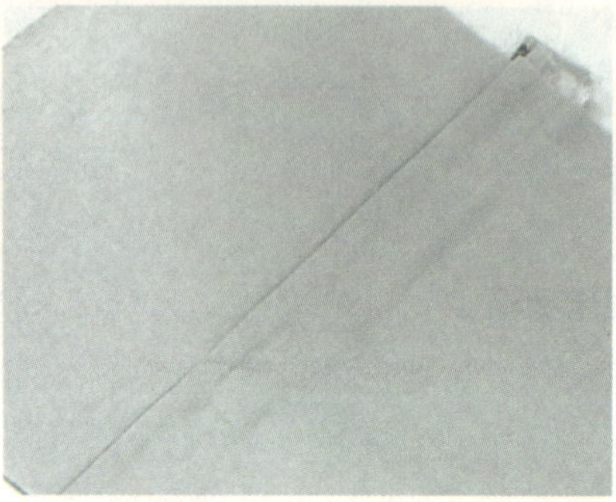

8. 熨烫整理。

第四节 隐形拉链

4.1 成品效果

4.2 制作准备

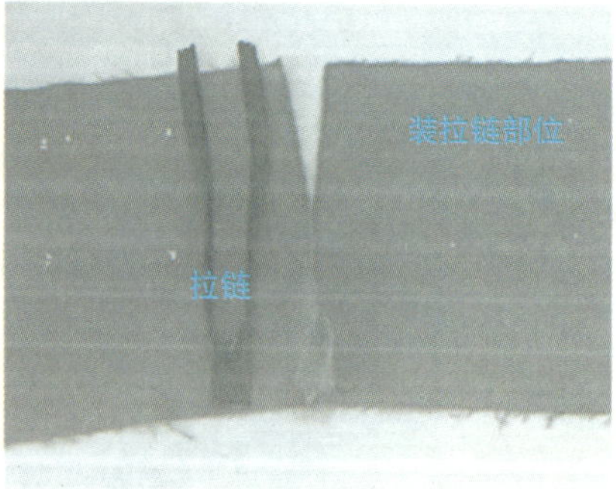

装拉链衣身（车缝至拉链止点，装拉链部位不缝），隐形拉链。

4.3 制作步骤

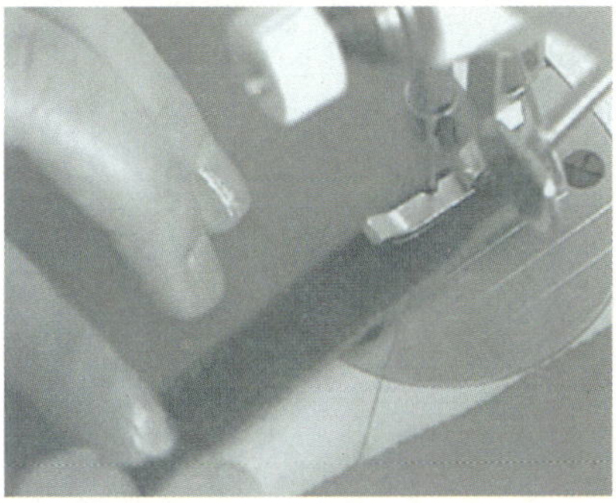

1．选择使用单边压脚，将拉链上端止点对齐衣身上边缘，确认拉链下端至少比衣身拉链止点长出3厘米。然后将拉链一侧与衣身装拉链部位一侧正面相对，拉链齿闭合边缘对齐衣身净缝线，轻轻扳开拉链齿，按刀眼车缝。

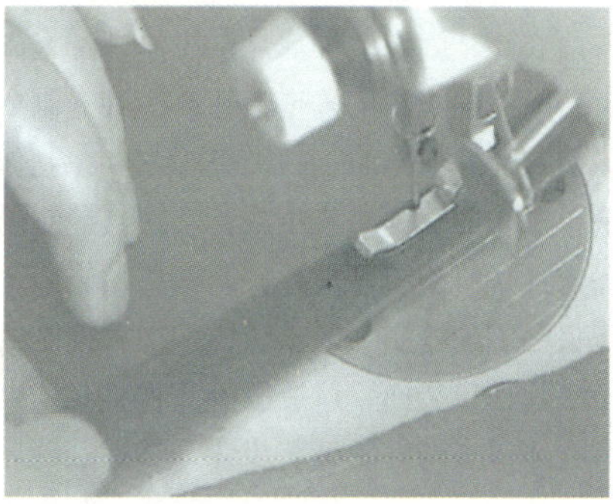

2．将拉链尾端翻至衣身内侧，继续车缝至拉链止点以下1厘米。

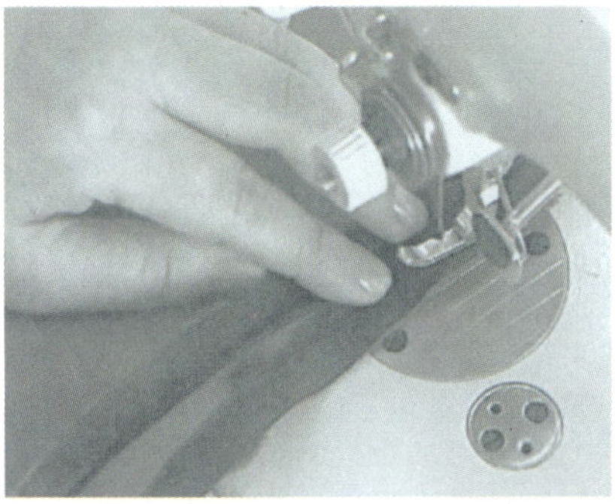

3．同样，将拉链另一侧与衣身装拉链部位另一侧正面相对，拉链齿闭合边缘对齐衣身净缝线，轻轻扳开拉链齿，按刀眼车缝至拉链止点以下1厘米。

4．将拉链头从衣身内侧拉至衣身正面，至顶端后固定拉链下端与缝份，熨烫整理。

课程练习

1. 了解贴边式领口领、双层外滚式领口领的区别，分别掌握它们的缝制工艺步骤和缝制要点。
2. 准备前后衣身、领口滚边等裁片，制作贴边式领口领、双层外滚边领口领各一。
3. 了解低领座翻领的缝制工艺步骤，掌握其缝制要点。
4. 准备前后衣身、领面、领里等裁片，制作低领座翻领。
5. 了解女式翻领的缝制工艺步骤，掌握其缝制要点。
6. 准备前后衣身、领面、领里等裁片，制作女式翻领。
7. 了解男式衬衫领的缝制工艺步骤，掌握其缝制要点。
8. 准备前后衣身、领面、领里等裁片，制作男式衬衫领。
9. 了解立领的缝制工艺步骤，掌握其缝制要点。
10. 准备前后衣身、领面、领里等裁片，制作立领。
11. 了解半开襟门襟的缝制工艺步骤，掌握其缝制要点。
12. 准备前衣片、门襟、里襟等裁片，制作半开襟门襟。
13. 了解外翻式门襟的缝制工艺步骤，掌握其缝制要点。

14. 准备前衣片、门襟条等裁片，制作外翻式门襟。
15. 了解暗门襟的缝制工艺步骤，掌握其缝制要点。
16. 准备前衣片、门襟面、门襟里等裁片，制作暗门襟。
17. 了解单贴袋的缝制工艺步骤，掌握其缝制要点。
18. 准备衣片、口袋布等裁片，制作单贴袋。
19. 了解夹贴袋的缝制工艺步骤，掌握其缝制要点。
20. 准备衣片、口袋面、口袋里等裁片，制作夹贴袋。
21. 了解立体口袋的缝制工艺步骤，掌握其缝制要点。
22. 准备衣片、口袋布、袋盖布等裁片，制作立体口袋。
23. 了解单嵌线口袋的缝制工艺步骤，掌握其缝制要点。
24. 准备衣片、口袋布、袋垫、袋嵌线等裁片，制作单嵌线口袋。
25. 了解双嵌线带袋盖口袋的缝制工艺步骤，掌握其缝制要点。
26. 准备衣片、口袋布、袋垫、袋嵌线等裁片，制作双嵌线带袋盖口袋。
27. 了解西裤直插袋的缝制工艺步骤，掌握其缝制要点。
28. 准备裤片、袋布、袋垫等裁片，制作西裤直插袋。
29. 了解西裤斜插袋的缝制工艺步骤，掌握其缝制要点。
30. 准备裤片、袋布、袋垫等裁片，制作西裤斜插袋。
31. 了解开启式衩的缝制工艺步骤，掌握其缝制要点。
32. 准备开衩裙片面、裙片里等裁片，制作开启式衩。
33. 了解滚边衩的缝制工艺步骤，掌握其缝制要点。
34. 准备开衩布片、滚边条等裁片，制作滚边衩。
35. 了解褶裥衩的缝制工艺步骤，掌握其缝制要点。
36. 准备开衩袖片等裁片，制作褶裥衩。
37. 了解滴水衩的缝制工艺步骤，掌握其缝制要点。
38. 准备开衩布片、衩垫布等裁片，制作滴水衩。
39. 了解宝剑头衩的缝制工艺步骤，掌握其缝制要点。
40. 准备开衩袖片、开衩门襟、开衩里襟等裁片，制作宝剑头衩。
41. 了解女衬衫袖头的缝制工艺步骤，掌握其缝制要点。
42. 准备袖片、滚边条、袖头等裁片，制作女衬衫袖头。
43. 了解男衬衫袖头的缝制工艺步骤，掌握其缝制要点。
44. 准备袖片、宝剑头衩门里襟、袖头面、袖头里等裁片，制作男衬衫袖头。
45. 了解暗藏式拉链的缝制工艺步骤，掌握其缝制要点。
46. 准备装拉链左右裙片、普通拉链等裁片，制作暗藏式拉链。
47. 了解单边覆盖式拉链的缝制工艺步骤，掌握其缝制要点。
48. 准备装拉链左右裙片、普通拉链等裁片，制作单边覆盖式拉链。
49. 了解带门、里襟拉链的缝制工艺步骤，掌握其缝制要点。
50. 准备装拉链裤身、门襟、里襟、普通拉链等裁片，制作带门、里襟拉链。
51. 了解隐形拉链的缝制工艺步骤，掌握其缝制要点。
52. 准备装拉链衣身、隐形拉链等裁片，制作隐形拉链。

中 篇

单服装缝制工艺

本篇主要内容：本篇主要分节介绍典型的基本款单服装的缝制工艺及要点，包括女衬衫缝制工艺、男西裤缝制工艺、直身裙缝制工艺。通过实践操作图片和简洁的语言解说形式，有条理、分步骤地讲述了基本款单服装的成品效果、缝制准备、缝制步骤及要点。本篇的最后还设置了课程练习。

参考学时：28学时

第一章　女衬衫缝制工艺

成品效果

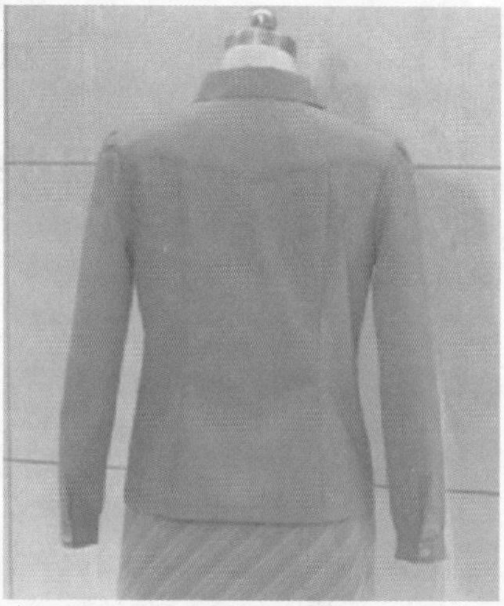

第一节 排料与裁剪

1. 将面料预处理后，对折叠放，反面向上。

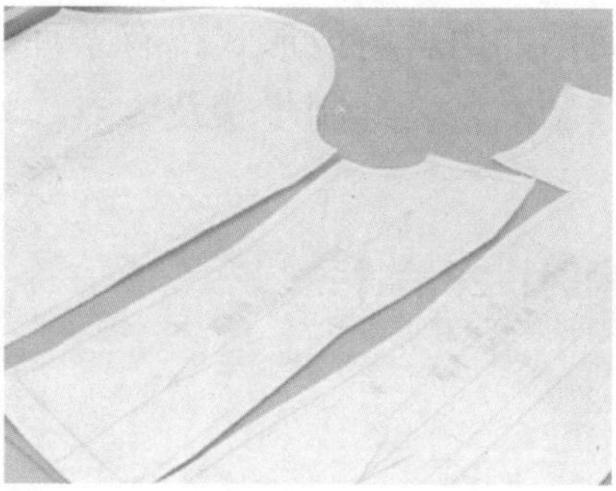

2. 将毛样板的丝绺线按面料布纹方向对齐排料并固定样板，先排大片后排小片，以丝绺对齐为原则，以省料为目的。

3. 用划粉沿毛样板轮廓划样，并做好对位记号。

4. 裁剪面料，样片边缘处的对位记号打刀眼。

第二节 前衣片缝制

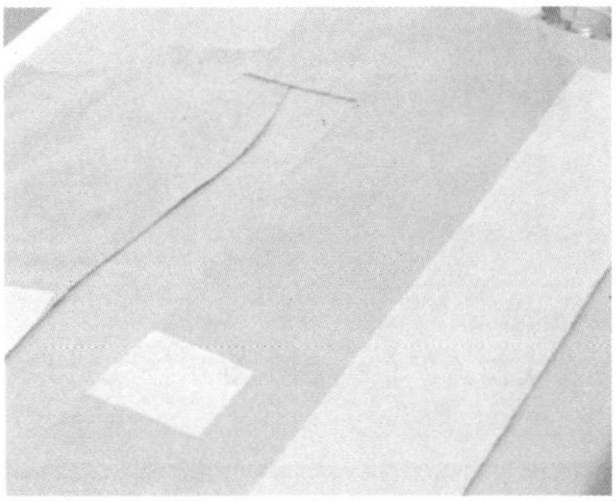

1. 前衣片的挂面、袋位在衣片反面粘衬。

2. 按门襟止口线向前衣片反面扣烫挂面。

3. 前中衣片用定位样板按样板净缝线确定前分割缝拐点，并用大头针钻孔作记号。

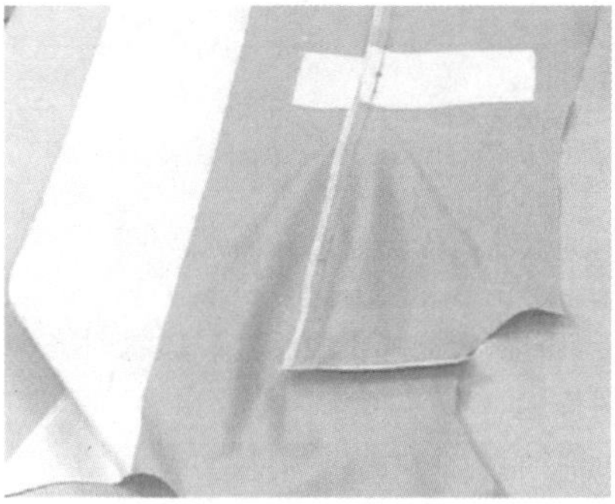

4. 将前中和前侧衣片正面相对，按刀眼车缝分割缝，转角处打剪口，并锁缝分割缝。

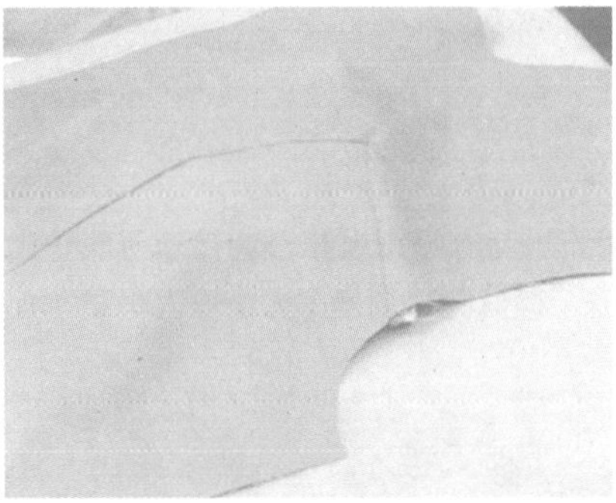

5. 熨烫前衣身分割缝，缝份倒向前中方向。

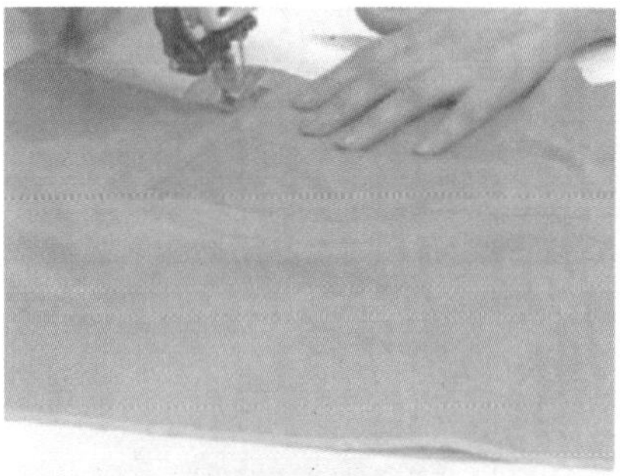

6. 在前中片正面沿分割缝缉明线0.1厘米。

第三节 单嵌线口袋缝制

1．制作准备：袋嵌线（一侧边缘扣烫2厘米宽），口袋布面、里。

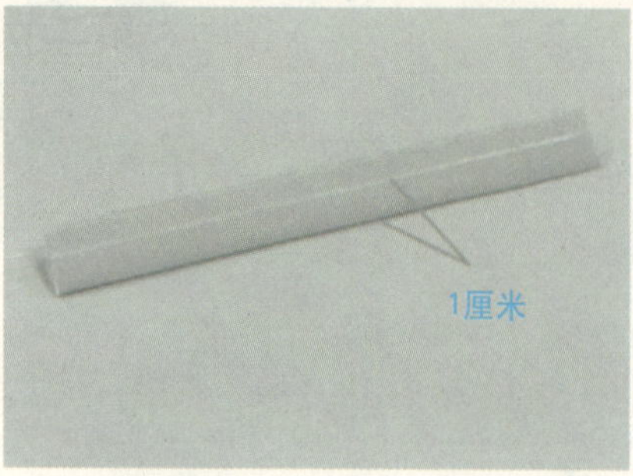

2．在袋嵌线扣烫好的一侧上划出嵌线宽1厘米。

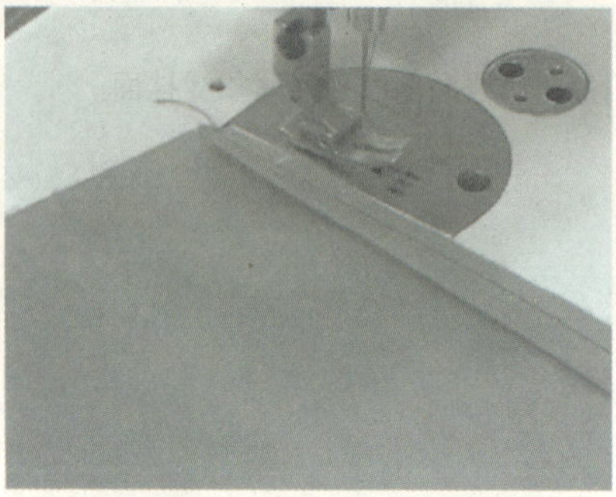

3．将袋布面与袋嵌线正面相对、边缘对齐，按嵌线宽车缝。

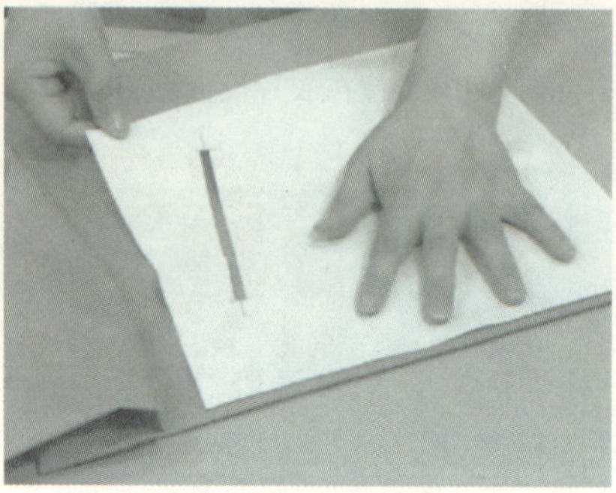

4．用袋位样板在衣身上确定袋位，并用划粉划出口袋位置和大小。

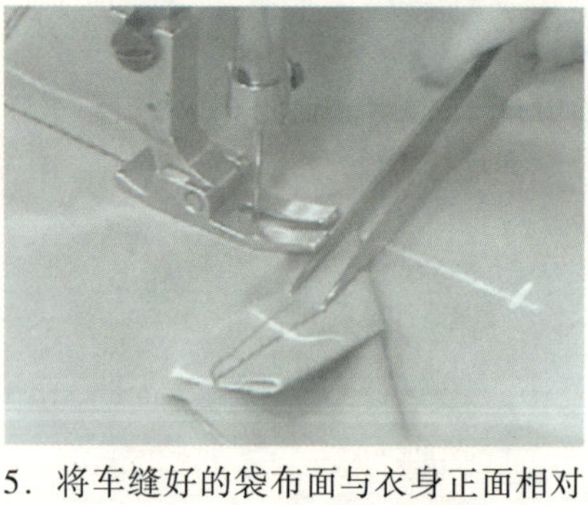

5．将车缝好的袋布面与衣身正面相对，嵌线夹在中间，按衣身袋位下边缘对齐，沿嵌线宽缝迹线车缝袋口大小。

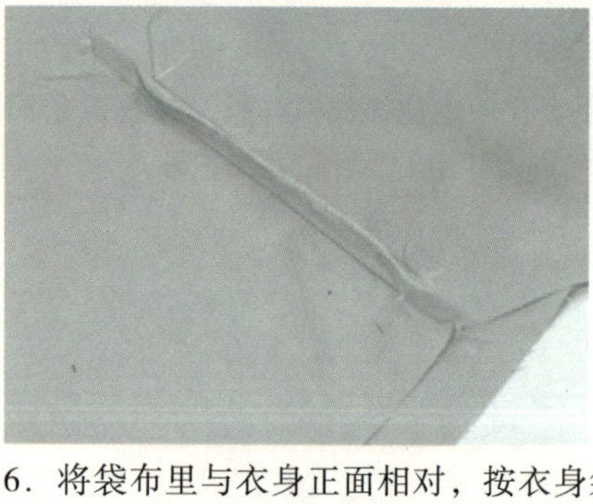

6．将袋布里与衣身正面相对，按衣身袋位上边缘对齐，以缝份0.5厘米车缝袋口大小。

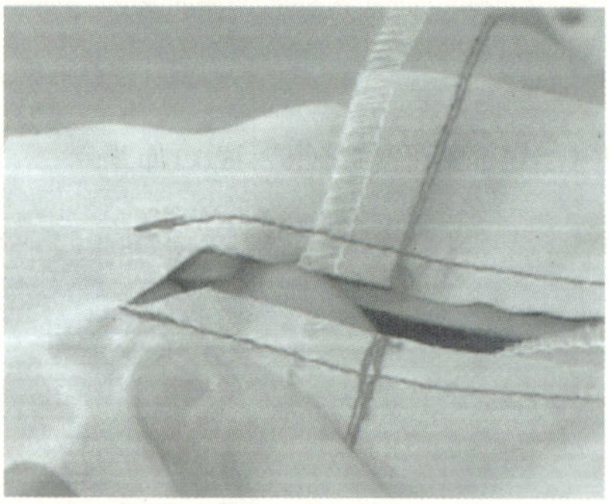

7．开袋口，从两道车缝线中间剪开前衣片，袋口两端剪Y形三角，不能剪断缝线。

8．将袋布翻至衣片反面整理好，并拉紧三角车缝固定袋口两端。

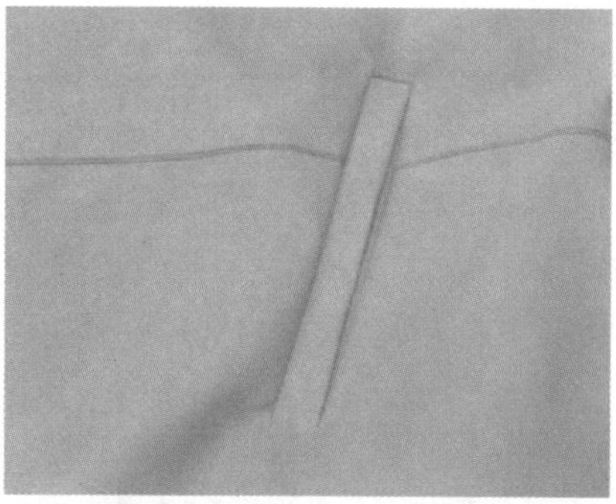

9. 整理口袋正面效果。

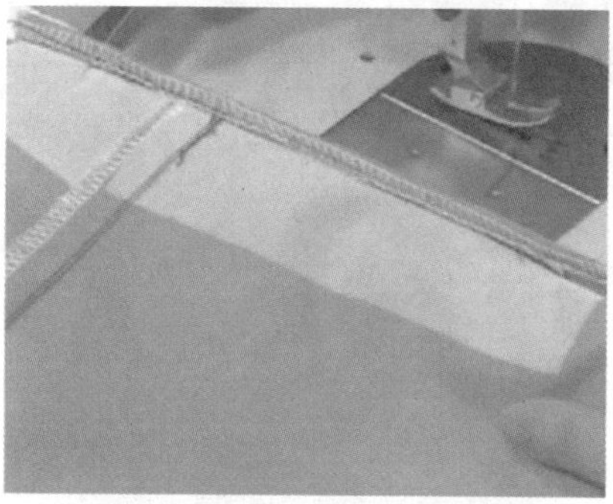

10. 整理好口袋后，袋口上端锁缝。

11. 兜缝双层袋布，并修剪袋布缝份至1厘米，然后锁缝两侧毛边。

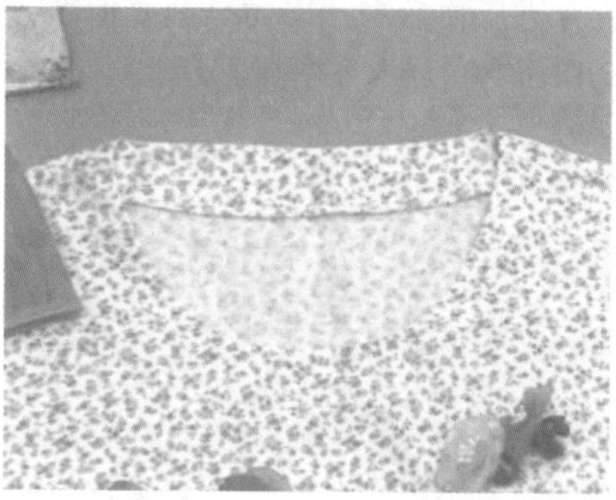

12. 口袋底端毛边正好可用衣服底边卷边盖住。

第四节 后衣片缝制

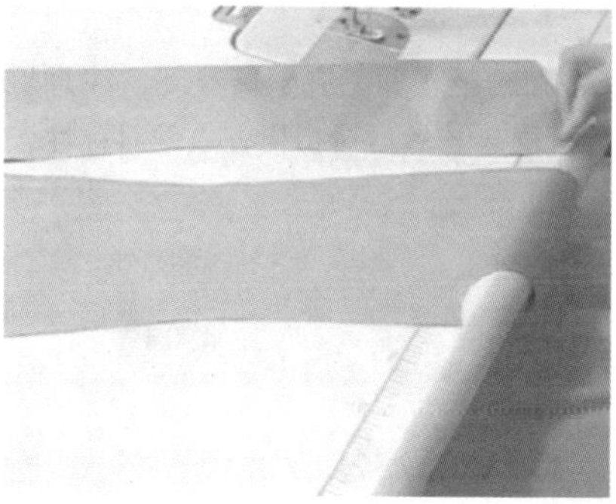

1. 将后中和后侧衣片正面相对，按刀眼车缝及锁缝分割缝。

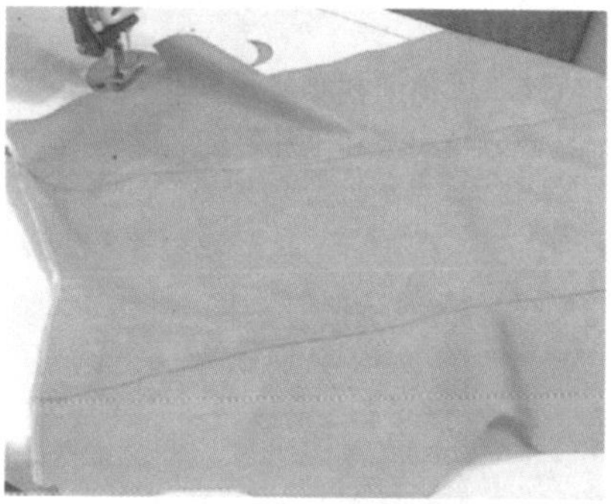

2. 熨烫分割缝，缝份倒向后中，然后在后中片正面沿分割缝缉明线0.1厘米。

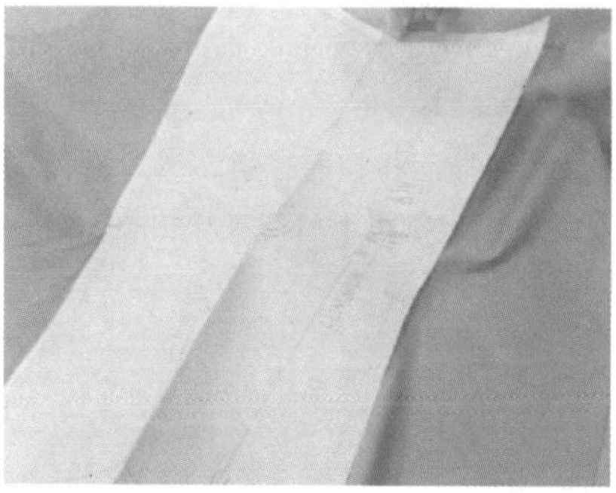

3. 用定位样板按样板净缝线确定后育克与衣片分割缝拐点，并用大头针钻孔作记号。

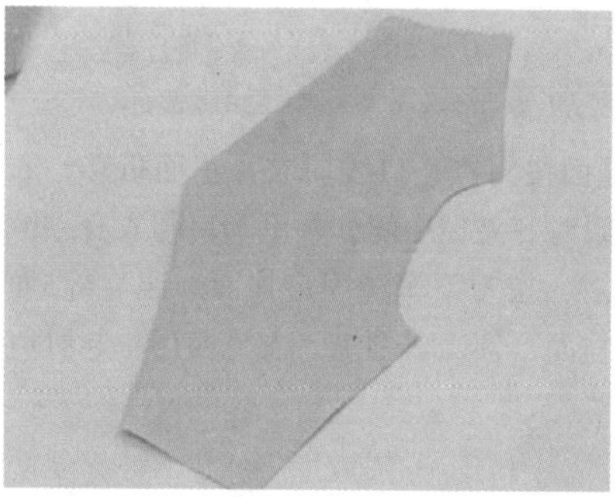

4. 按净缝线扣烫后育克横向分割缝的缝份。

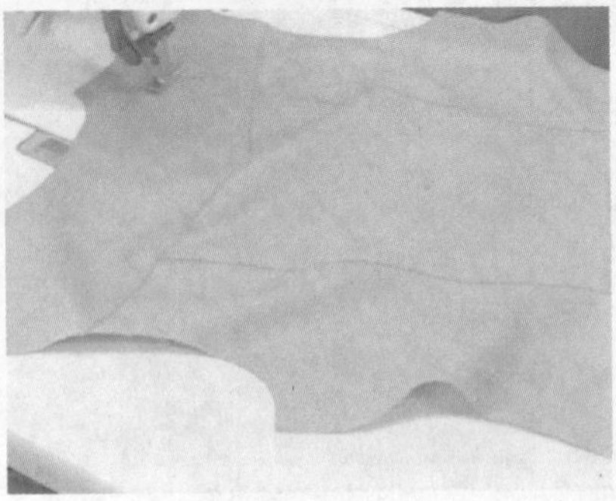

5. 将后育克压住后衣片横向分割缝的净缝线，按刀眼压缉0.1厘米，并锁缝分割缝。

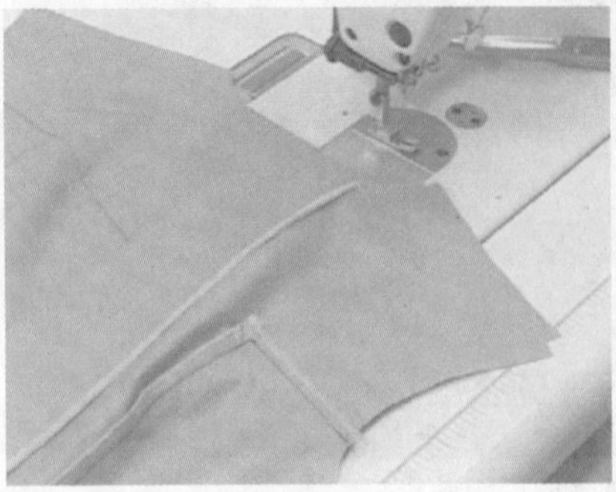

6. 将前、后衣片正面相对，按刀眼车缝及锁缝肩缝。

第五节 做领、绱领

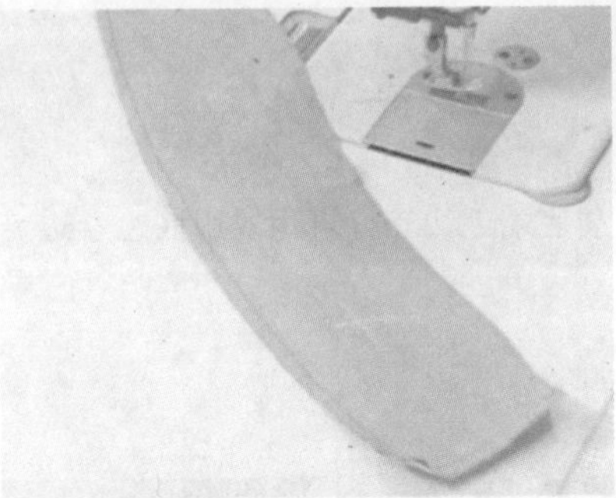

1. 领里粘衬。将领面和领里正面相对，按刀眼车缝。注意领角窝势和里外匀。

2. 将衣领翻转至正面，并熨烫整理。注意里外匀和翻折层势。然后对折检查衣领对称性，并修剪整理。

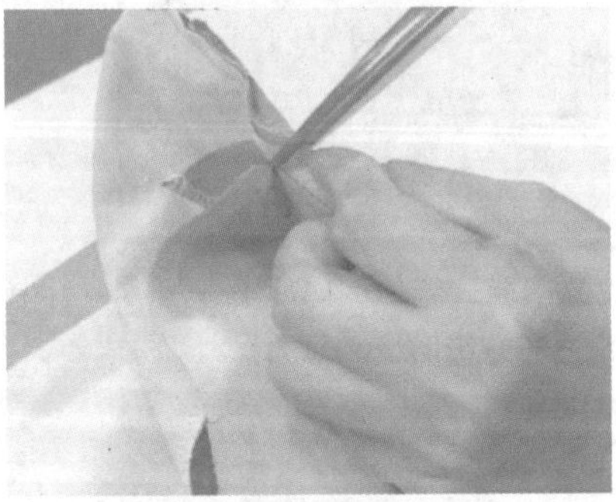

3. 将挂面按门襟止口线向衣片正面折转，衣领按刀眼对齐夹在中间，领里下口与衣身领圈正面相对，按刀眼车缝固定挂面。距肩缝5厘米处将挂面、领面、领里、衣身四层一起打剪口。

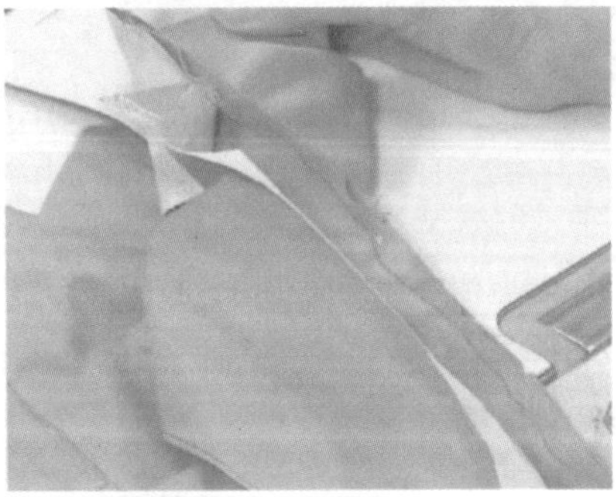

4. 掀开最上面挂面与领面二层，然后沿领围按刀眼车缝，固定领里下口与衣身领圈。另一端挂面同前处理。

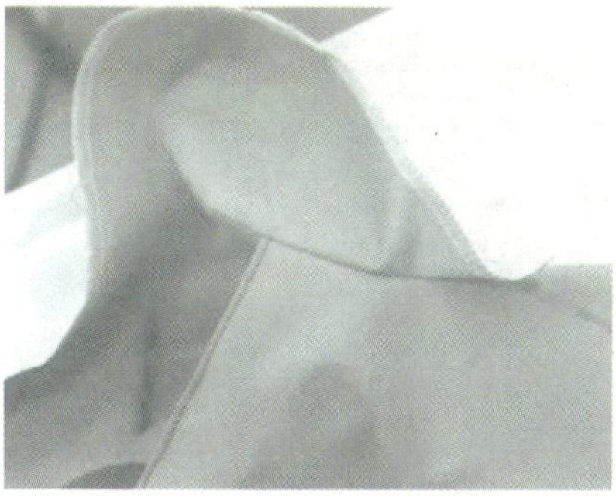

5. 将挂面翻转至正面，挂面缝份塞入衣领并与领口缝份对齐，领面下口从剪口处按净缝线折进盖住挂面缝份，并整理成型。

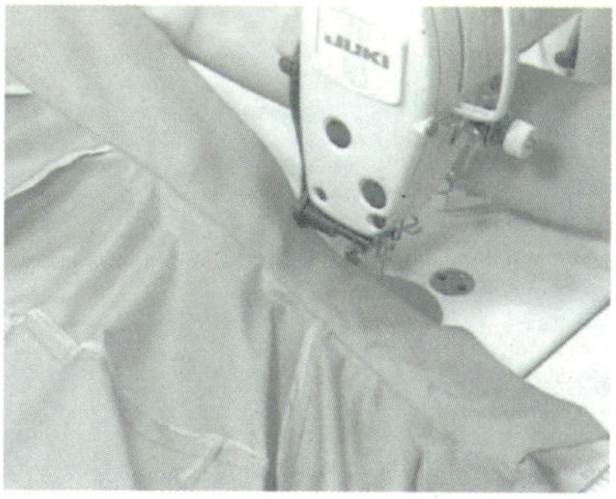

6. 沿领面下口边缘0.1厘米缉明线压缝领面下口，并熨烫整理。

第六节 做袖、绱袖

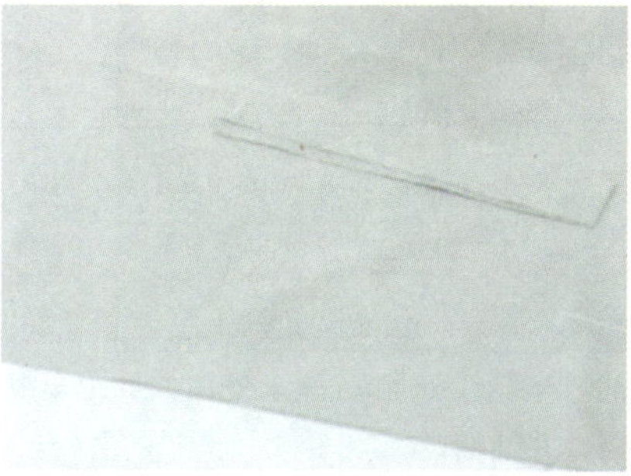

1. 制作准备：袖片（已确定好袖衩位置）、袖衩条、袖头。

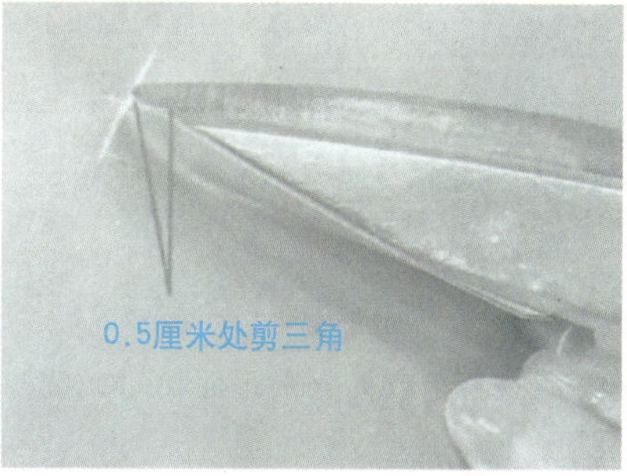

2. 袖片从袖口处沿袖衩标记线剪开，距袖衩止点0.5厘米处剪三角。

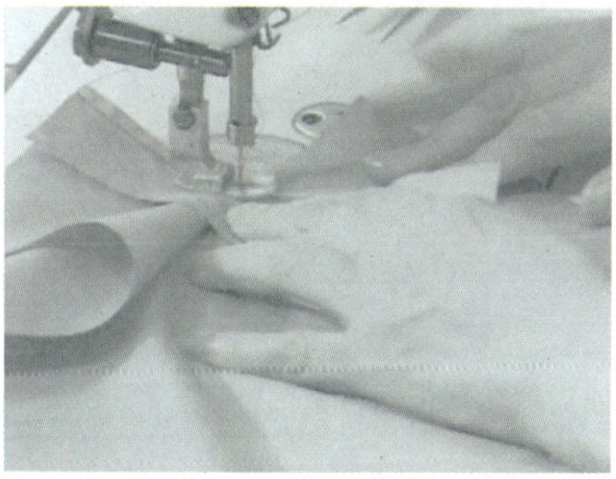

3. 将袖衩两侧毛边尽力拉成一直线，袖衩条与袖衩两侧正面相对按缝份0.3厘米车缝，并修剪袖衩条的多余长度。

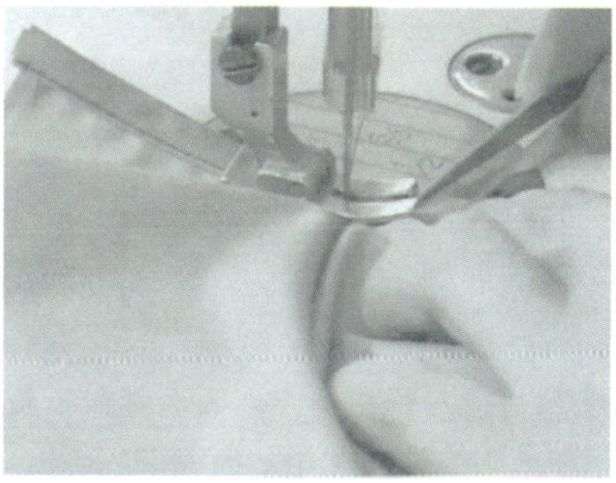

4. 将袖衩条翻至袖片反面，折光袖衩条边缘并刚刚盖住缝迹线后缉明线0.1厘米。

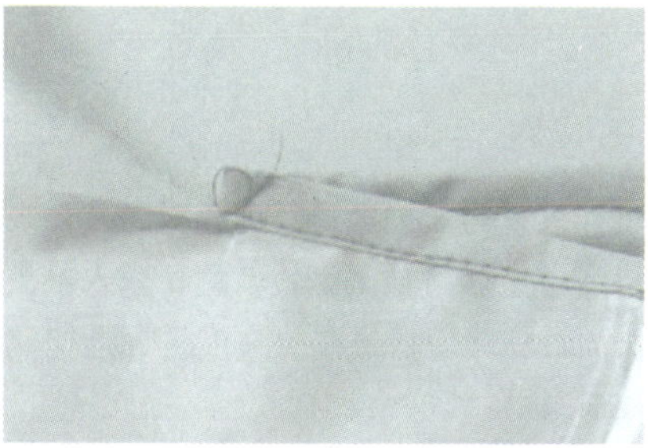

5. 将袖衩正面相对、两侧边缘对齐，按袖衩止点对折，斜向车缝反面袖衩条的三角。

6. 袖衩正面效果。

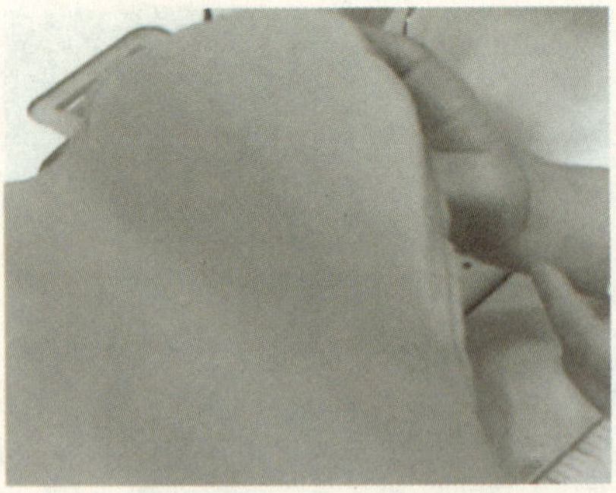

7. 在袖山净缝线外侧0.2厘米处用大针距车缝袖山，并拉紧底线，抽缩袖山立体状态。

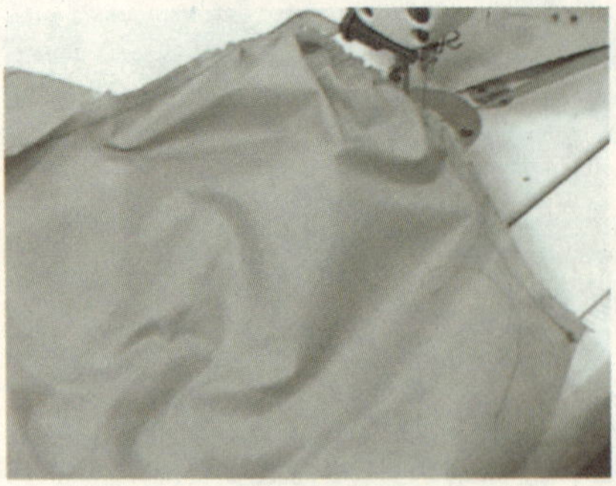

8. 将衣袖袖山与衣身袖窿正面相对，按刀眼车缝袖山弧线，并锁缝装袖线。

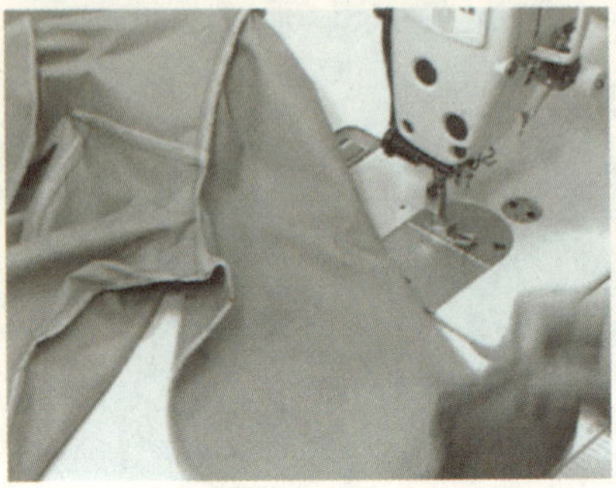

9. 将前、后衣身与衣袖分别正面相对，按刀眼车缝及锁缝衣身侧缝至袖底缝。

10. 在袖口净缝线外侧0.2厘米处用大针距车缝袖口一周，并抽褶。

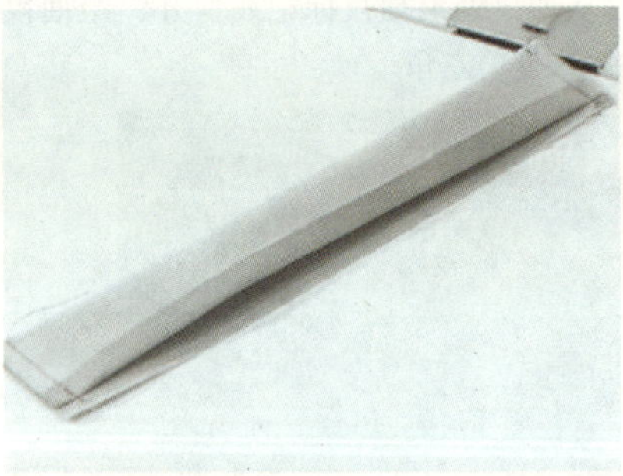

11. 袖头粘衬、对折扣烫，袖头面缝份折烫好。然后将袖头按对折扣烫线正面相对折叠，车缝固定袖头两端。

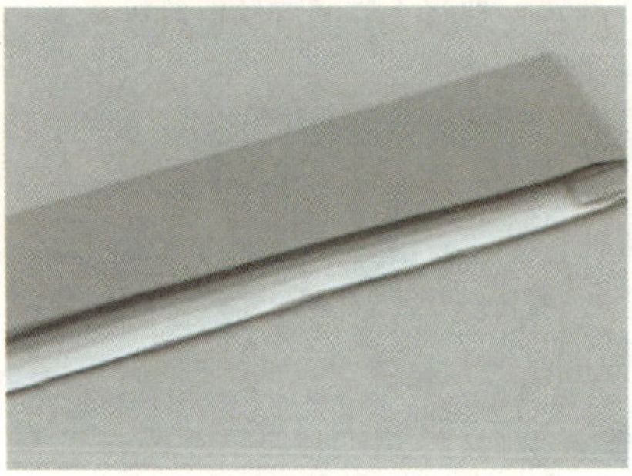

12. 将袖头翻转至正面，熨烫整理。

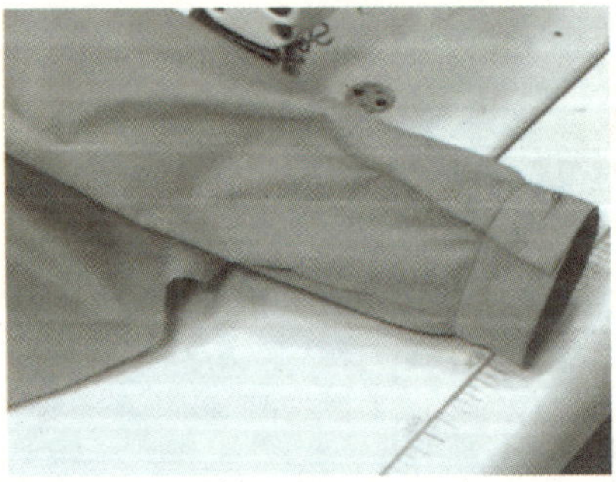

◀13. 将袖头里与衣袖袖口反面相对，按刀眼车缝袖口线。然后将袖头翻转，缝份塞入袖头中，袖头面盖住缝份，再在袖头正面压缝0.1厘米，压住袖头里。

第七节 后整理

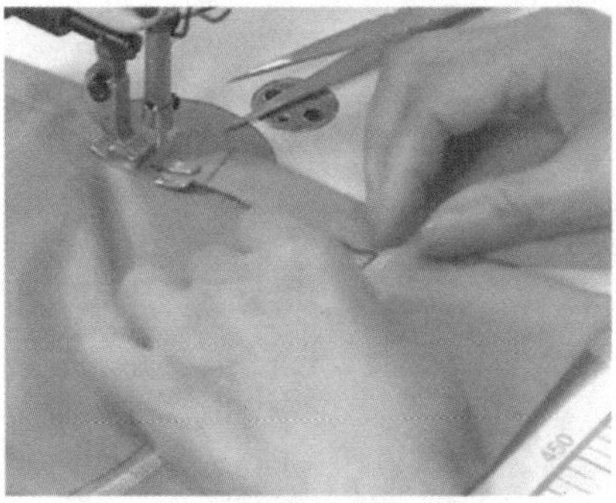

1．将挂面按门绢止口线向正面折转，沿底边净缝线车缝固定挂面宽度，并翻转至正面。

2．将衣身底边卷边折成光边，车缝底边明线。先从一侧挂面宽处的底边垂直车缝至底边卷边上沿，然后转直角沿底边卷边上口继续车缝0.1厘米，缝至另一侧挂面宽处转直角后垂直车缝至底边。

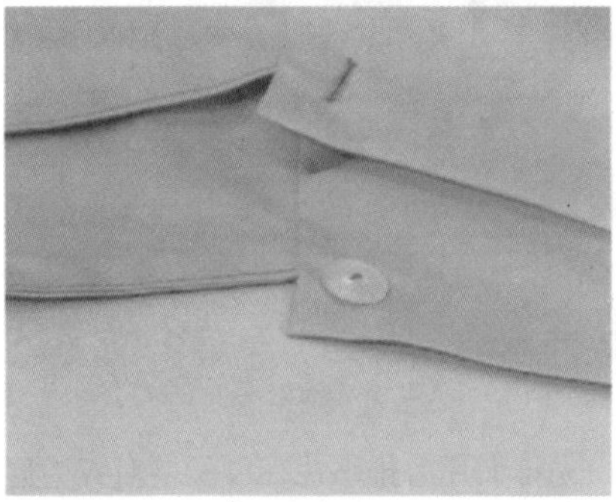

3．熨烫整理。然后根据样板确定扣位，并锁眼、钉扣。

4．锁眼钉扣后的效果。

第二章　男西裤缝制工艺

成品效果

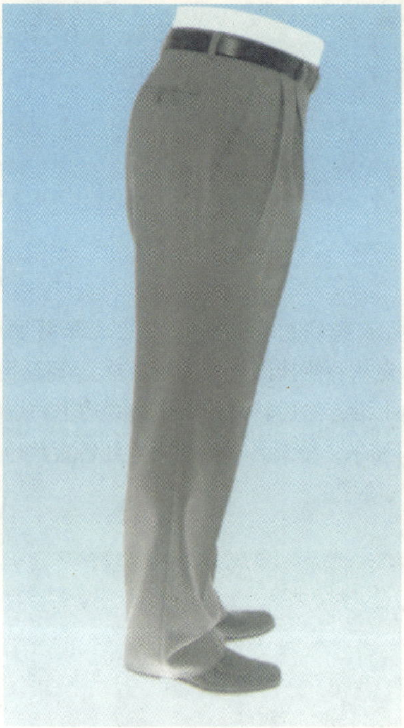

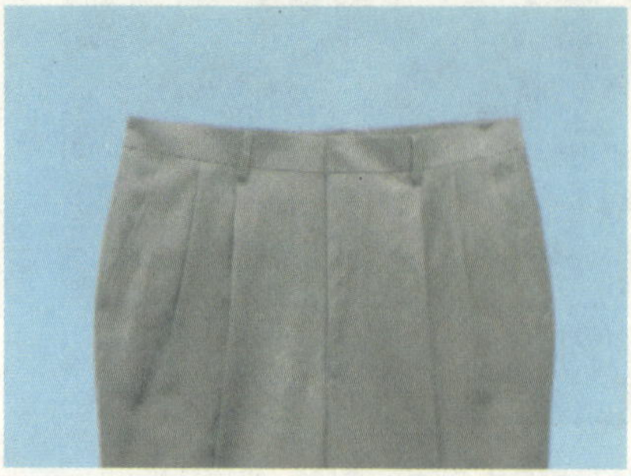

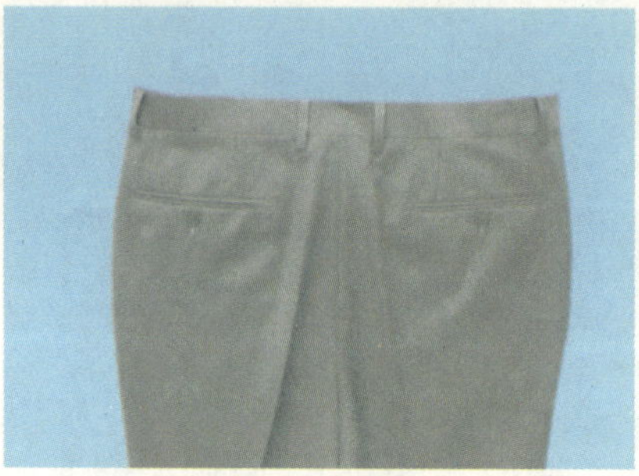

第一节 排料与裁剪

1. 将面料预处理后，对折叠放，反面向上。
2. 将毛样板的丝绺线按面料布纹方向对齐排料并固定样板，先排大片后排小片，以丝绺对齐为原则，以省料为目的。
3. 用划粉沿毛样板轮廓划样，并做好对位记号。
4. 裁剪面料，样片边缘处的对位记号打刀眼，样片中间的对位记号钻孔。

第二节 后裤片缝制

2.1 锁缝后裤片侧缝、下裆缝与后裆缝

2.2 缝合后省

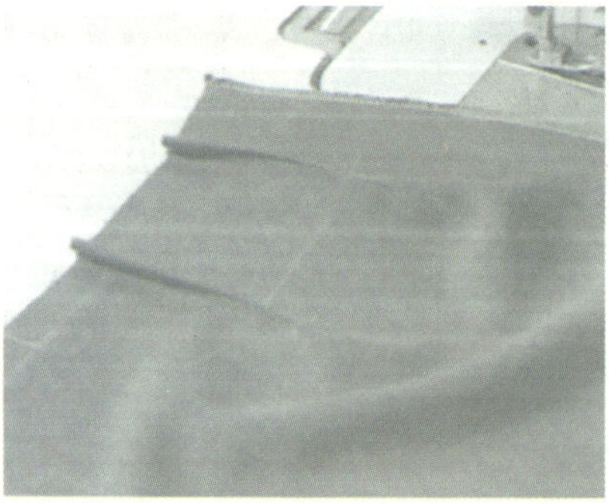

◀1. 将后裤片省道按省道两边的刀眼正面相对，对折至省尖，按省道净缝线车缝，注意省尖部分的线迹要逐渐消失，避免省尖起泡。然后向后中坐烫省道。

2.3 双嵌线后袋缝制

（可参考上篇“服装部件缝制工艺”中第三章“口袋缝制工艺”中的“双嵌线带袋盖口袋”）

1．在后裤片反面袋位处粘袋口衬。袋嵌线、垫袋布反面粘衬。

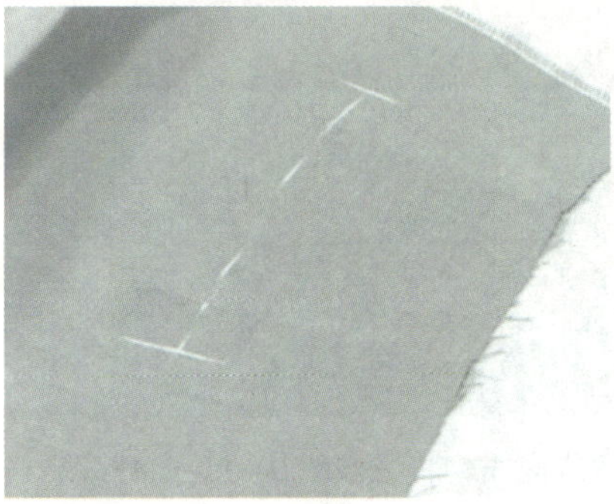

2．然后按原先的袋位在后裤片正、反面都做好袋位标记。

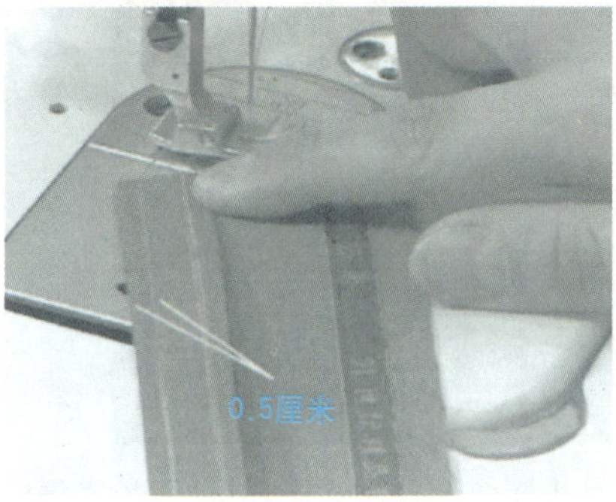

3．扣烫袋嵌线、垫袋布，首先将袋嵌线一边按1厘米宽正面折烫好，再按2厘米宽继续折烫袋嵌线同一边。然后在2厘米宽袋嵌线两侧分别划出嵌线宽0.5厘米并车缝，仅仅缝合两层面料。

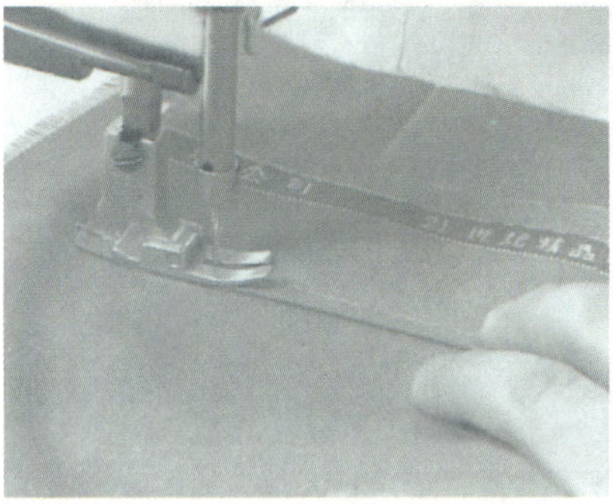

4．将整片袋布按袋位垫在后裤片反面，并固定袋布与裤片。然后将袋嵌线扣烫为2厘米嵌线，扣烫线朝下，嵌线宽中心线对齐后裤片正面袋位，沿袋嵌线两侧嵌线宽的缝迹线，按袋位大小缝合袋嵌线与裤片。

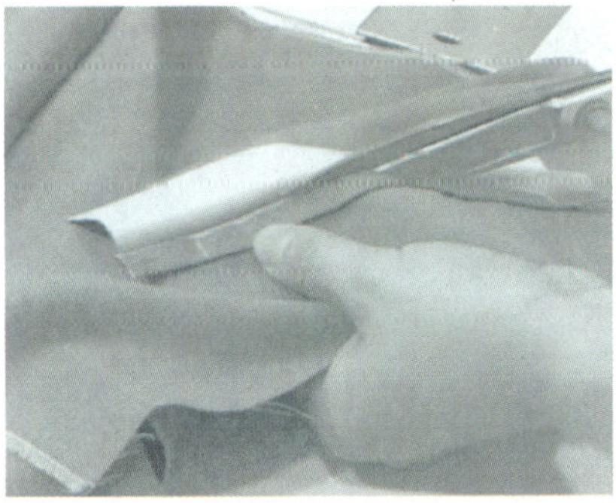

5．开口袋，掀开袋嵌线，从两道车缝线中间剪开袋嵌线、裤片和袋布。

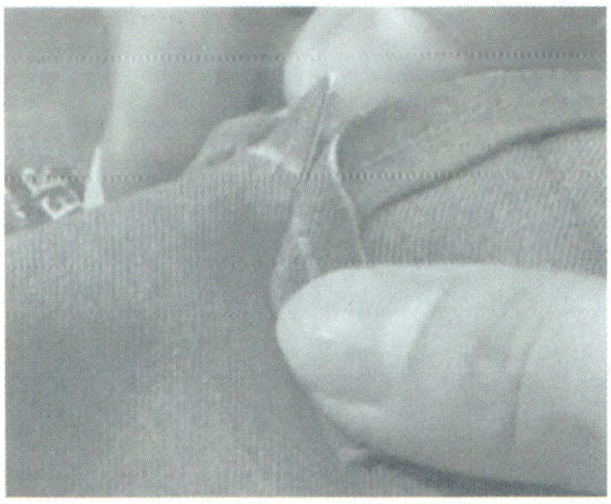

6．袋嵌线剪成上、下两部分，裤片袋口两端按嵌线宽剪成Y形三角，不能剪断缝线，离开缝线约0.1厘米。

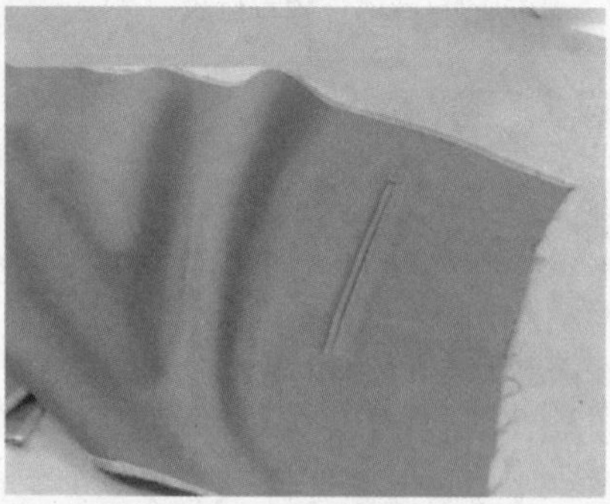

7．翻烫袋嵌线，将袋嵌线从剪开的裤片袋口翻至裤片反面，并熨烫整理成型。

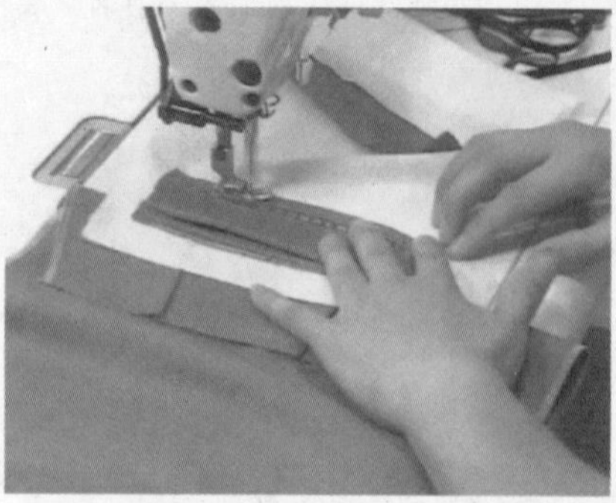

8．在裤片反面，将下袋嵌线与袋布整理平整，并车缝嵌线下端，固定袋嵌线与袋布。

9．将整片袋布对折成袋布面、里，将袋布里与垫袋布正面相叠并按袋位确定好垫袋布位置，然后车缝固定垫袋布与袋布里。

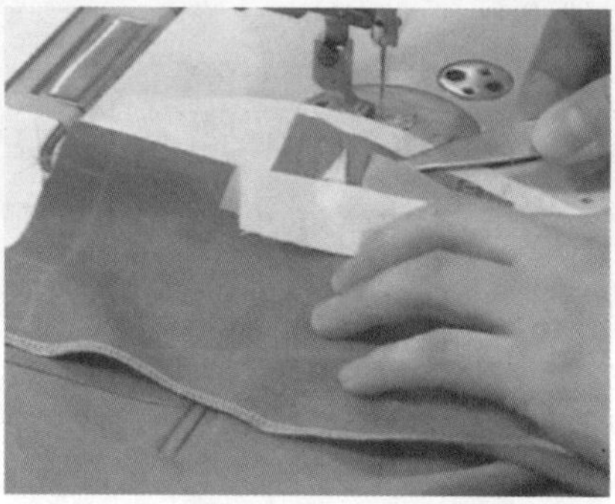

10．裤片正面朝上，然后掀开裤片，拉紧袋口两端三角，车缝固定三角、嵌线与袋布。

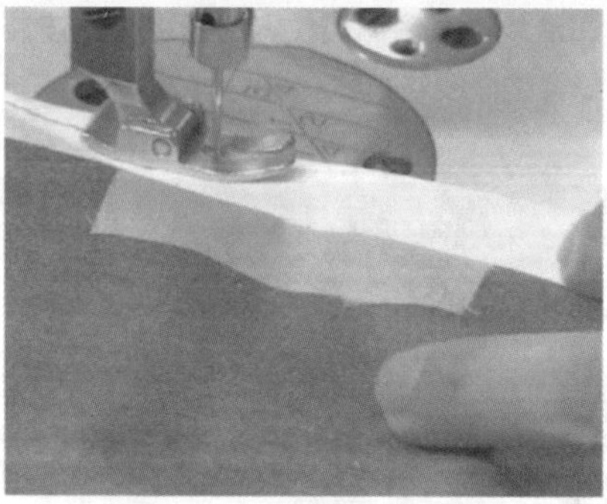

11．按袋布造型兜缝袋布面和袋布里，包括上袋嵌线与袋布，并把袋布缝份修至1厘米。

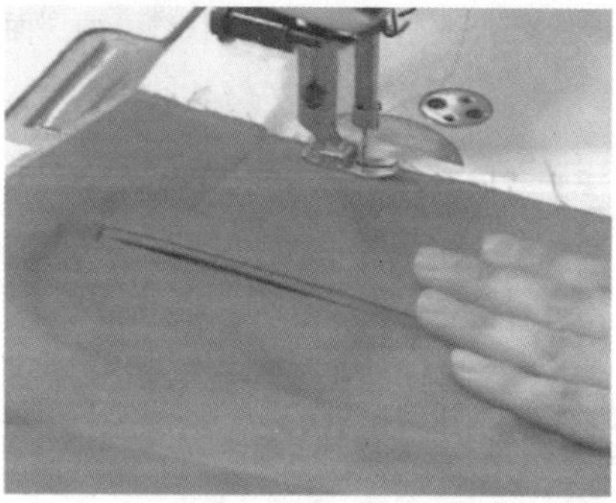

12．整理好裤片立体造型后，在腰围净缝线外侧0.2厘米车缝固定袋布上端与后裤片腰口。

第三节 前裤片缝制

3.1 锁缝前裤片侧缝、下裆缝与前裆缝

3.2 侧缝斜插袋缝制

（可参考上篇“服装部件缝制工艺”第三章“口袋缝制工艺”中的“西裤斜插袋”）

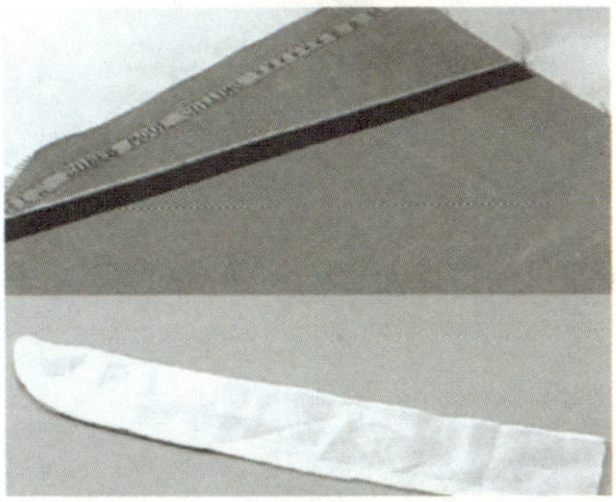

1. 垫袋布反面粘衬，并锁缝垫袋布圆弧侧边缘。在前裤片反面的袋口位置内侧敷直牵条。

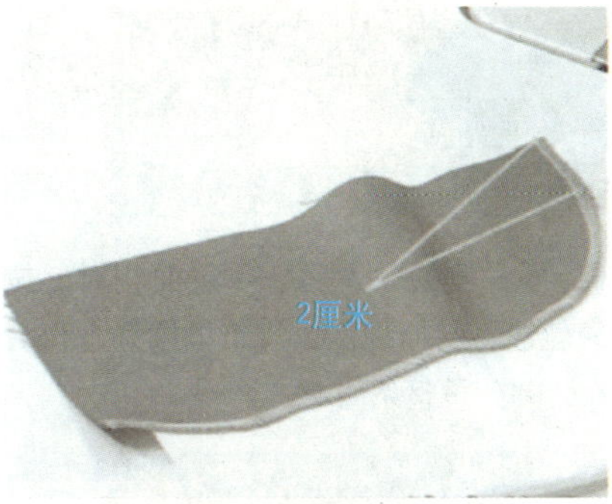

2. 将垫袋布与整片袋布的袋布里侧正面相叠，按袋位确定好垫袋布位置，并沿垫袋布边缘按0.5厘米车缝固定垫袋布与袋布里，垫袋布下端边缘处预留2厘米不缝。

3. 将整片袋布反面相对对折成袋布面、里，兜缝袋底并将缝份修至0.3厘米，然后将口袋翻至反面整理，再按缝份0.3厘米兜缝袋底。袋口下端边缘处留2厘米开口始终不缝。

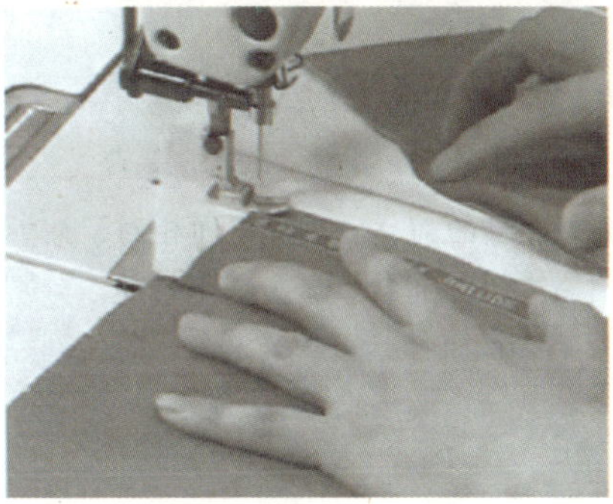

4. 将前裤片袋口贴边部位与袋布面按袋位正面朝上相叠放，然后按0.5厘米车缝固定袋口贴边边缘。

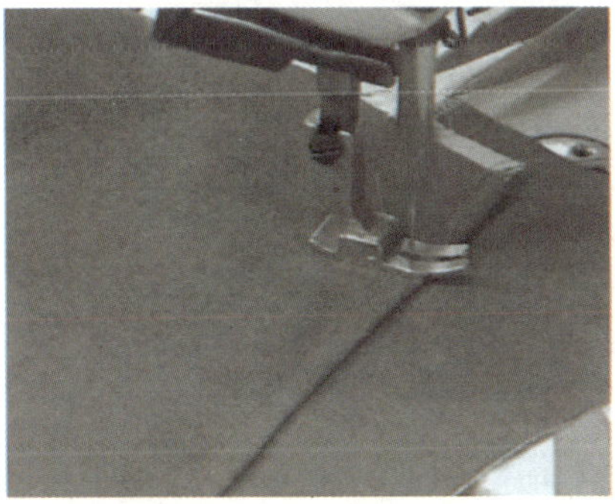

5. 整理口袋，然后裤片正面朝上封缉袋口两端，宽为0.8厘米。

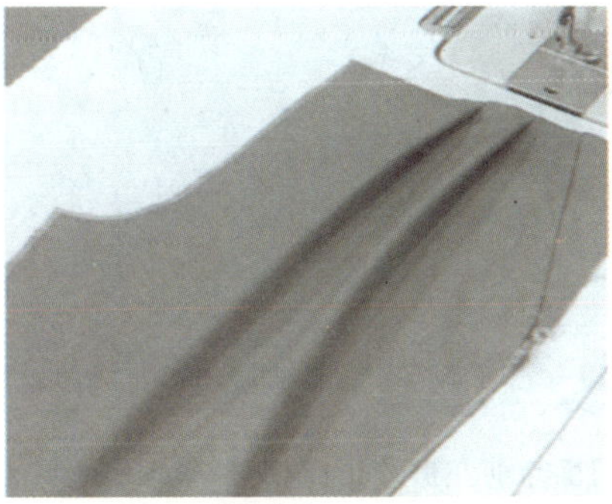

6. 按刀眼固定前裤片褶裥，并在腰围净缝线外侧0.2厘米车缝固定袋布上端与前裤片腰口。

第四节 前、后裤片合缝

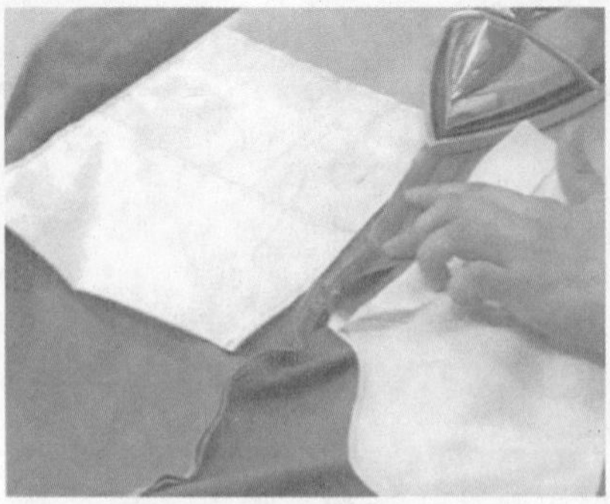

1．将对应同一侧的前、后裤片正面相对，按刀眼车缝侧缝，斜插袋位处袋布里掀开，仅缝合垫袋布，并分烫整条侧缝。

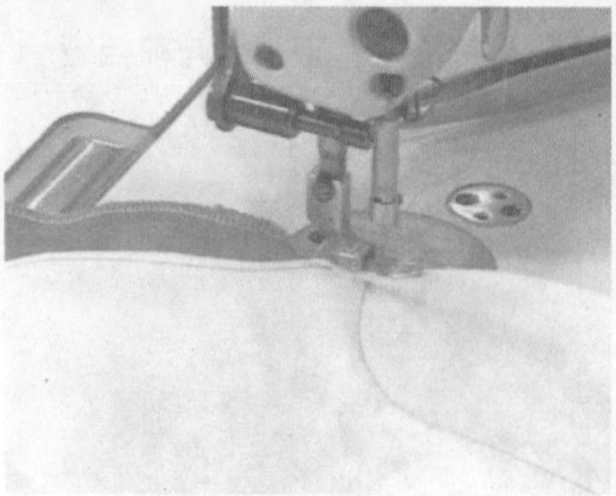

2．将袋布里毛边折光后按0.1厘米扣缉在后裤片缝份上。

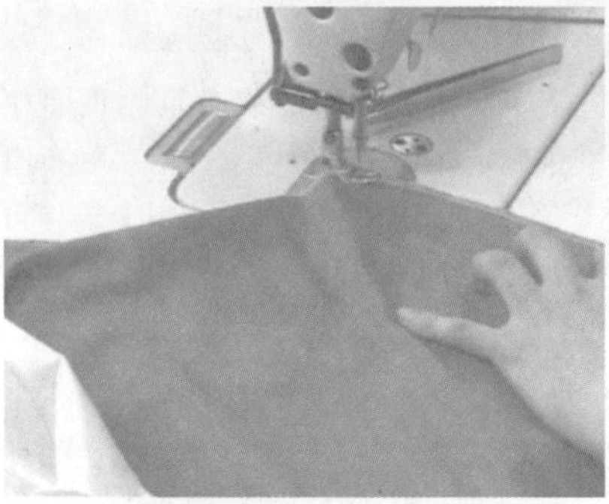

3．将缝好侧缝的前、后裤片正面相对，按刀眼车缝下裆缝形成裤筒，并分烫下裆缝。分别完成左、右侧裤筒。

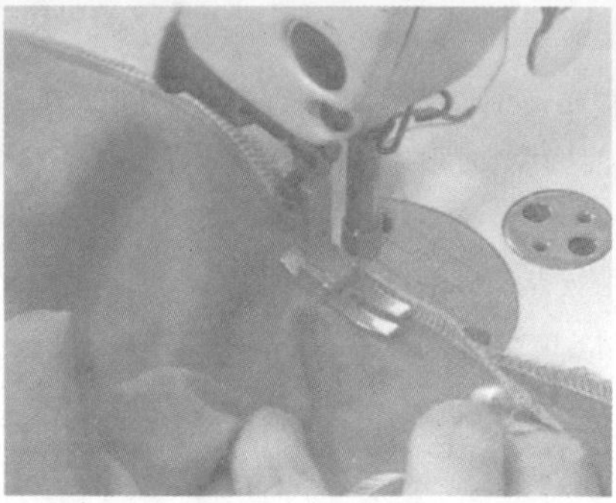

4．将左、右裤筒正面相对，按刀眼对合前后裆缝，然后从门襟拉链止点以下1.5厘米处开始缝合前后裆缝。为增加牢度来回车缝两道，并用烫凳分缝熨烫前后裆缝。

第五节 门、里襟缝制

1．门襟反面粘衬，并锁缝圆弧侧边缘。里襟反面粘衬后对折熨烫，然后锁缝双层边缘侧边与底边。

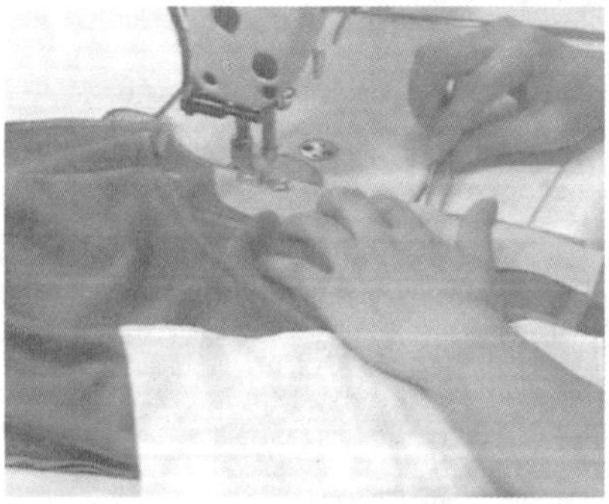

2．将门襟与前左裤片正面相对，按拉链止点刀眼对齐，沿前中净缝线外侧0.2厘米车缝。

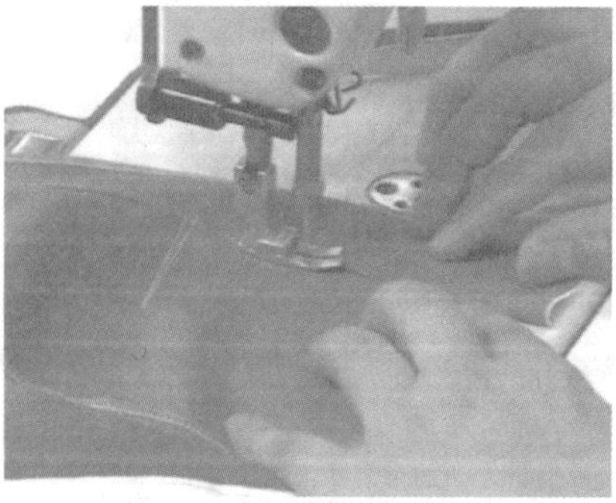

3．翻转门襟，将门襟与刚刚缝合形成的缝份叠合在一起，缉门襟止口明线0.1厘米。

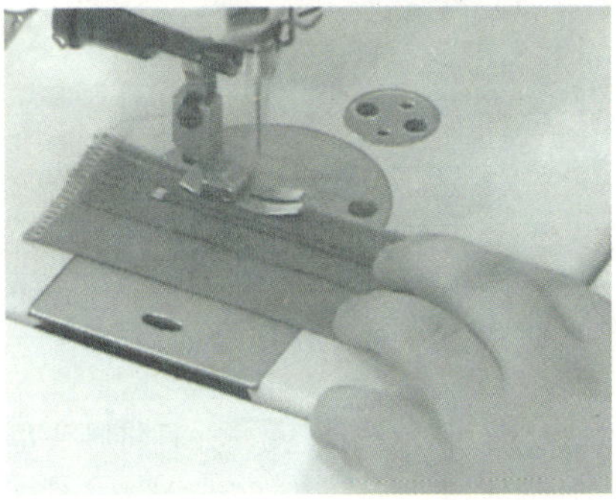

4．将拉链反面与里襟正面锁缝侧按刀眼对齐，拉链下端金属与里襟的拉链止点对齐，然后车缝拉链一侧母带与里襟锁缝侧，距母带边缘约0.2厘米。

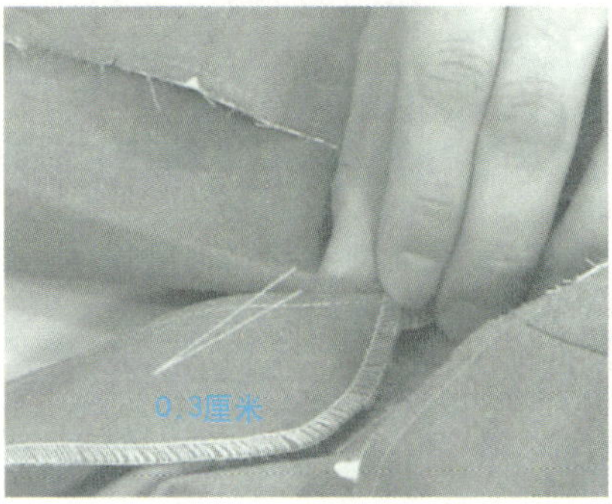

5．将右裤片按前中心净缝线外侧0.3厘米熨烫，使左裤片门襟盖住右裤片0.3厘米。

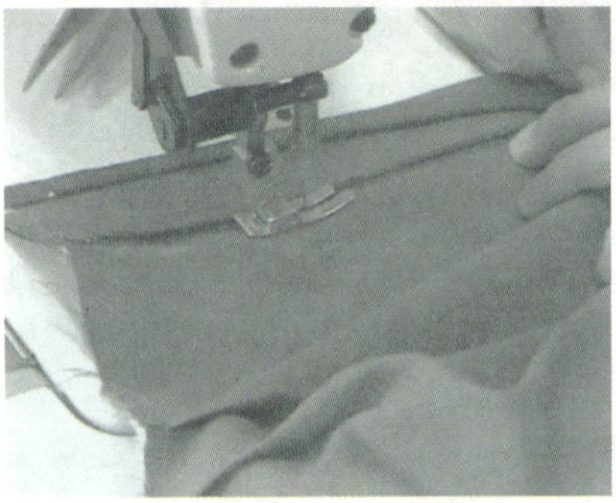

6．将右裤片烫好的前中心线与缝上拉链的里襟按刀眼正面相叠，裤片前中边缘距锁缝侧拉链齿约0.5厘米，然后沿裤片前中边缘缉明线0.1厘米至拉链止点以下1厘米。

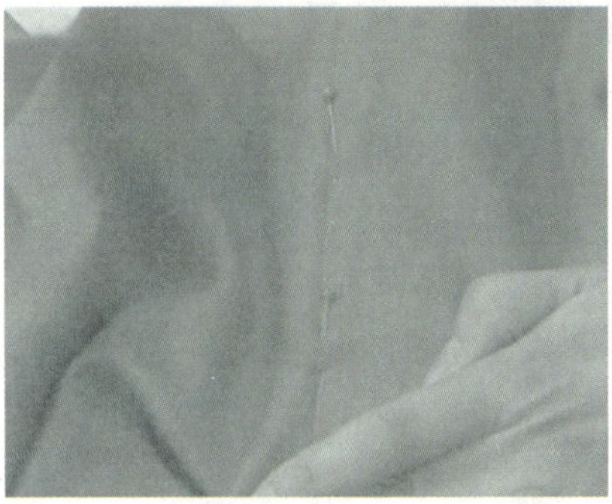

7．闭合拉链，按成品状态整理门里襟部分，并用大头针固定前门襟。

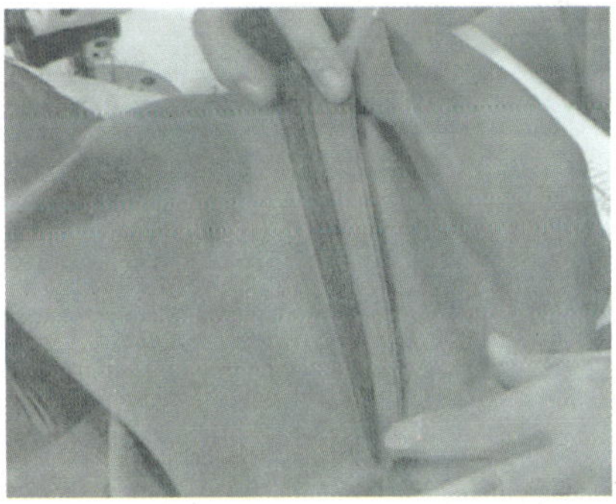

8．从裤身里侧捏住门襟与拉链母带，距拉链另一侧拉链齿0.5厘米，并从拉链下端车缝至腰口。

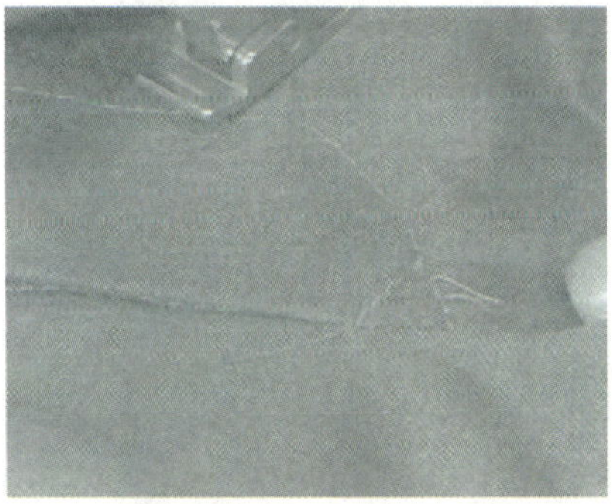

9．用门襟净样板在左裤片正面划出门襟造型，左裤片与门襟一起，并按造型缉门襟明线及下端圆弧造型。

第六节 做腰、绱腰

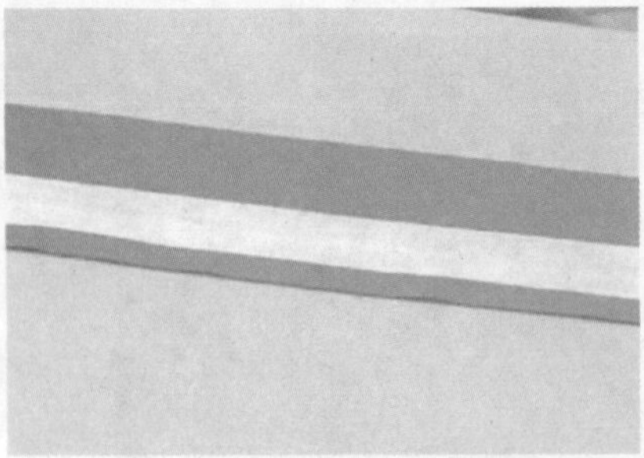

1. 腰头面反面粘衬。

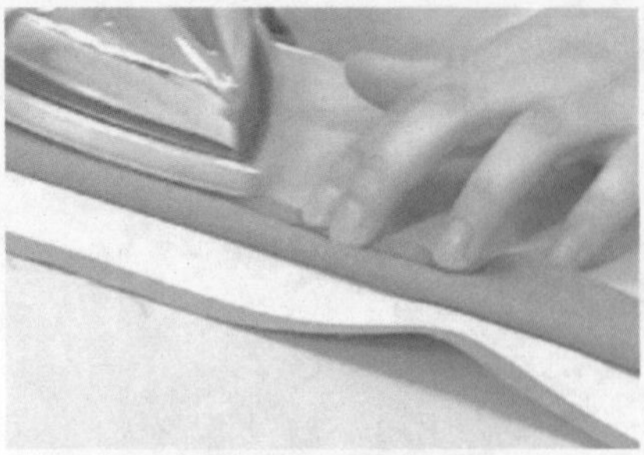

2. 将腰头反面相对对折熨烫，并且将腰头里的缝份按净缝线扣烫。

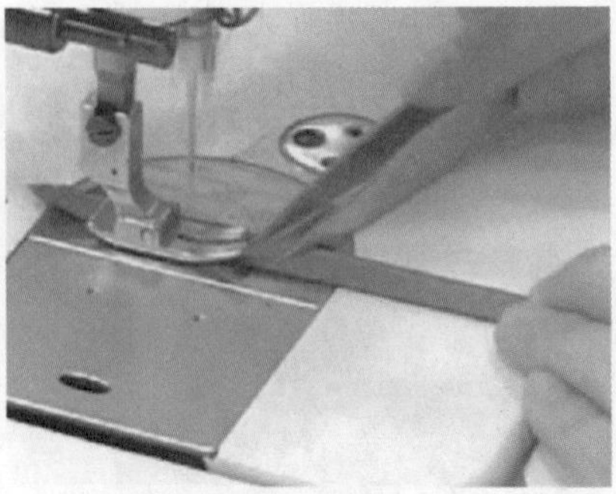

3. 缝制裤袢，约长8厘米，宽0.8–1厘米，两侧光边并缉明线。

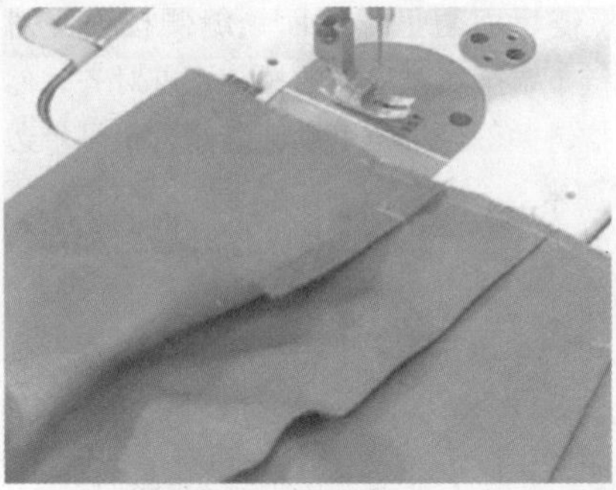

4. 将裤袢分别按刀眼车缝固定在裤身腰口上，男西裤一般在后中、后片两省中间、侧缝、前片挺缝线处设置裤袢。

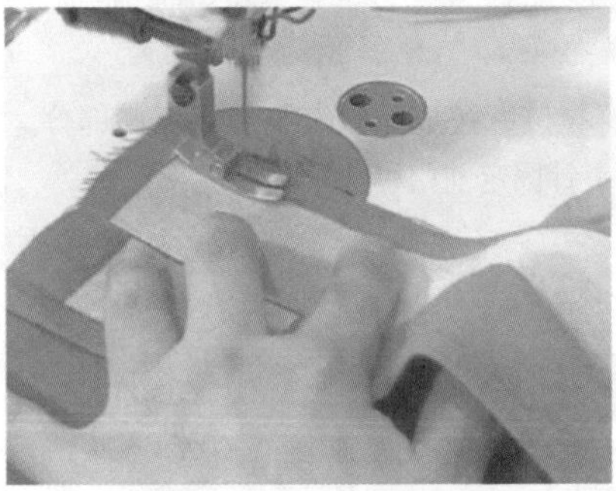

5. 绱腰头，将腰头面与裤身腰口正面相对，按刀眼车缝腰头净缝线。

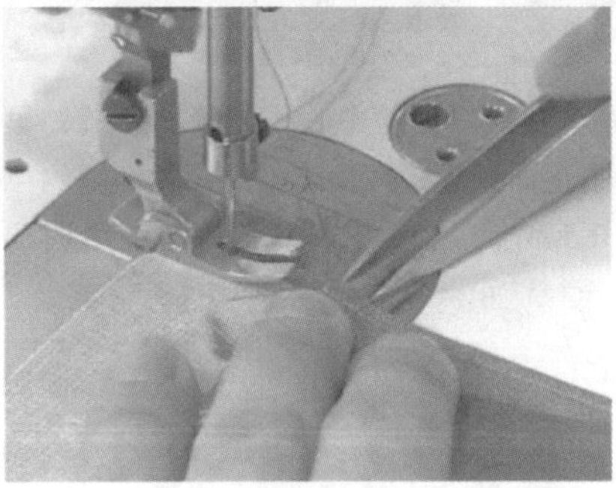

6. 将腰头按对折熨烫线正面相对对折，并分别沿门、里襟边缘车缝固定腰头两端，检查腰头两侧是否对称、平服。

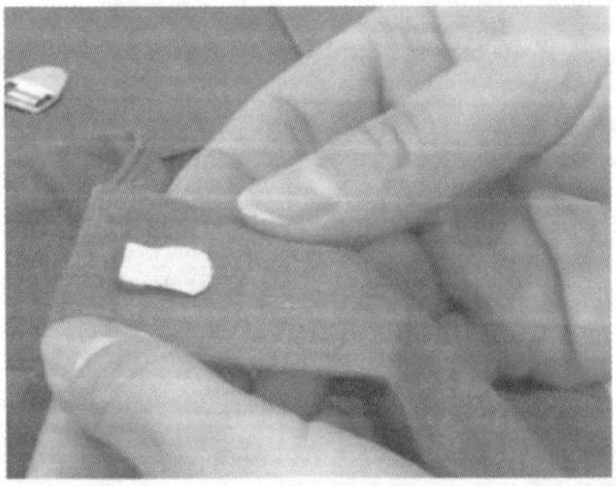

7. 将腰头翻转至正面，钉裤钩，图示为四件扣，要求闭合拉链、扣上裤钩后腰头与门襟部位平服。

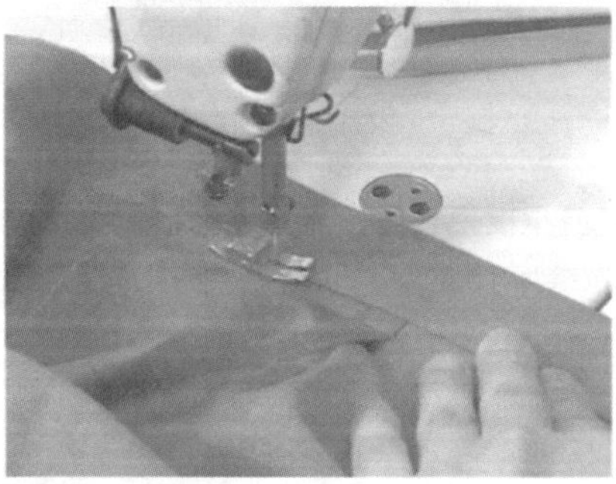

8. 整理熨烫腰头，使腰头里压住腰口缝份，在腰头正面沿装腰缝用漏落缝固定腰里，整个腰头平服，不拧不扭。

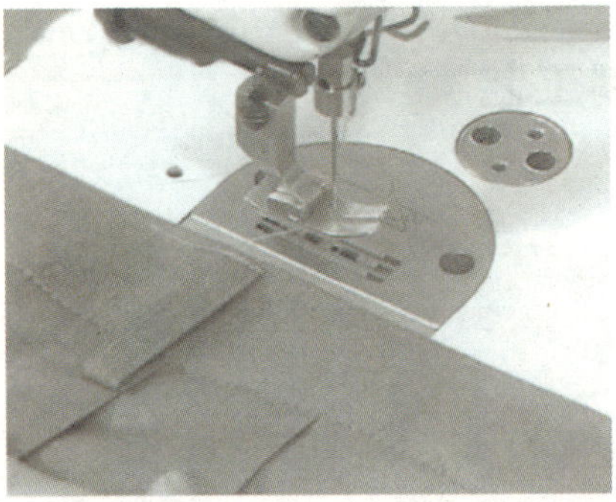

◀9．将裤袢折向腰头上口，裤袢上端折成光边后车缝固定。

第七节 后整理

1．脚口锁缝，然后按脚口净缝线向里折烫裤脚，使侧缝与下裆缝对齐。

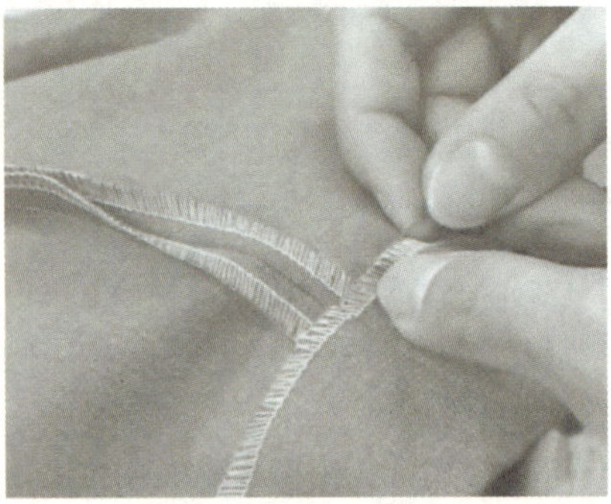

2．用三角针法缲缝固定脚口，正面不能露出缲缝线迹。

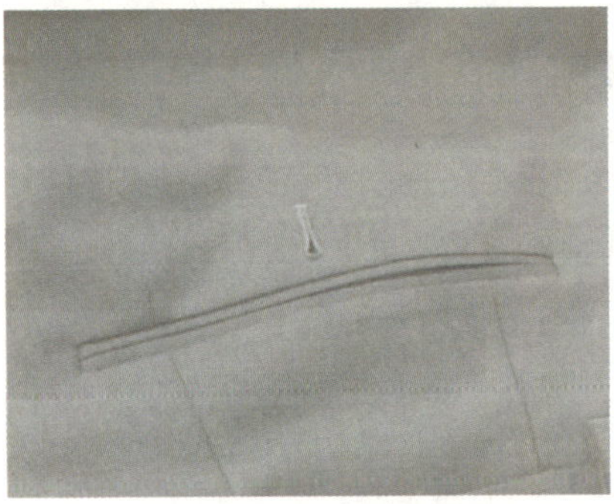

3．在后袋宽度中间确定扣眼位置，并将后裤片与袋布面一起锁眼。

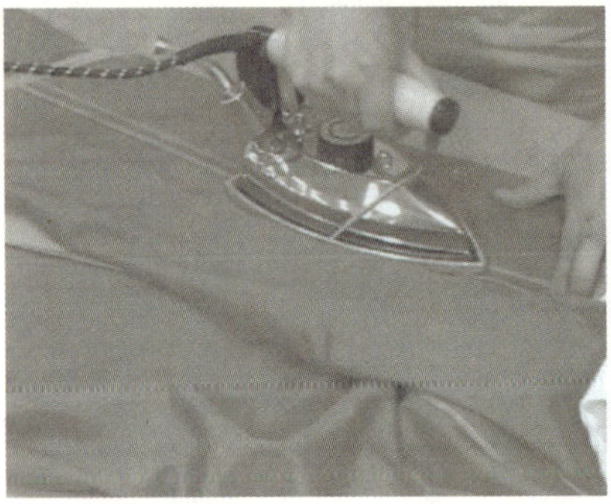

4．整烫西裤。

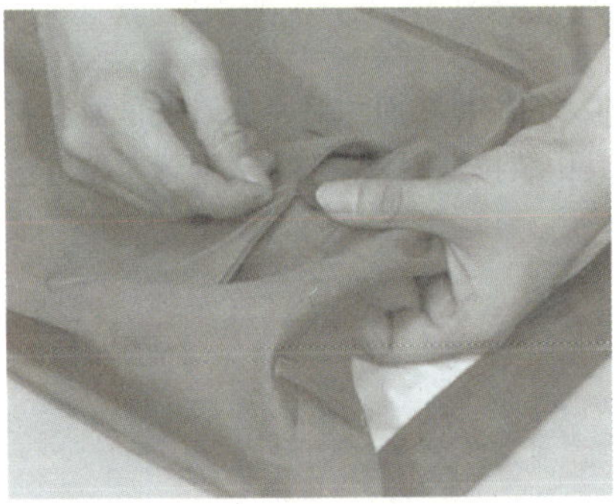

◀5．按扣眼位置在垫袋布上确定扣位，并将垫袋布与袋布里一起钉扣。

第三章　直身裙缝制工艺

成品效果

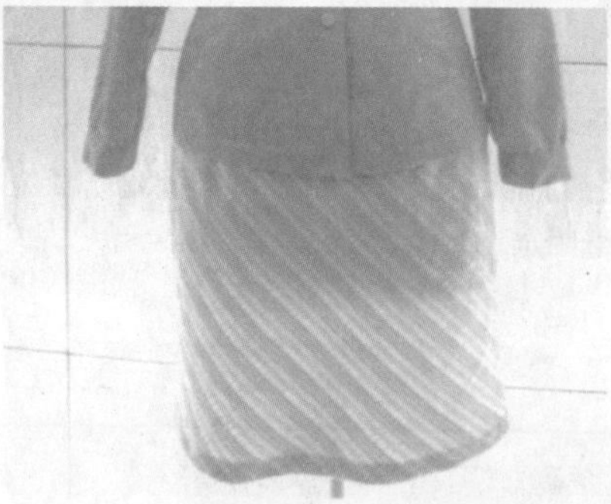

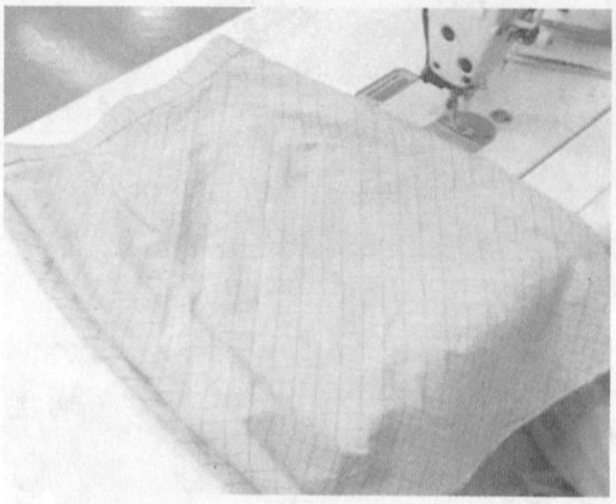

第一节 排料与裁剪

1．将面料预处理后，对折叠放，反面向上。

2．将毛样板的丝绺线按面料布纹方向对齐排料并固定样板，先排大片后排小片，以丝绺对齐为原则，以省料为目的。

3．用划粉沿毛样板轮廓划样，并做好对位记号。

4．裁剪面料，样片边缘处的对位记号打刀眼，样片中间的对位记号钻孔。

第二节 前、后裙片缝制

1．前、后裙片侧缝分别锁缝。

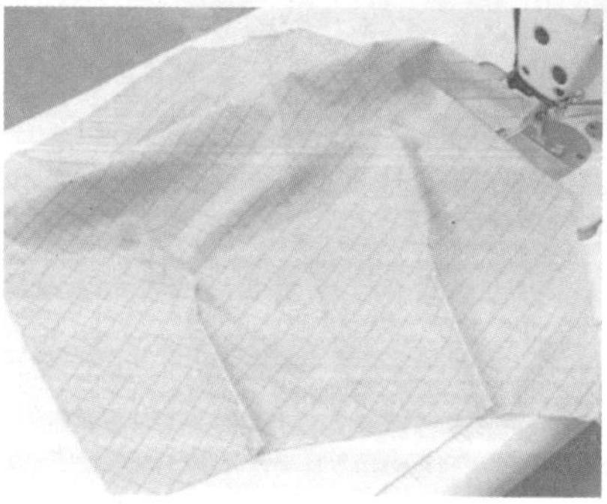

2．将前、后裙片上的每一个省道按省道两边的刀眼正面相对对折至省尖，并按省道净缝线车缝，注意省尖部分的线迹要逐渐消失，避免省尖起泡。

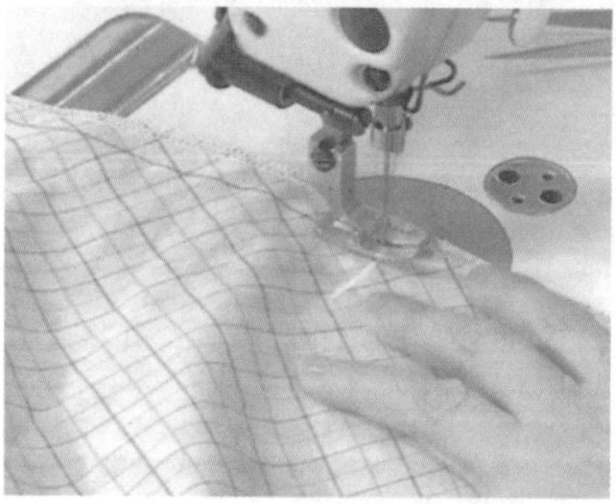

3．将前、后裙片正面相对，按刀眼车缝左右侧缝，其中装拉链侧只需要从底摆缝至拉链止点。

第三节 绱拉链

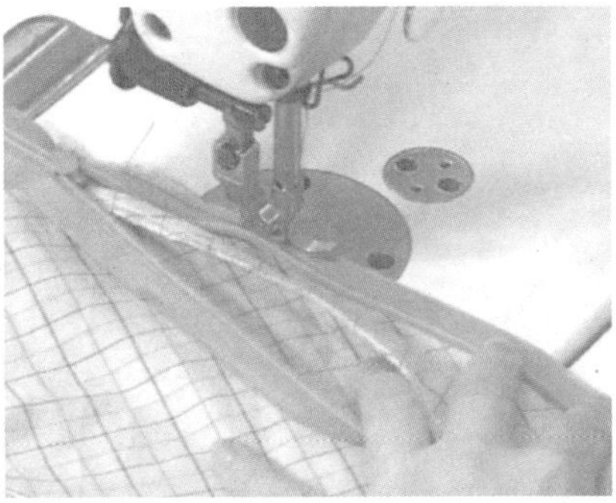

1. 选择使用单边压脚。将隐形拉链与裙身装拉链部位按拉链止点对齐，车缝拉链两侧（具体参见上篇“服装部件缝制工艺”第五章“拉链缝制工艺”中的“隐形拉链”）。

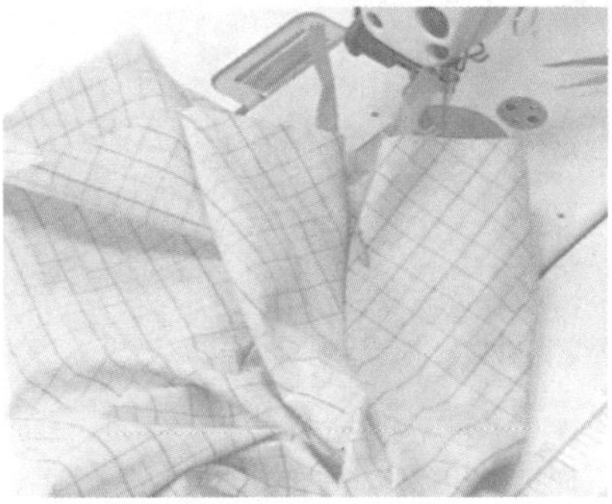

2. 绱好拉链后的效果。注意拉链两侧应该完全闭合成一条缝，拉链上端止点要对齐裙身腰口净缝线。

第四节 做腰、绱腰

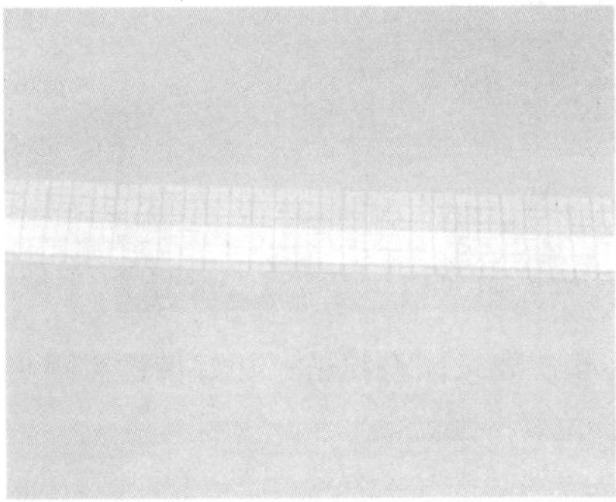

1. 腰头面反面粘衬。

2. 将腰头反面相对对折熨烫，并且将腰头面缝份按净缝线扣烫。

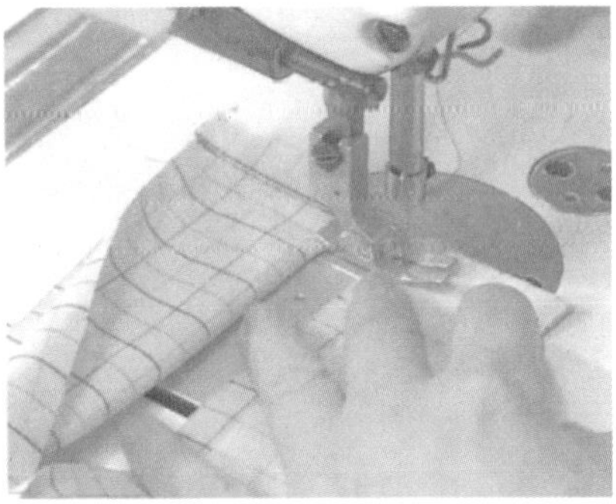

3. 将腰头按对折熨烫线正面相对对折，并车缝固定腰头两端。

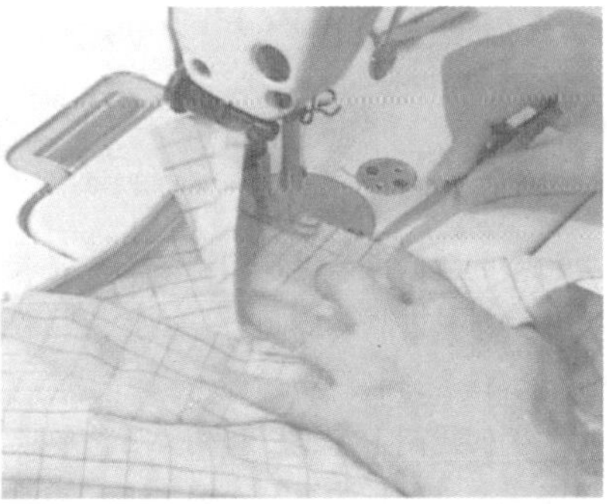

4. 将腰头里正面与裙身腰口反面相对，拉链两侧的裙片缝份按净缝线折光，再按刀眼车缝腰头净缝线，注意应留出后裙片腰头的里襟宽。

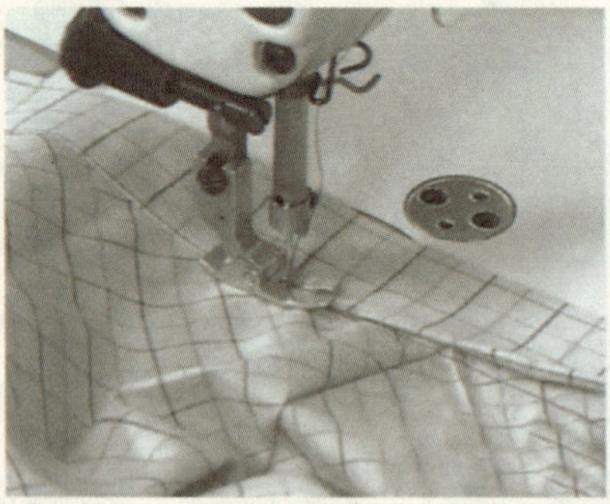

5．将腰头翻转至正面，腰头面压住腰口缝份，沿腰面边缘扣烫线缉明线0.1厘米。

第五节 后整理

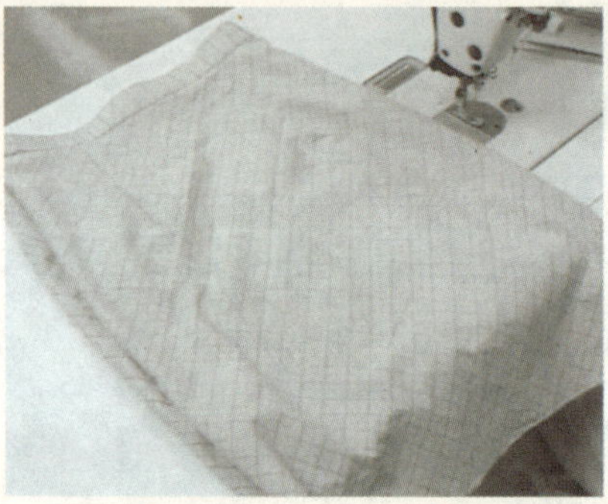

1．裙子底边锁缝后，按底边净缝线向反面折烫。然后沿锁缝线内边缘车缉底边明线。熨烫整理裙子。

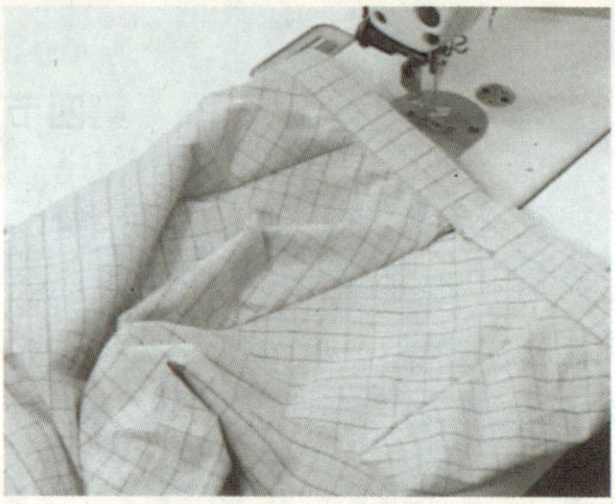

2．钉裤钩。要求闭合拉链、扣好裤钩后腰头与拉链部位要平服。

课程练习

1. 了解女衬衫的缝制工艺过程和相关工艺要求。
2. 了解整件女衬衫的具体缝制工艺步骤，并掌握各步骤的缝制要点。
3. 准备面、辅料等，制作女衬衫。
4. 了解男西裤的缝制工艺过程和相关工艺要求。
5. 了解整条男西裤的具体缝制工艺步骤，并掌握各步骤的缝制要点。
6. 准备面、辅料等，制作男西裤。
7. 了解直身裙的缝制工艺过程和相关工艺要求。
8. 了解整条直身裙的具体缝制工艺步骤，并掌握各步骤的缝制要点。
9. 准备面、辅料等，制作直身裙。

下 篇

全夹女外套缝制工艺及服装检验

本篇主要内容：本篇主要介绍两大部分的内容。前一部分在中篇单服装缝制工艺的基础上，有层次、有条理、有重点、分步骤地介绍全夹女外套的缝制工艺，包括缝制前准备，如样板制作、裁剪、粘衬等具体缝制步骤和工艺要点；后一部分主要讲述各类一般服装的质量检验，包括服装质量检验的内容和具体方法步骤。在本篇的最后还设置了课程练习。

参考学时：36学时

第一章　全夹女外套裁剪

第一节 服装成衣工业概述

服装成衣工业按加工形式分有以下几种：

一、加工型服装企业

加工型服装企业是指商品企划、设计、版型、工艺标准以及面料、辅料、配件等制作衣服所需要的所有素材都由批发商、零售商或大买手提供，只是根据来样和来料进行加工的企业。

二、生产型服装企业

生产型服装企业是指没有商品企划的组织和人员，根据零售商的商品企划来购买面料进行生产，生产的产品向批发商出售、收取货款的企业。

三、自营品牌型服装企业

自营品牌型服装企业是指从商品的企划和面料的选购一直到缝制，整个生产过程全部都是用自己公司的资金来运作，拥有与消费者紧密联系的设计师品牌和有个性的品牌都属于自营品牌型的服装企业。

四、大规模单量单裁企业

大规模单量单裁企业是指按客户需求度身测体、设计，但采用流水线生产形式进行加工生产的服装企业。

五、小规模单量单裁企业

小规模单量单裁企业是指按客户需求度身定做，一般规模较小，多为前店后工厂的服装企业。

本章采用的全夹女外套缝制工艺，既考虑了工业化生产的工艺流程，又兼顾了单量单裁、度身定制的工艺要求。

第二节 全夹女外套裁剪准备

2.1 全夹女外套造型

图1—2—1

2.2 全夹女外套净样板

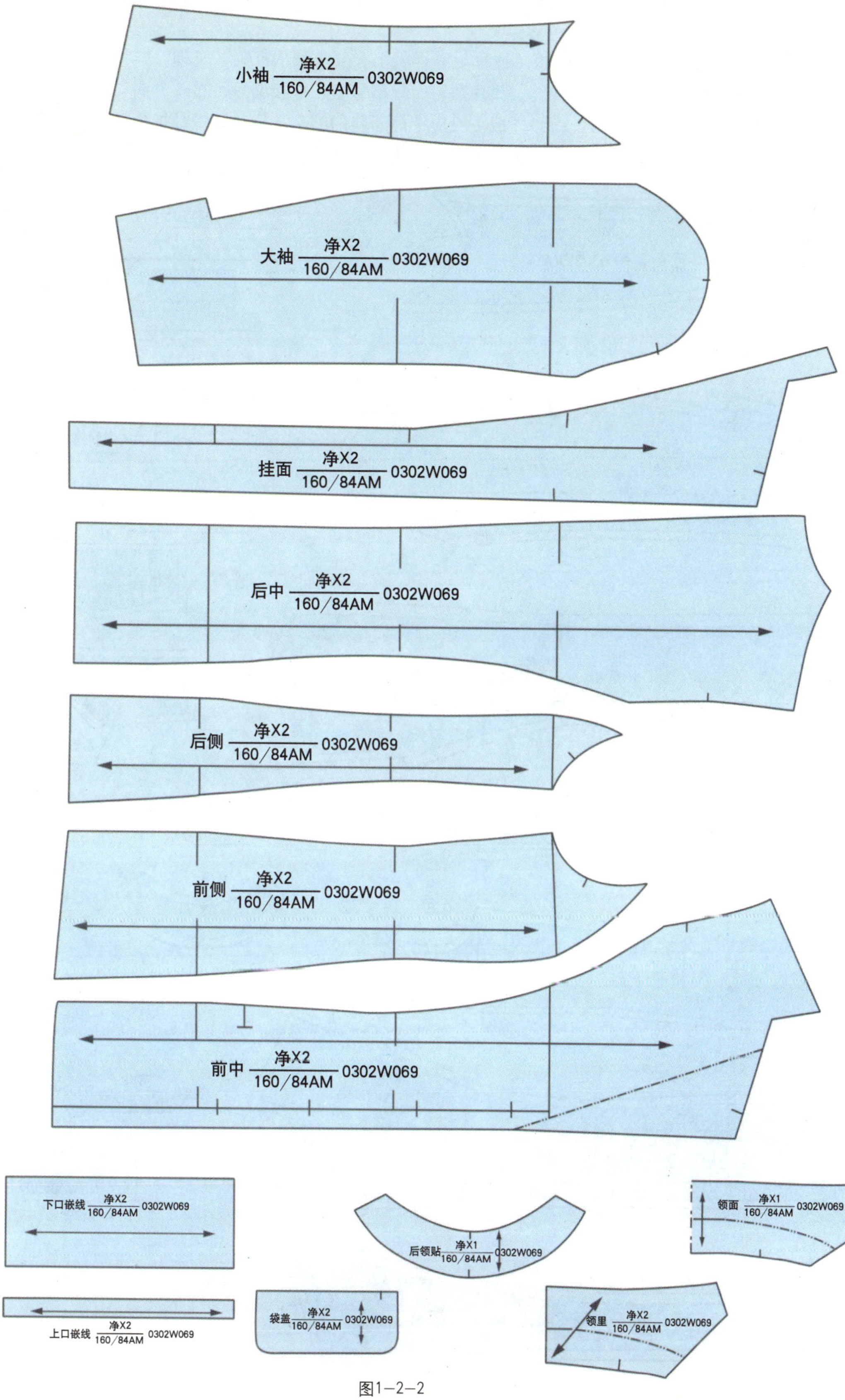

图1—2—2

第三节 全夹女外套面板、里板、衬板的配置与裁剪

3.1 面料样板

服装面料样板通常指衣身的裁剪样板（或称毛缝样板），要求结构准确、合理，样板上标识正确、清晰、完整，如样板名称、样板种类、裁片数量、规格号型、样板编号、布纹方向、倒顺毛方向、对位记号等。在工业化生产中，面料样板一般应考虑面料的缩率、加放缝份、折边量等，见图1-3-1（本篇图中所出现的所有数字尺寸，如非另注，单位均为厘米）。

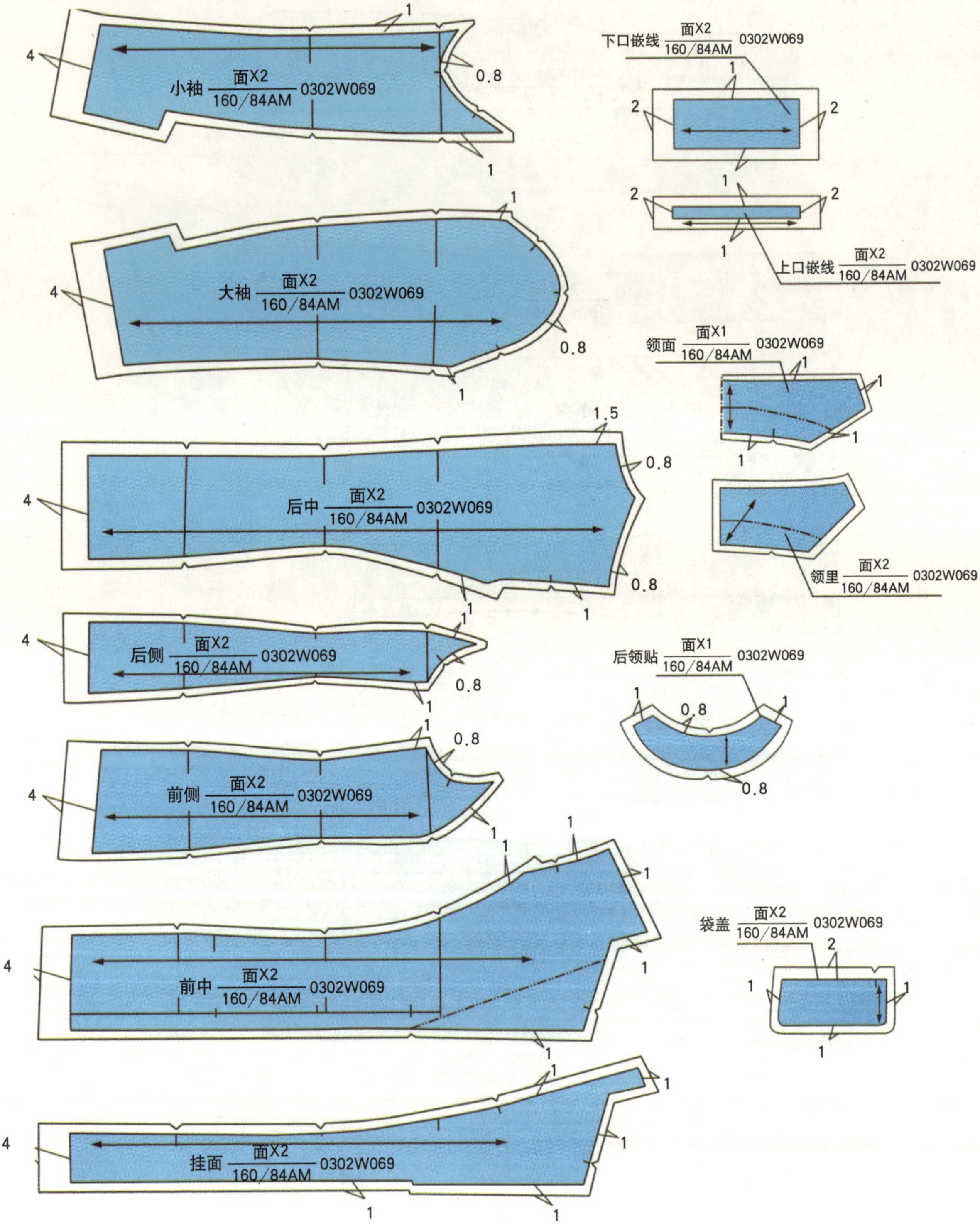

图1-3-1

3.2 夹里样板

服装夹里样板是依据面料样板配制的，且有些部位应比面料样板略微宽松，主要使穿着舒适，夹里样板的配置如图1-3-2所示。

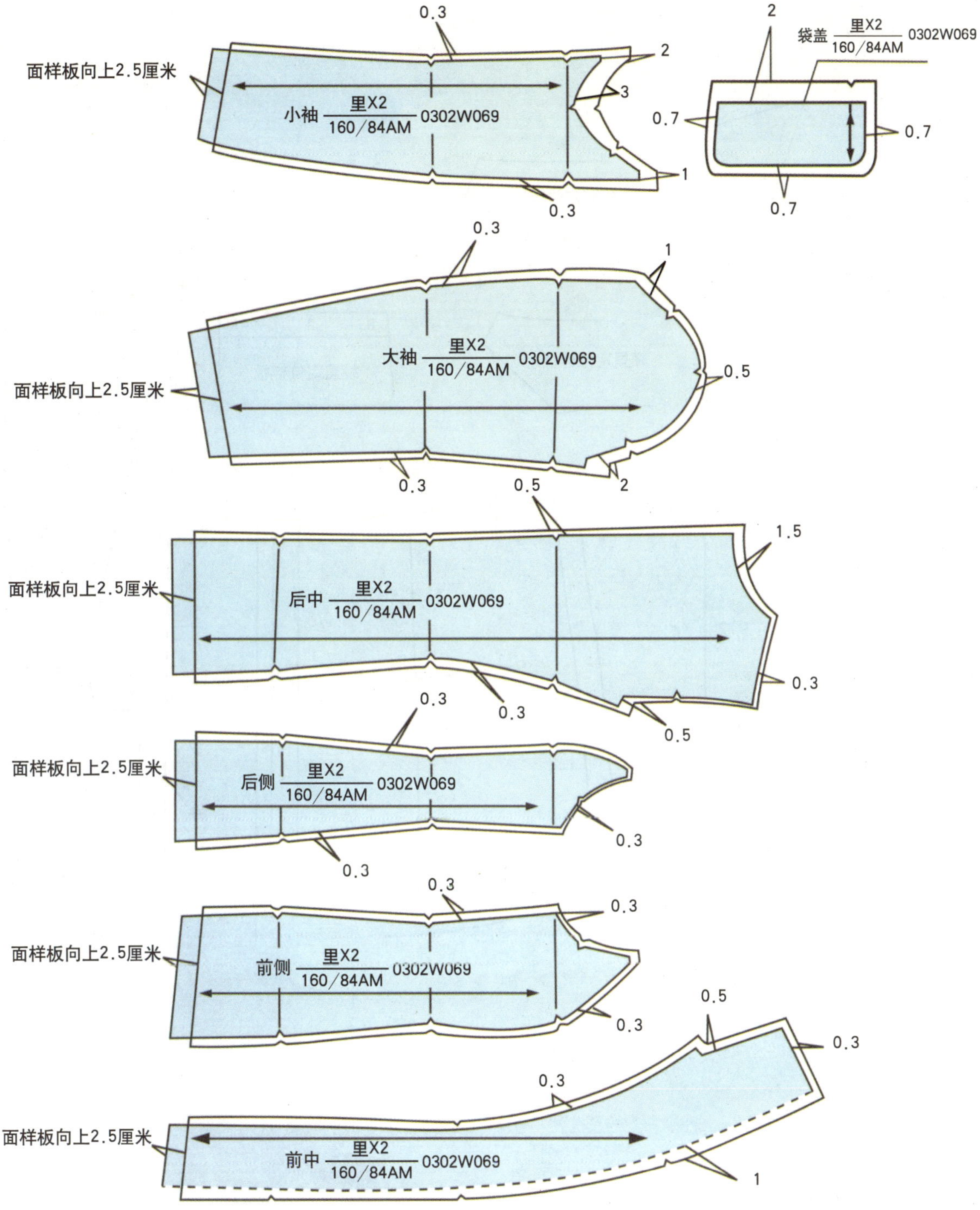

图1-3-2

3.3 定位样板

服装定位样板是指缝制过程中提供各部位定位标记的依据样板，不同的款式结构配制不同的定位样板，主要用于半成品中某些部位的定位，如图1-3-3。

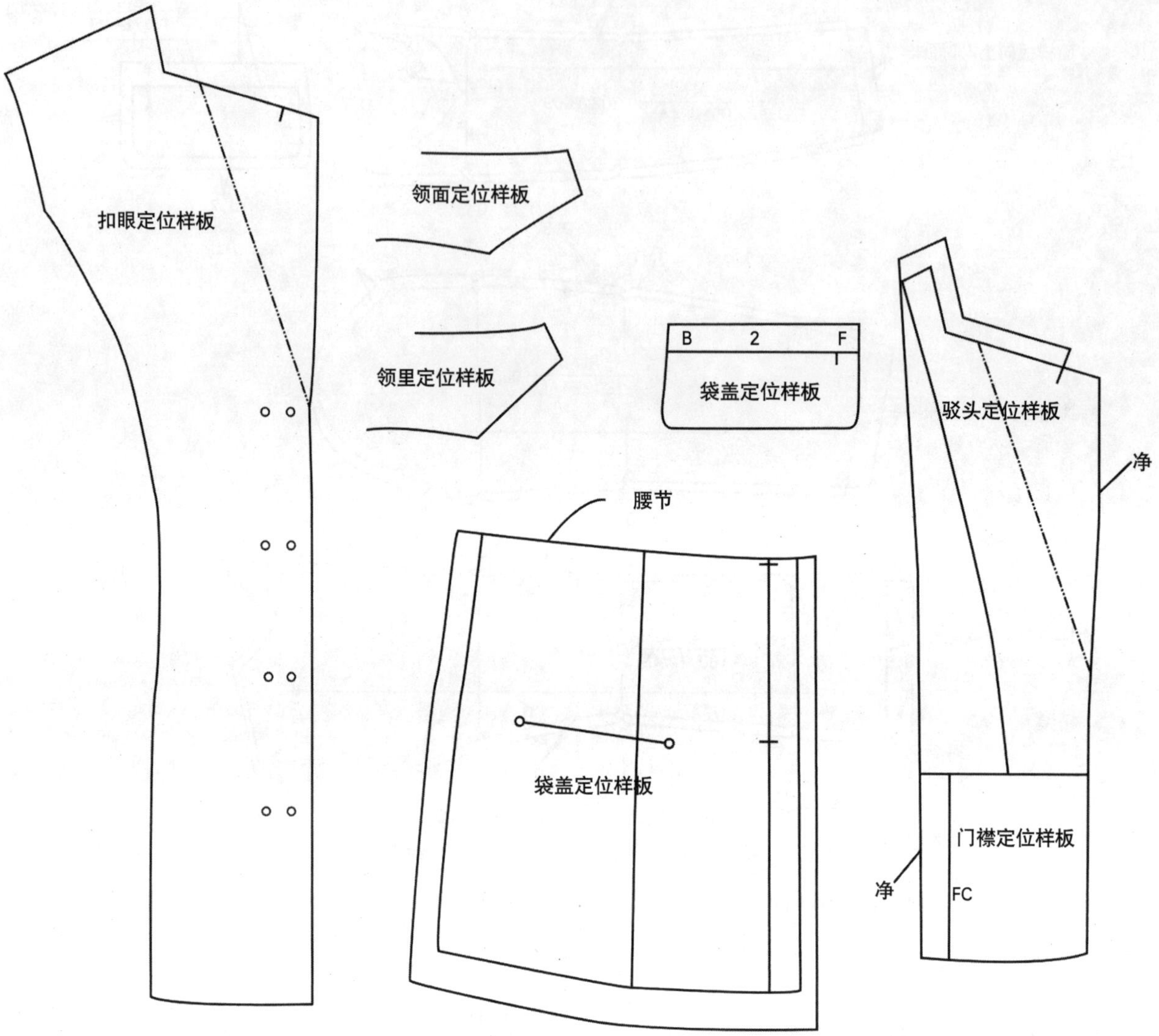

图1—3—3

3.4 衬料样板

服装衬料样板是指服装需要粘衬部位的样板，它往往是根据面料样板制作的。衬料一般分为有纺衬和无纺衬，有纺衬通常有尼龙衬、拉毛衬、布衬等，无纺衬通常有纸衬等等，根据服装造型需要进行选择。图1-3-4中各衣片蓝色斜线部分即为衬料样板。

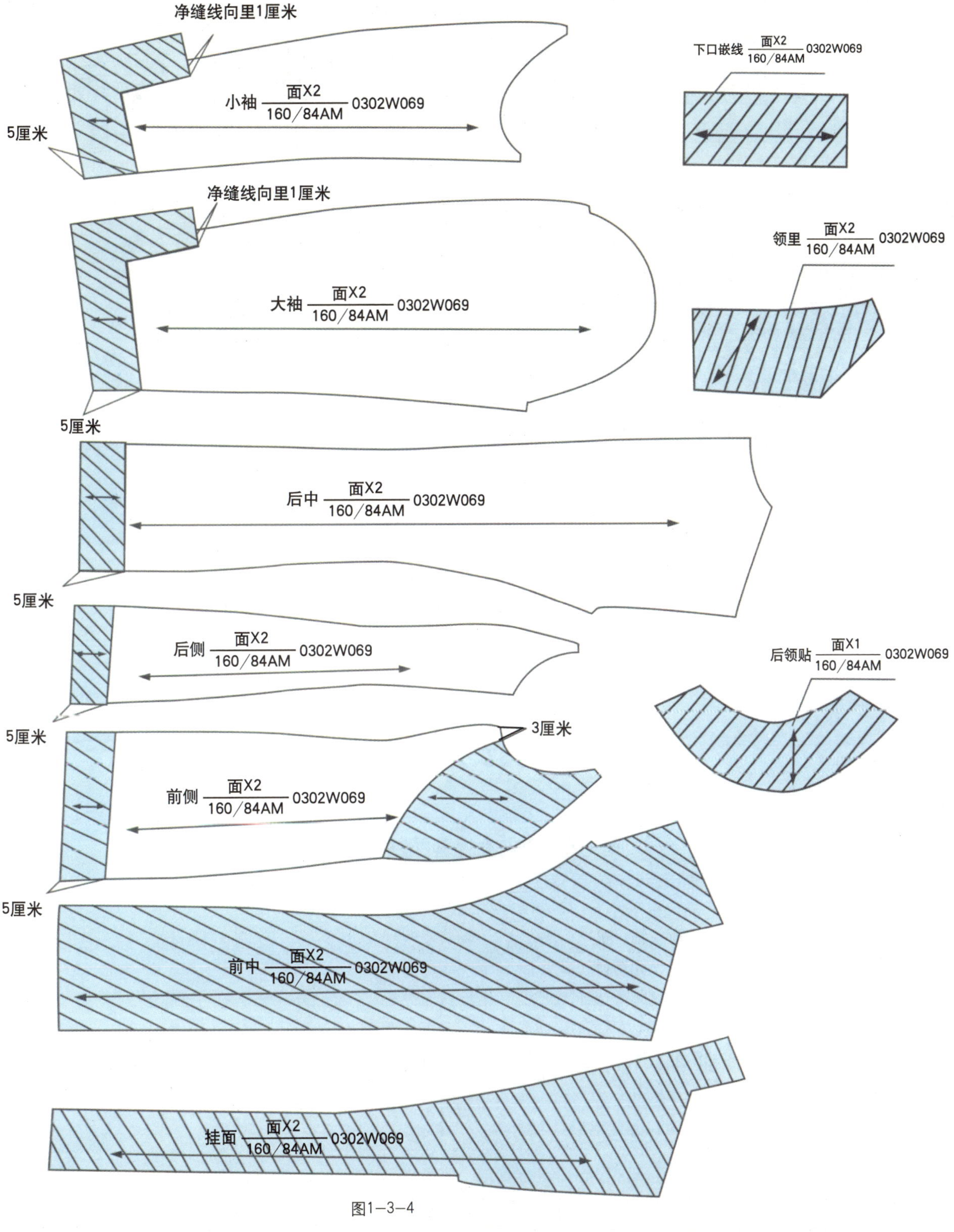

图1-3-4

第四节 排料与裁剪

女西服排料和裁剪时，主要应注意：

1. 面料的方向性；
2. 按工艺要求，样板的丝绺线与面料经向布纹一致；
3. 条格面料要注意对条对格。
4. 先排大片，再排小片；大片如没有特殊要求，应一顺排。

排料图见图1–4–1所示。

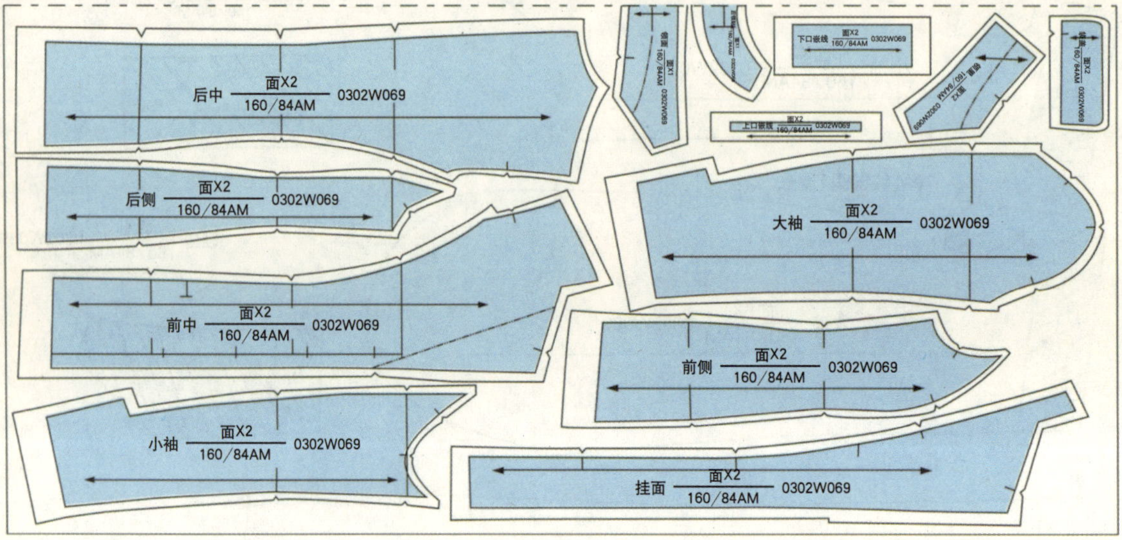

门幅宽：142厘米　用料：衣长+袖长+5厘米

图1–4–1

第二章　全夹女外套缝制与熨烫

第一节 全夹女外套缝制与熨烫

1.1 粘衬

1. 粘衬方法：手工衬、粘合机。
2. 衬料种类：有纺衬、无纺衬。
3. 衬料选择：根据面料厚薄选择。
4. 粘衬部位：见图1–3–4。
5. 压烫粘合衬的温度与压力：根据衬料与面料厚薄进行调整。

1.2 修片

将粘衬后的裁片毛坯，按面料样板轮廓线划片修剪，见图2-1-1。

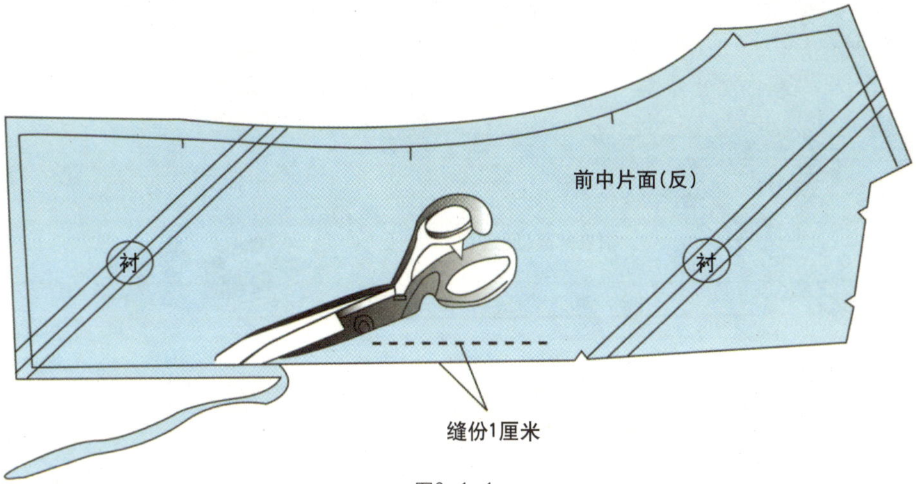

图2-1-1

1.3 拼合前衣片

1. 拼合前衣片分割缝：前衣片与前侧片正面相叠，按刀眼车缝，见图2-1-2。

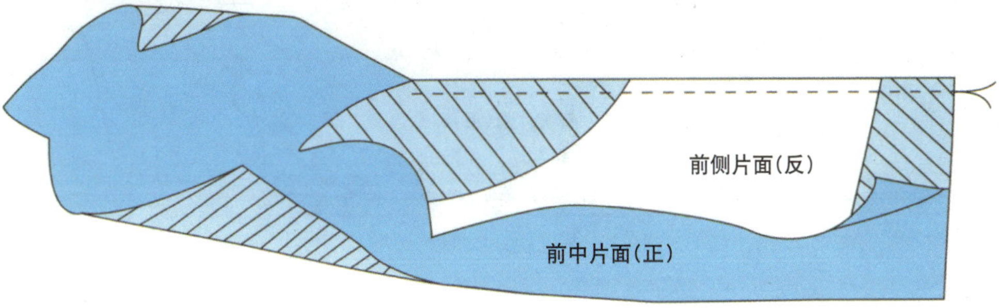

图2-1-2

2. 分烫前衣片拼缝：将拼缝劈开烫平，见图2-1-3。

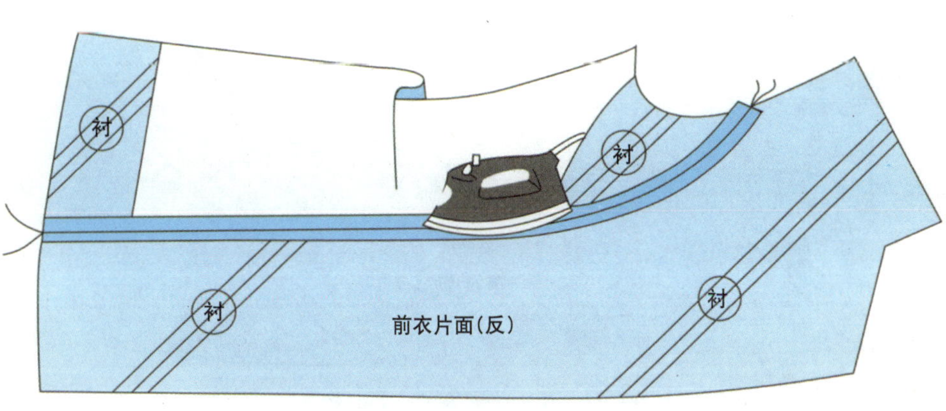

图2-1-3

3．归拔前衣片（一般在工业流水线生产中此工序省略）：见图2-1-4、图2-1-5、图2-1-6。

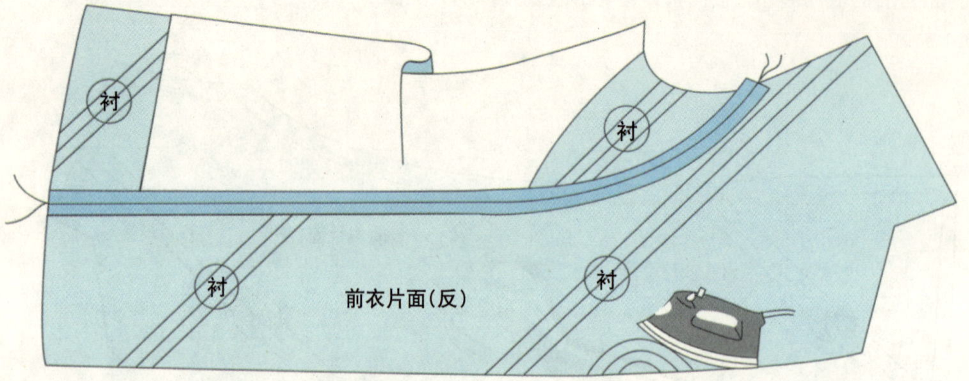

图2—1—4

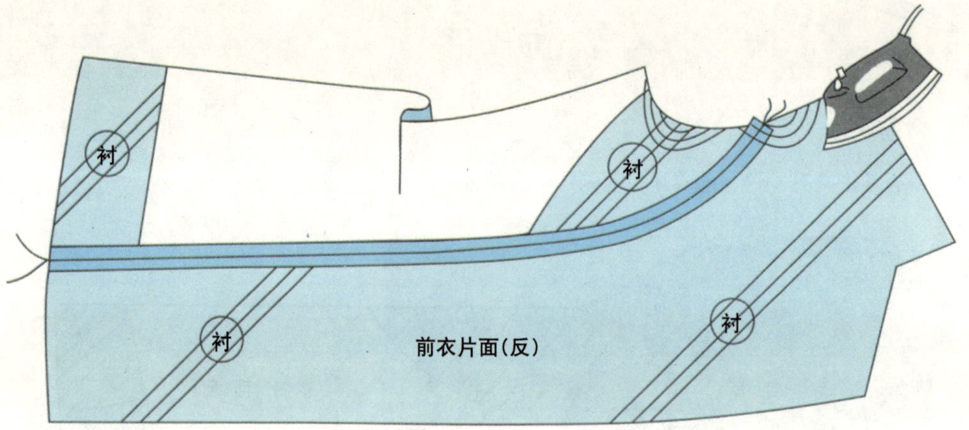

图2—1—5

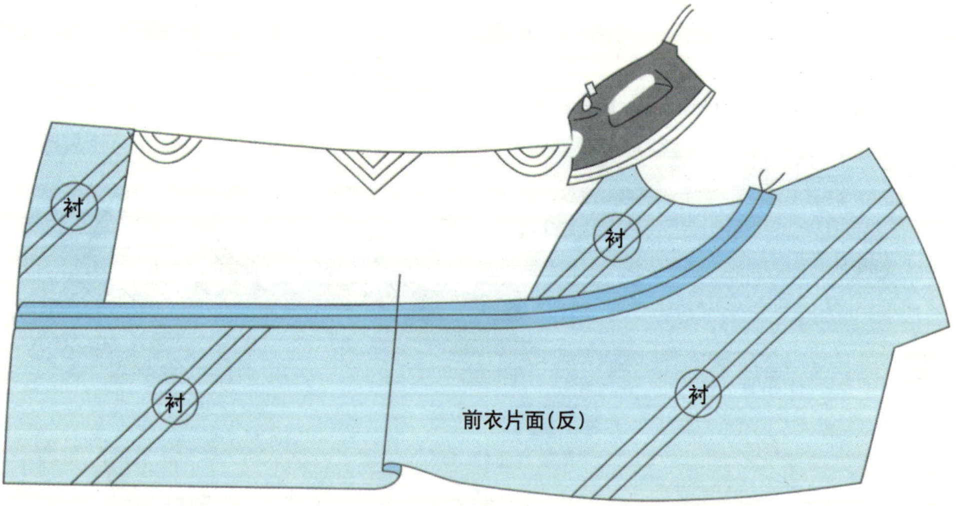

图2—1—6

1.4 敷牵带

将前衣片的驳头、门襟止口、底边和袖窿敷设牵带，见图2-1-7。

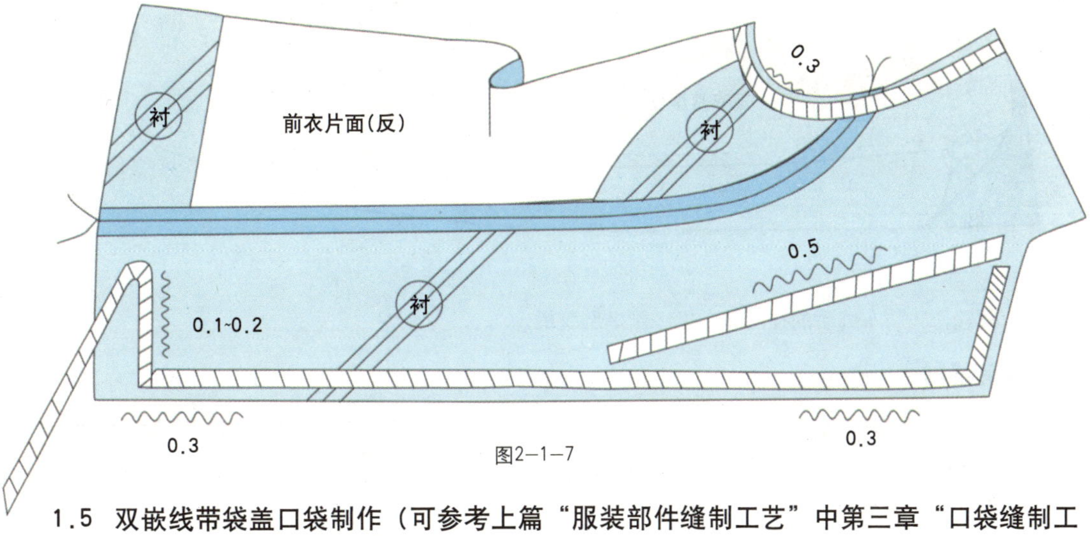

图2-1-7

1.5 双嵌线带袋盖口袋制作（可参考上篇“服装部件缝制工艺”中第三章“口袋缝制工艺”中的“双嵌线带袋盖口袋”）

1. 划袋位：在前衣片正面根据定位样板划袋口线。
2. 粘烫袋口衬：把直丝绺的尼龙衬粘烫在袋位的反面。
3. 扣烫袋嵌线：将袋口嵌线扣烫。
4. 车缝袋盖：将袋盖面里正面相叠车缝。
5. 修袋盖止口：将车缝后的袋盖缝份修成阶梯状。
6. 扣烫袋盖止口：袋盖缝份朝袋盖面扣烫，使翻烫后的袋盖窝服，不显露接缝。
7. 车缝袋嵌线：将扣烫后的嵌线与袋盖分别沿袋口位置车缝。
8. 开袋口：沿车缝后的袋位中间将衣片剪开，距两端0.8–1厘米处剪三角（注意：要剪到缝线根处，但不要剪断缝线）。
9. 烫袋嵌线：把上下嵌线整理熨烫平整。
10. 封袋口：将袋口两端的三角来回车缝。
11. 车缝袋布：将袋布分别车缝在上下嵌线上，然后兜缝，固定袋布。

1.6 拼接挂面

1. 车缝前衣片夹里：将夹里前衣片与前侧片分割缝正面相叠按刀眼车缝，见图2-1-8。

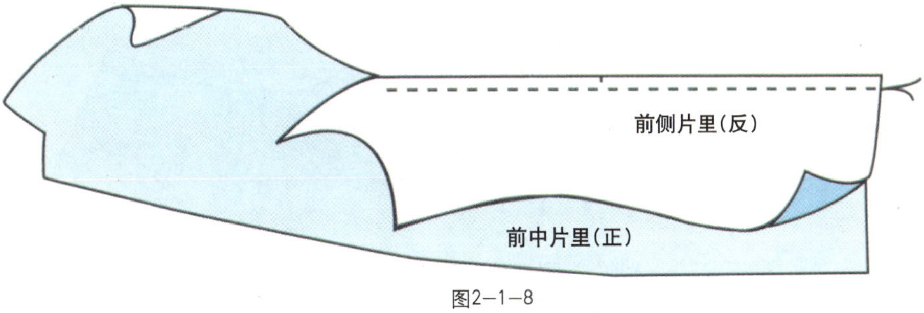

图2-1-8

2. 烫前衣片夹里：将车缝后的前衣片夹里缝份坐倒0.3厘米熨烫。
3. 做里袋：将齿形花边与袋布口车缝，并将其车缝在前夹里的袋位上。
4. 车缝里袋布：将两层里袋布正面相叠车缝。

5. 车缝挂面：将挂面与前片夹里正面相叠按刀眼车缝，见图2-1-9。

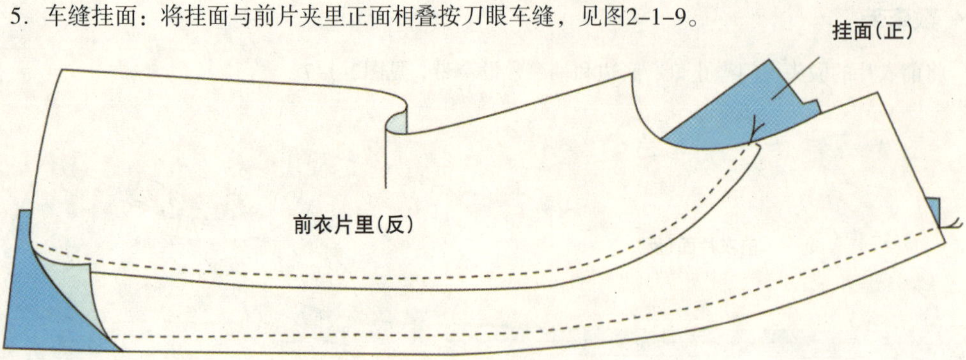

图2-1-9

6. 烫缝份：将车缝后的挂面向夹里一侧坐倒熨烫。

1.7 挂面缝制

1. 车缝止口：将挂面与前衣片正面相叠，先手针固定，然后车缝前中止口至底摆净缝处拐角，将前衣面和夹里的边缘对齐，斜向车缝至夹里底摆的净缝处。

2. 修止口：将车缝后的驳口与门襟止口修剪成阶梯状，见图2-1-10。

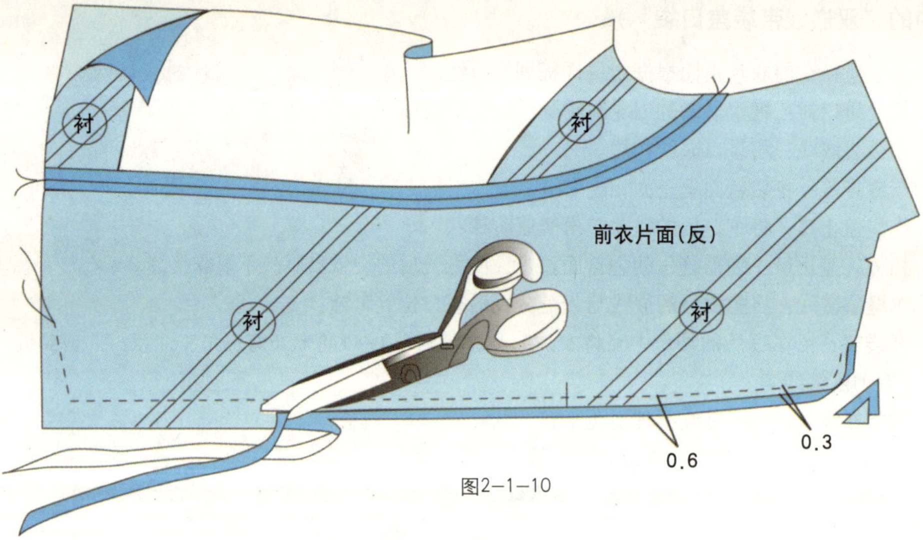

图2-1-10

3. 分烫止口：将修剪之后的缝份扣烫，见图2-1-11。

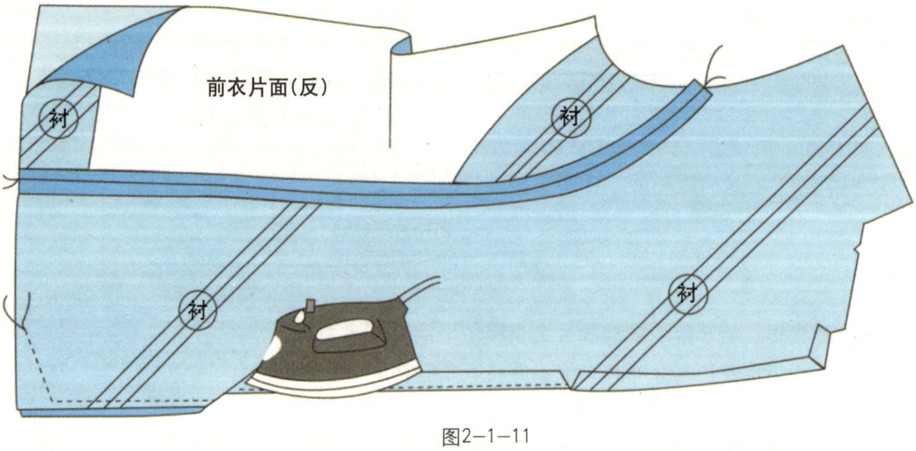

图2-1-11

4. 扣烫止口：将挂面翻转，沿驳口、门襟止口压烫平整，固定挂面。

5. 修剪前衣片夹里：整理前衣片并修剪夹里，使前衣片与夹里相符。

1.8 拼合后衣片

1. 拼合后背缝：将左、右后衣片正面相叠，沿背缝线按刀眼车缝，见图2–1–12。

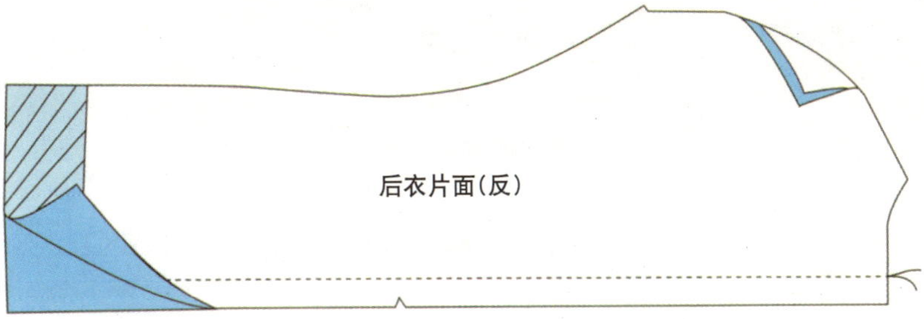

图2–1–12

2. 拼合后衣片分割缝：见图2–1–13。

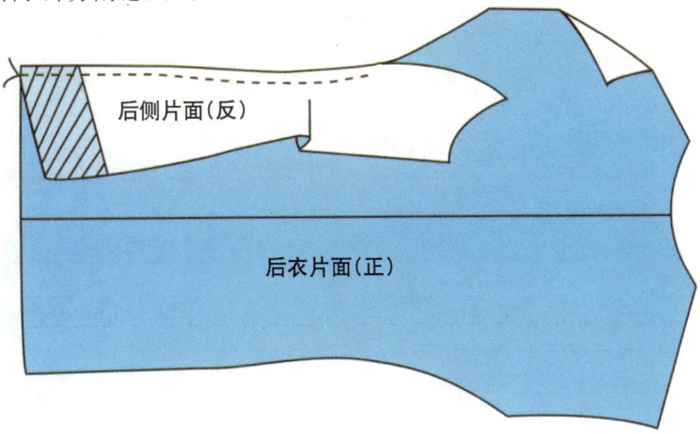

图2–1–13

3. 分烫后衣片分割缝：将分割缝劈开烫平，见图2–1–14。

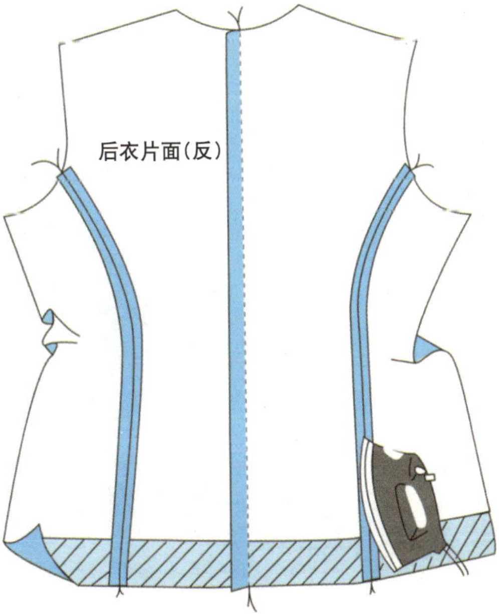

图2–1–14

4. 归拔后衣片：见图2-1-15、图2-1-16。

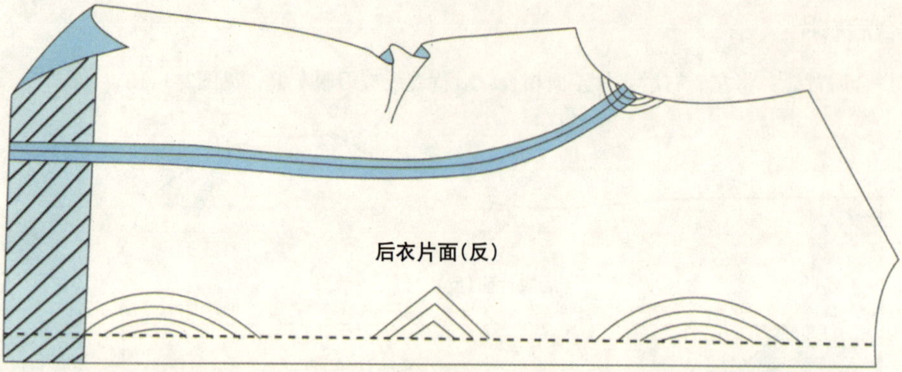

图2-1-15

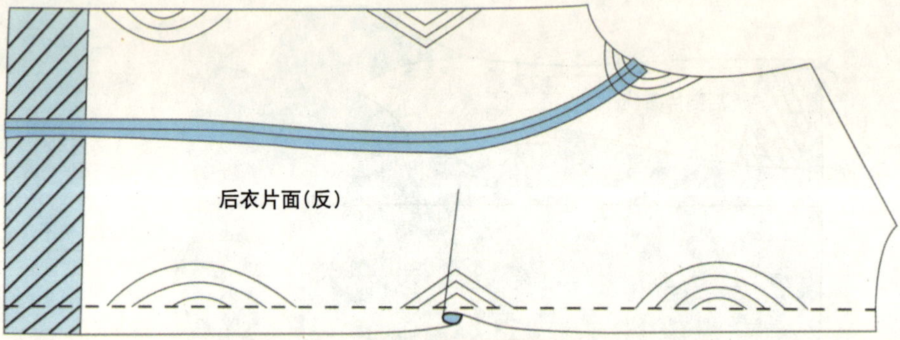

图2-1-16

5. 分烫后背缝：将后衣片背缝劈开、熨烫平整，见图2-1-17。

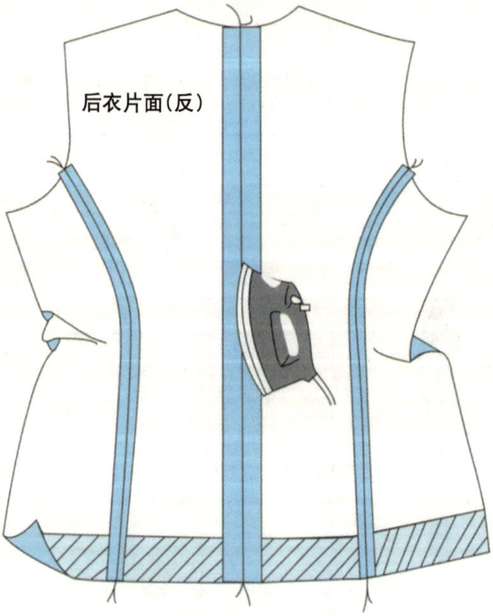

图2-1-17

6. 敷袖窿牵带：袖窿压烫牵带时应稍拉紧些，见图2-1-18。

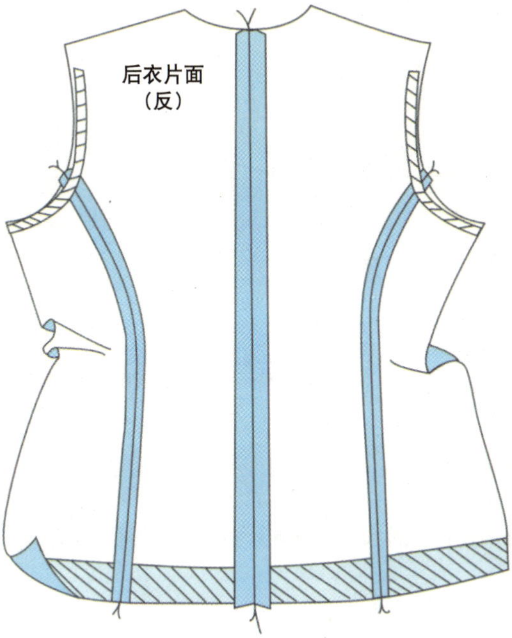

图2-1-18

1.9 车缝左右衣片摆缝

1. 车缝摆缝：将前后衣片摆缝正面相叠按刀眼车缝。
2. 分烫摆缝：将车缝后的摆缝劈开熨烫。
3. 扣烫衣片下摆贴边：扣烫4厘米宽度的贴边，见图2-1-19。

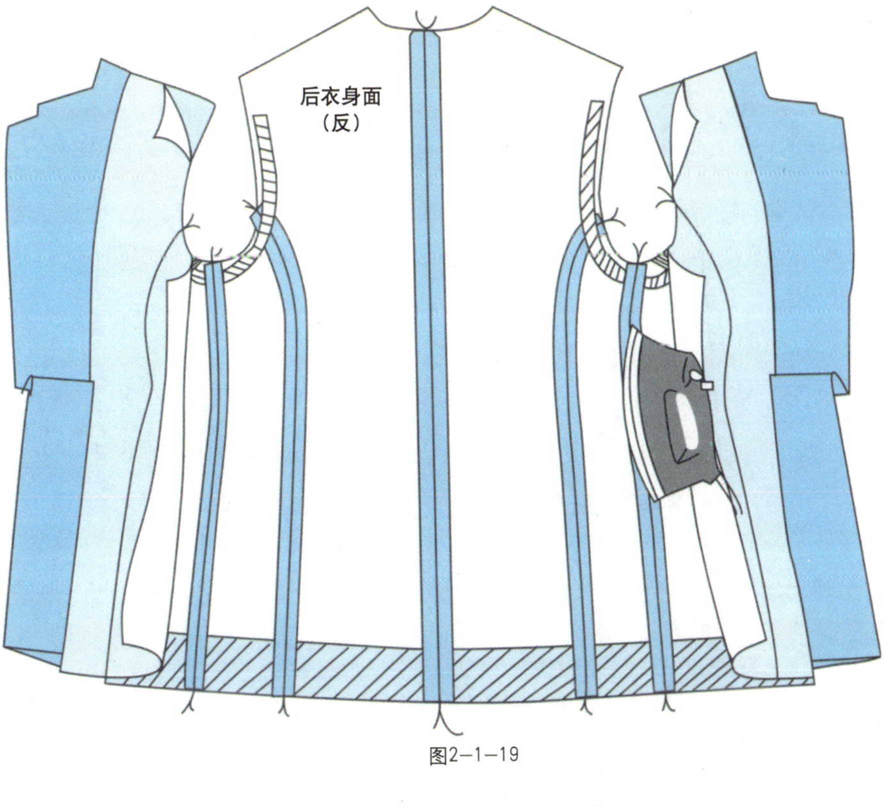

图2-1-19

1.10 拼合后衣片夹里

1. 拼合夹里背缝：见图2-1-20。

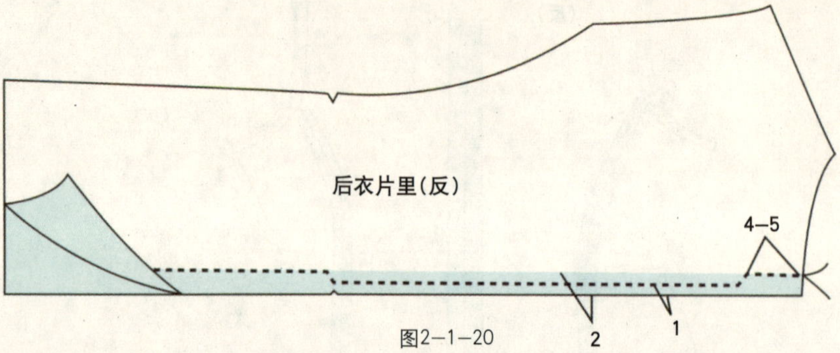

图2–1–20

2. 拼合后衣片夹里分割缝：将后衣片与后侧片夹里正面相叠车缝，见图2-1-21。

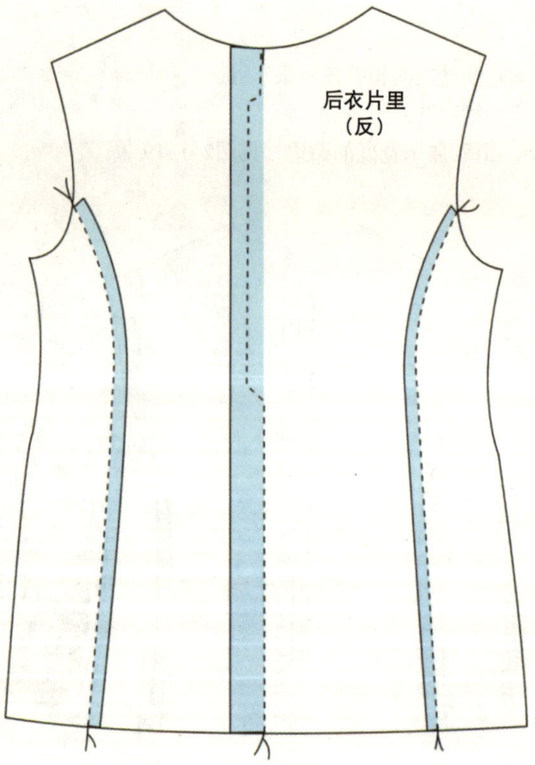

图2–1–21

3. 车缝后领贴：见图2–1–22。

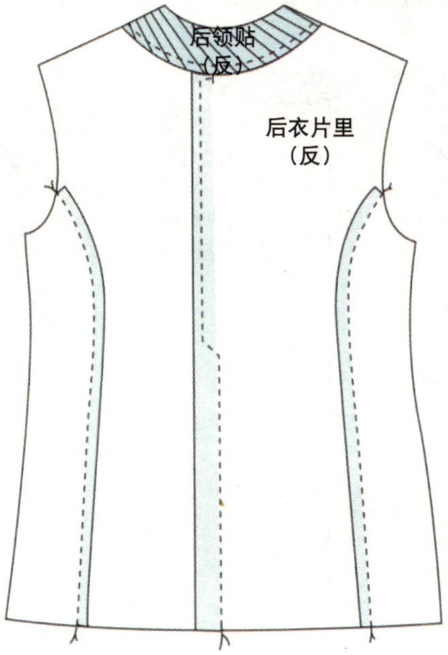

图2–1–22

4. 烫后衣片夹里：将车缝后的背缝、分割缝、后领贴缝坐倒0.3厘米熨烫。

1.11 车缝左右衣片夹里摆缝

1. 车缝夹里摆缝：将前后夹里摆缝正面相叠车缝。
2. 烫夹里摆缝：将车缝后的夹里侧缝坐倒0.3厘米熨烫，见图2–1–23。

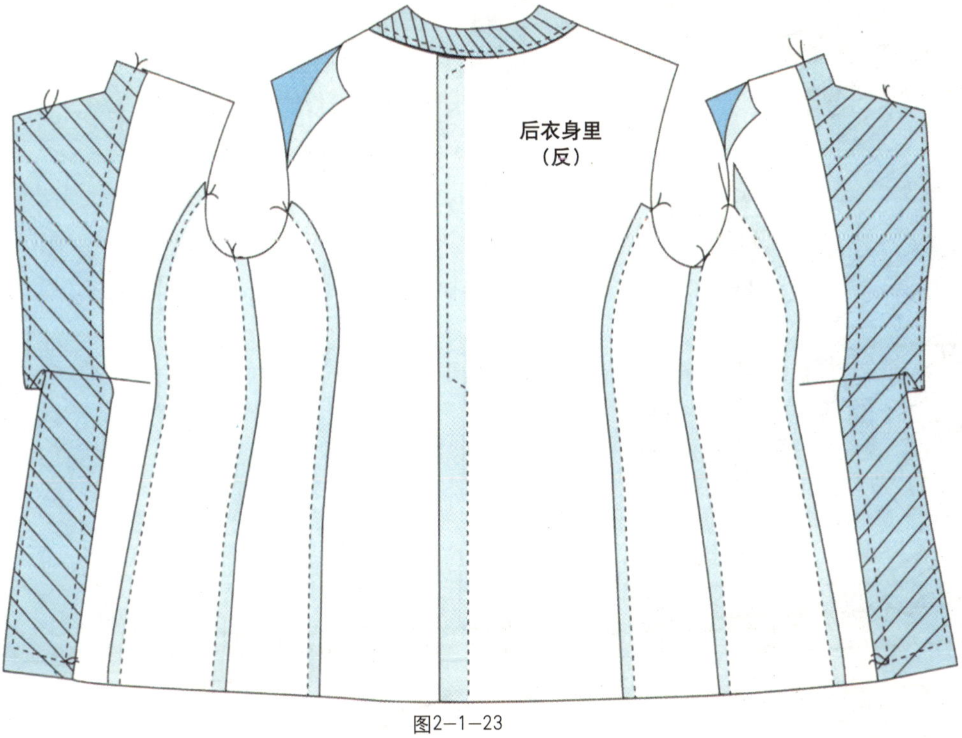

图2–1–23

1.12 车缝底边

1. 车缝底边：将衣身与夹里底边边缘对齐，正面相叠，按夹里底摆净缝线车缝，见图2–1–24。

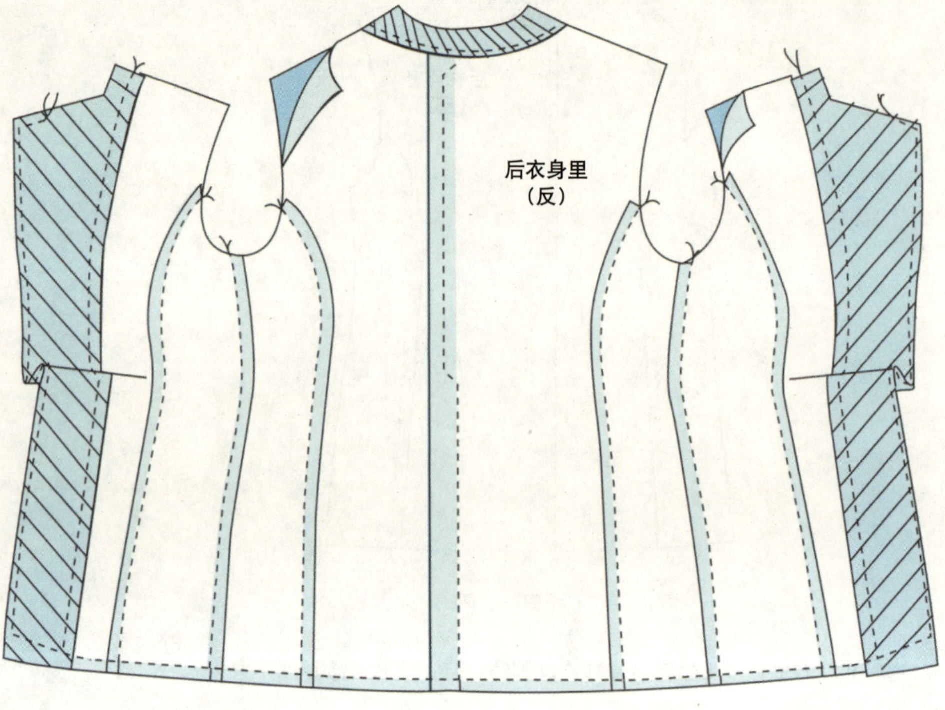

图2–1–24

2. 缲底边：将底摆按衣身面净缝线向衣身面折转后，用三角针法固定底边，见图2–1–25。

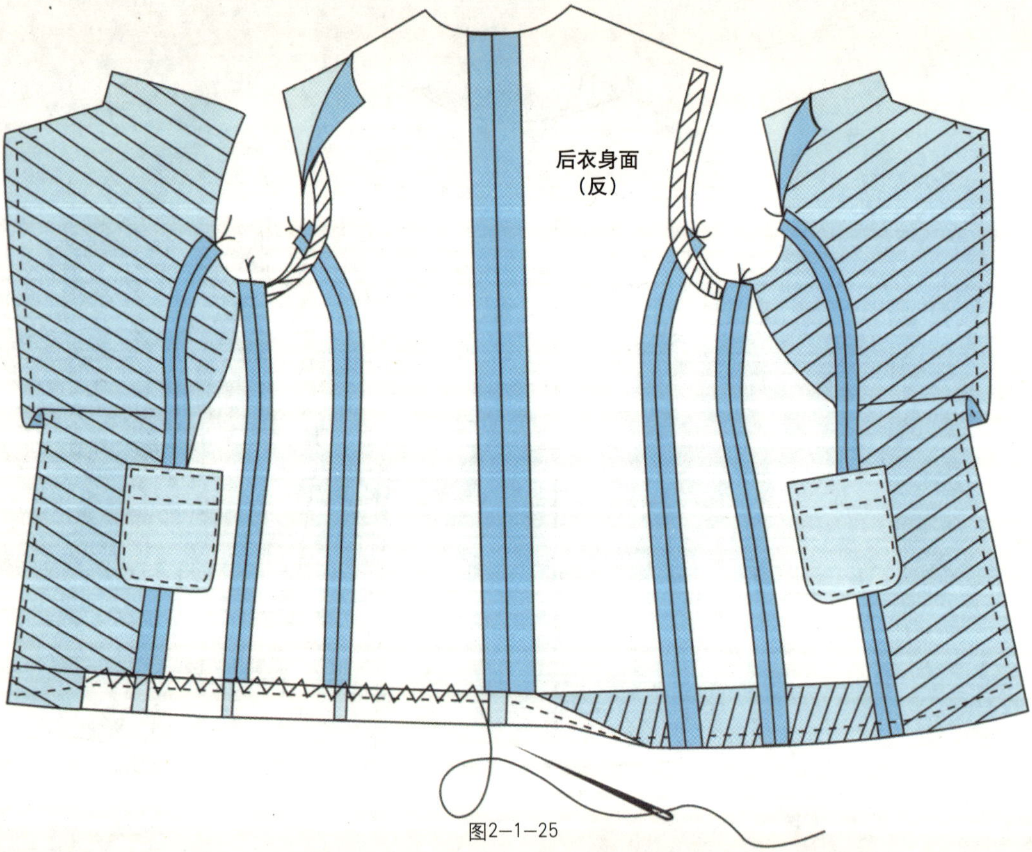

图2–1–25

3. 翻衣身：从肩部与袖窿处将衣身翻至正面，并整理，见图2-1-26。

图2—1—26

1.13 车缝肩缝

1. 车缝前后肩缝：将衣身面前后肩缝正面相叠车缝，后肩缝缩缝0.5-0.8厘米，见图2-1-27。

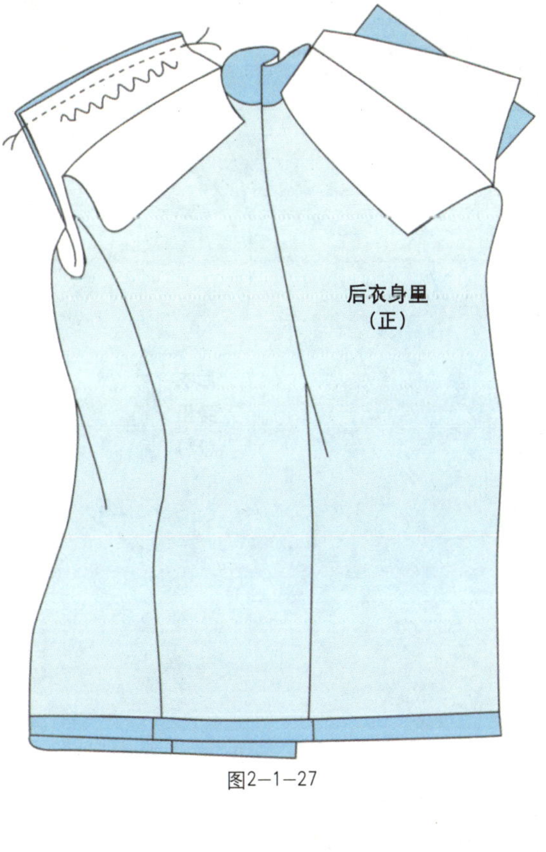

图2—1—27

2. 分烫肩缝：将衣身肩缝分烫平整，见图2-1-28。

1.14 车缝夹里肩缝

1. 车缝衣身夹里肩缝。

2. 分烫衣身夹里肩缝，见图2-1-29。

图2-1-28

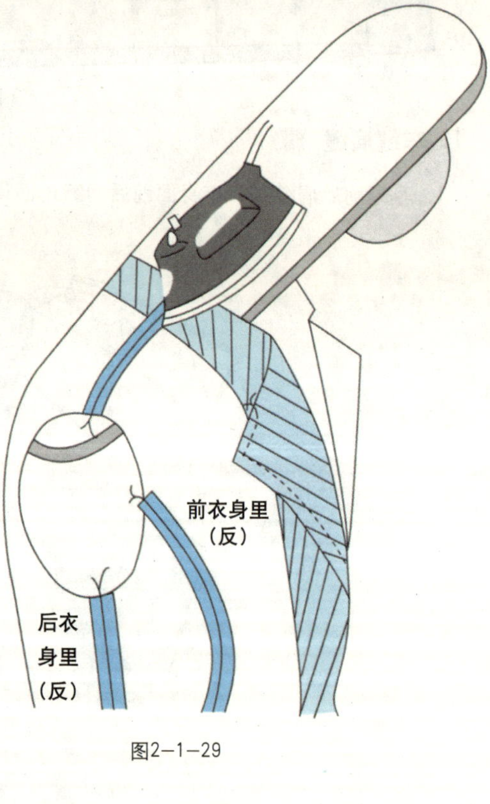

图2-1-29

第二节 女装衣领、衣袖缝制与熨烫

2.1 衣领缝制

1. 车缝领里：将领里正面相叠，沿后中心线车缝，见图2-2-1。

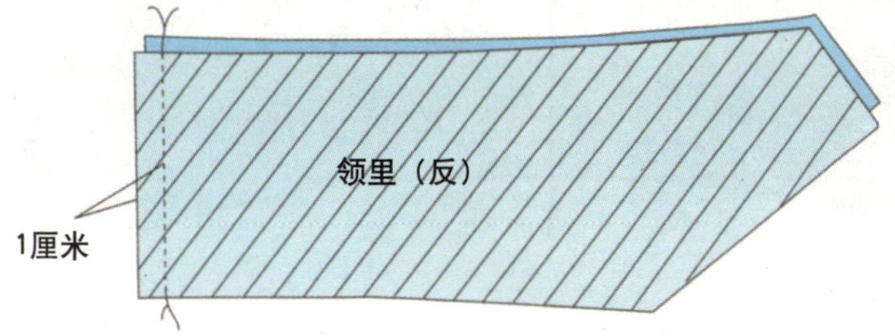

图2-2-1

2. 分烫领里：将领里后中缝分烫平整，见图2-2-2。

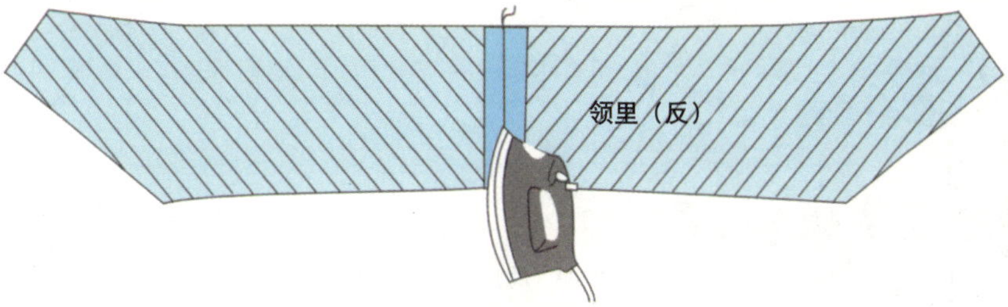

图2-2-2

3. 车缝衣领：将领面、领里正面相叠车缝领外口，注意领角窝势，见图2-2-3。

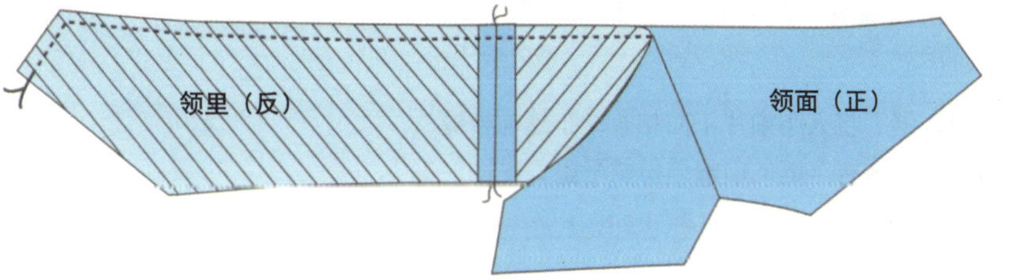

图2-2-3

4. 修领缝份：将领止口修剪成阶梯状，见图2-2-4。

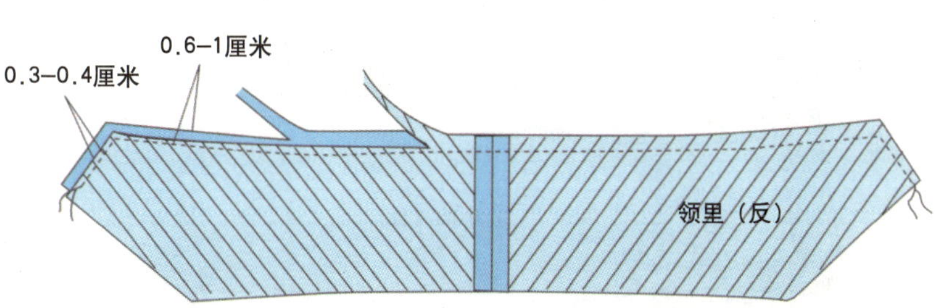

图2-2-4

5. 扣烫领缝份：将修剪后的缝份扣烫。

6. 压烫领止口：将领翻出，熨烫平整，注意里外匀与领角窝眼，左右对称。

7. 归拔衣领：见图2–2–5。

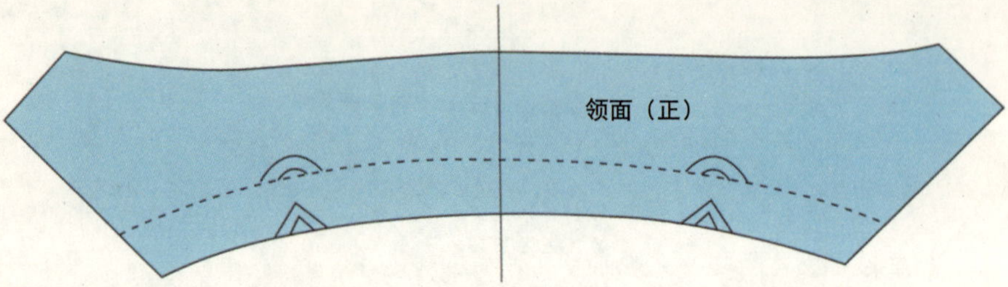

图2—2—5

2.2 衣袖缝制

1. 归拔大袖片：将前袖缝袖肘处拔开，不能超过偏袖线，见图2–2–6。

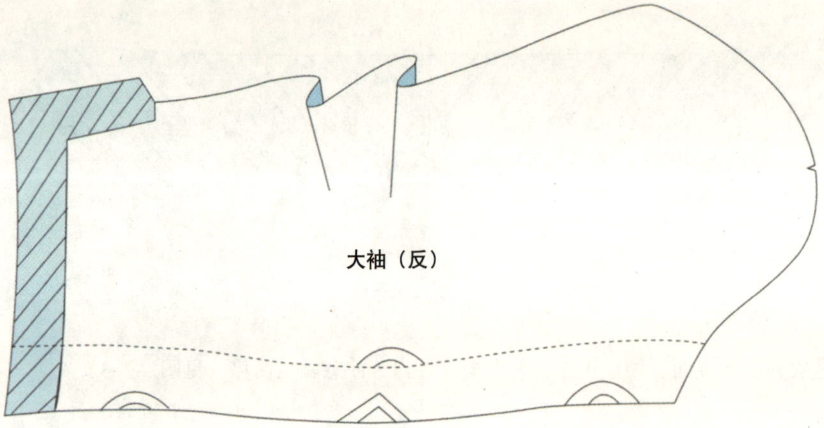

图2—2—6

2. 车缝前袖缝：将大小袖片正面相叠，车缝前袖缝。

3. 分烫前袖缝：将车缝的前袖缝份烫平整，见图2–2–7。

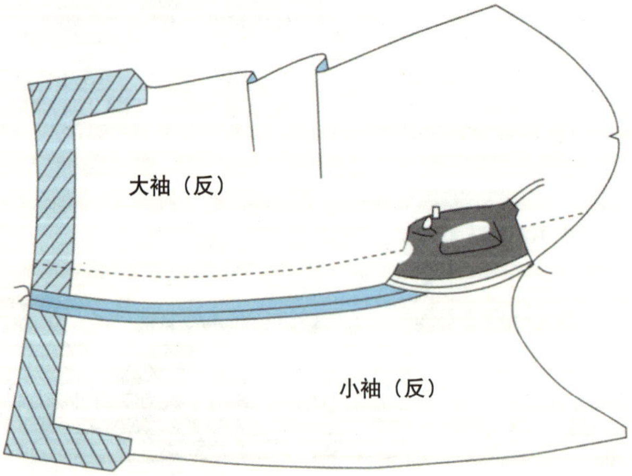

图2—2—7

4. 扣烫袖口边：按袖口贴边净缝线扣烫袖口边和大袖衩处，并在袖衩折角两边做好刀眼，见图2–2–8。

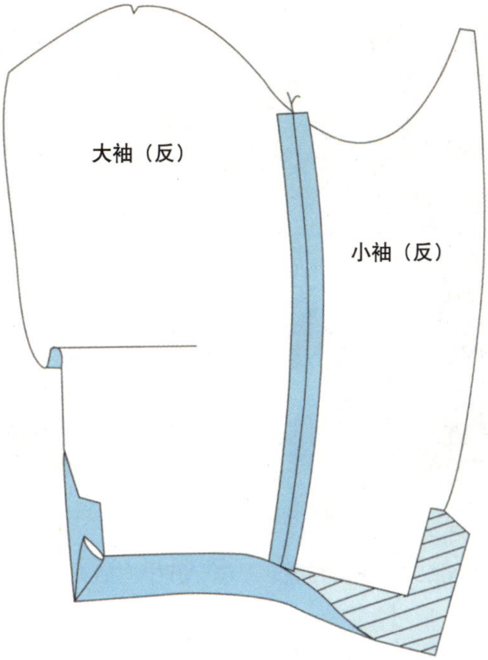

图2–2–8

5. 车缝大小袖衩：将大袖衩角按对角线正面相对，两边刀眼对齐车缝折角；将小袖衩按净缝线对折车缝，见图2–2–9。

6. 烫大小袖衩：将车缝后的袖衩修剪烫平，见图2–2–10。

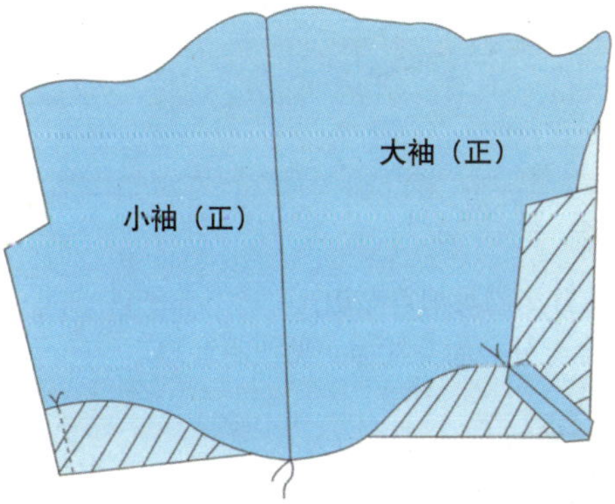

图2–2–9

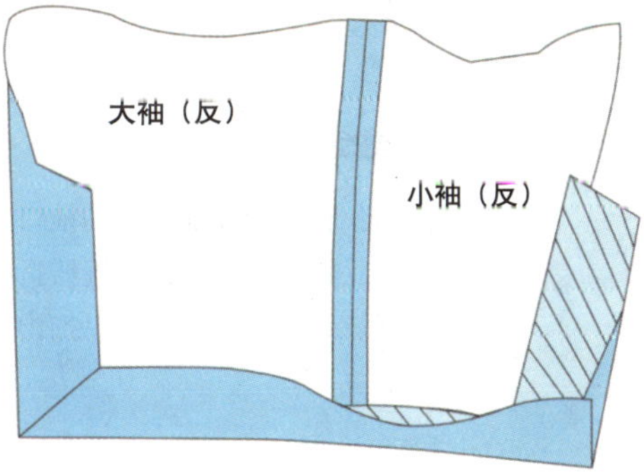

图2–2–10

7. 车缝后袖缝：将大小袖片后袖缝正面相叠，按刀眼车缝。

8. 分烫后袖缝：将后袖缝劈开整烫，烫至小袖缝拐角处做剪口后烫平，见图2-2-11。

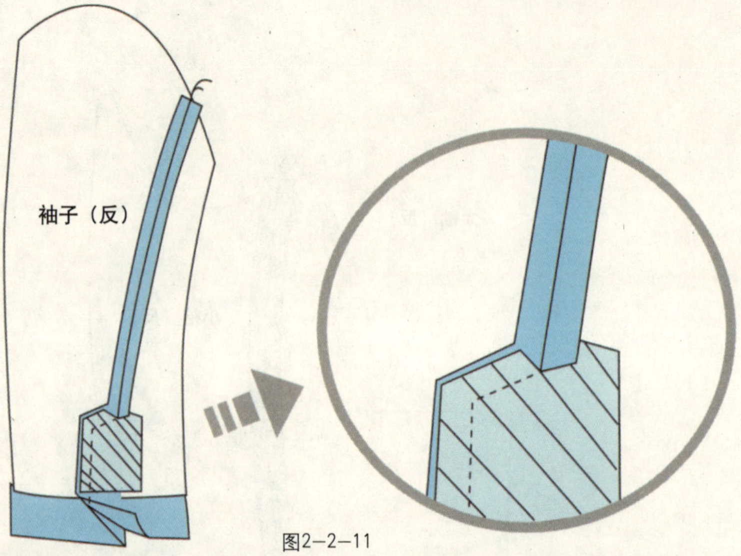

图2-2-11

2.3 袖夹里的缝制

1. 车缝袖夹里：将大小袖夹里正面相叠、车缝，其中右袖夹里前袖缝中间留出一段不缝，作为翻口。

2. 烫夹里缝份：将前后缝份向大袖片坐倒0.3厘米熨烫，见图2-2-12。

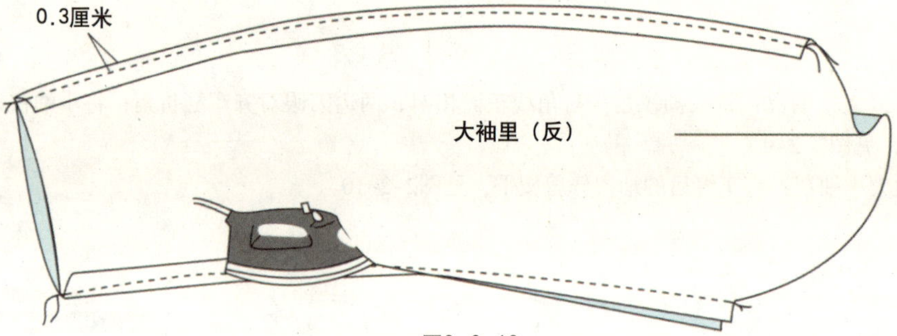

图2-2-12

2.4 衣袖面、里缝制

1. 车缝袖口：将衣袖与袖夹里的袖口正面相叠车缝一周。

2. 固定袖口：将袖口贴边按净缝线折向衣袖面，用三角针法固定袖口贴边。

3. 袖山缩缝量的处理：衣袖面沿袖山净缝线外侧0.3厘米车缝一周并抽缩，见图2-2-13。

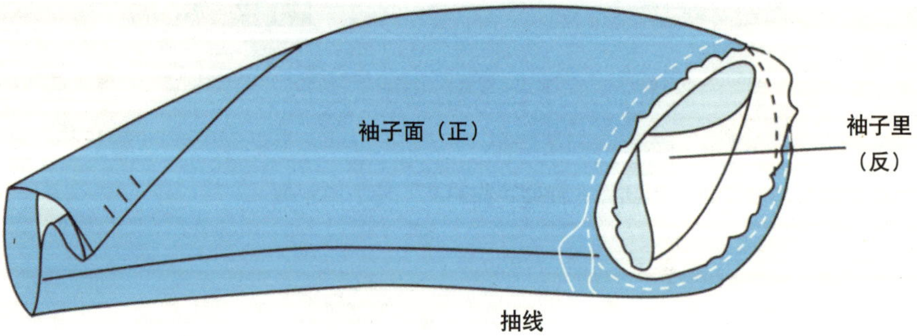

图2-2-13

4. 袖山缩缝量的熨烫：将衣袖袖山部分置于烫凳上，沿袖山中心两边，将缩缝量熨烫平整，使袖山圆顺，见图2-2-14。

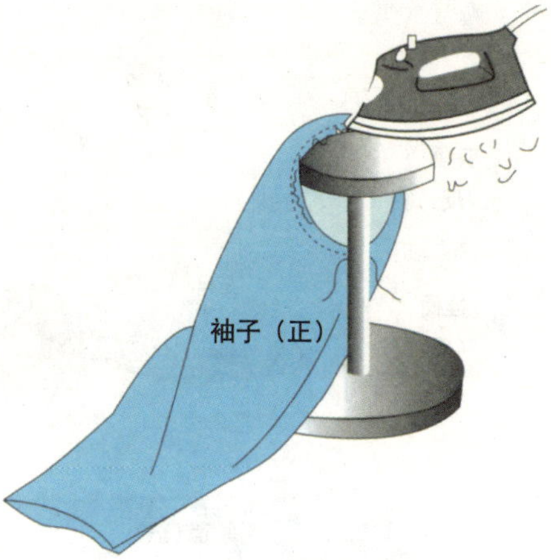

图2—2—14

第三节 服装部件组合缝制

3.1 绱领

1. 绱领：将做好的衣领领里对衣身、领面对挂面和后领圈夹里，正面相叠，分别车缝。
2. 分烫绱领缝份：将缝份打剪口，劈开烫平。
3. 固定绱领做缝：将衣身与夹里领圈缝份对齐，车缝或手工固定。
4. 翻烫衣领：将衣领翻至正面，熨烫整理。

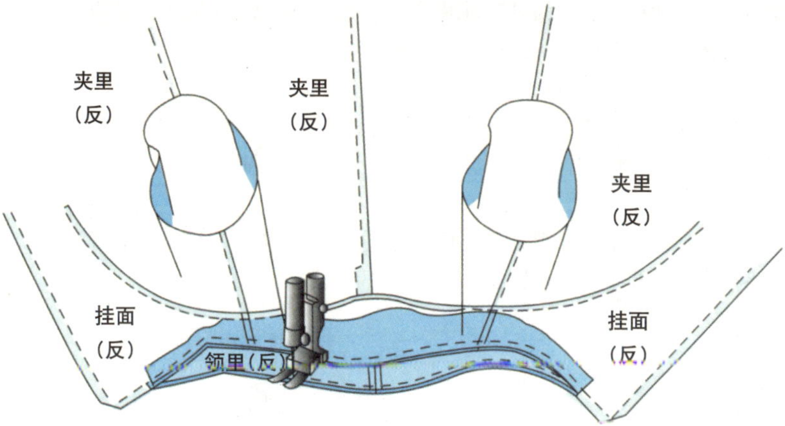

图2—3—1

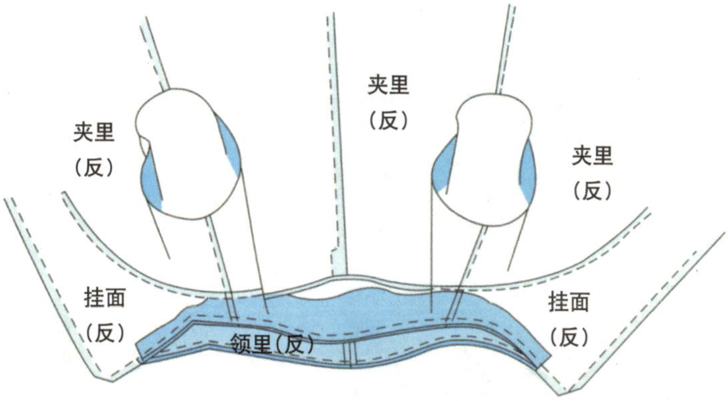

图2—3—2

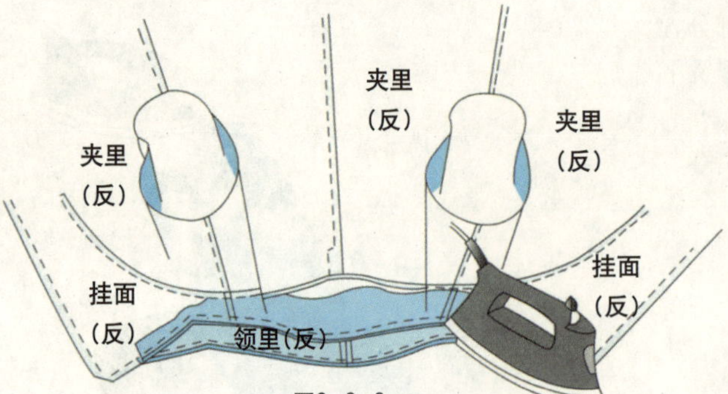

图2–3–3

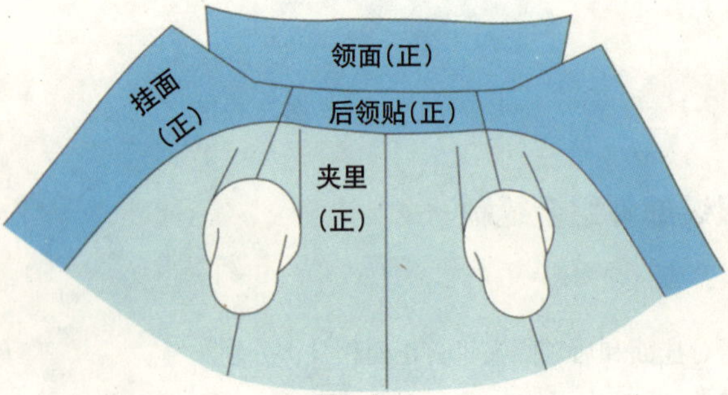

图2–3–4

图2–3–5

3.2 绱袖

1. 绱袖准备：将衣身袖窿与衣袖袖山正面相对按刀眼对齐，用大头针或手工固定，见图2–3–6。

2. 绱袖：袖窿在下，衣袖在上，沿袖山净线位置车缝一周。

3. 绱袖填充条。

4. 压烫袖窿：将车缝后的袖窿放在烫凳上，逐段压烫。

5. 固定垫肩：将垫肩中点偏前1厘米的对位标记与肩缝对齐，沿肩缝及袖窿边缘上侧适当固定，见图2–3–7。

6. 车缝袖窿与袖山夹里：将袖山夹里与袖窿夹里正面相叠，袖山刀眼对准肩缝车缝袖窿。

7. 固定袖窿与摆缝：将袖窿夹里与垫肩固定，衣身摆缝与夹里摆缝固定。

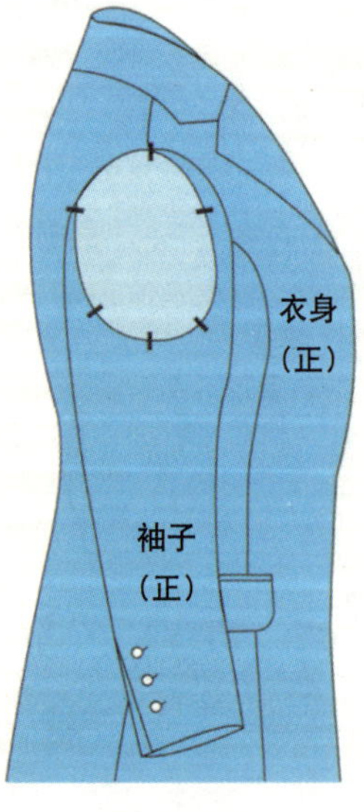

图2–3–6

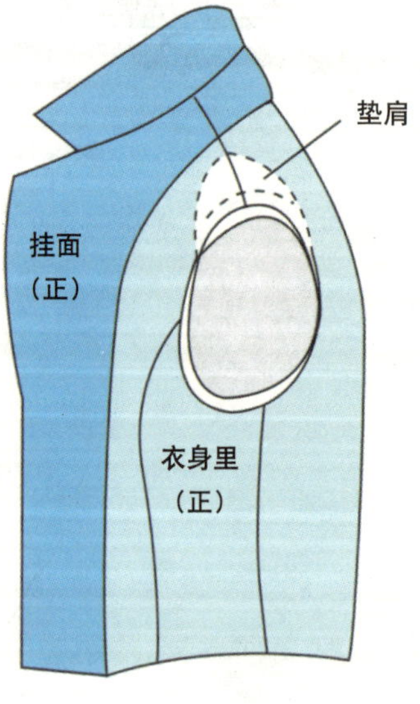

图2–3–7

第四节 后整理

4.1 整理

1. 将整个衣身从衣袖夹里翻口中翻出并整理，然后将翻口缝合。
2. 检验：成衣规格、缝制质量、修剪整理。
3. 锁扣眼：手工或锁眼机，见图2-4-1。

4.2 整烫

1. 熨烫步骤：

烫袖窿——烫止口——烫胸部——烫腰吸——烫大袋——烫分割缝——烫摆缝——烫后背分割缝——烫后背——烫底边——烫肩部——烫夹里——烫袖与袖口——烫驳头与领。

2. 熨烫质量：整理平整，无烫黄，无水渍，无极光，无烫熔。
3. 整体外观质量：表面整洁，造型饱满，结构准确，线条流畅，领面平服，驳头自然窝服，衣袖圆顺，前后一致，门襟平挺。

4.3 钉纽扣

1. 划扣位：用扣眼定位样板在前衣身上确定扣位。
2. 钉纽扣：手工或钉扣机，见图2-4-2。

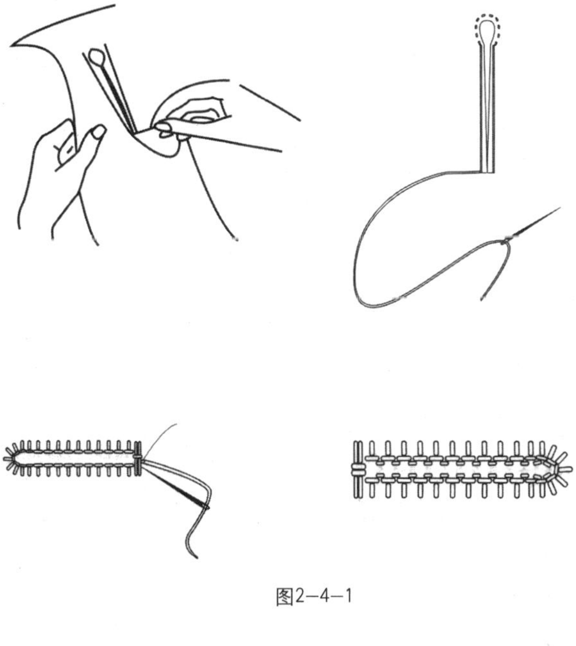

图2—4—1

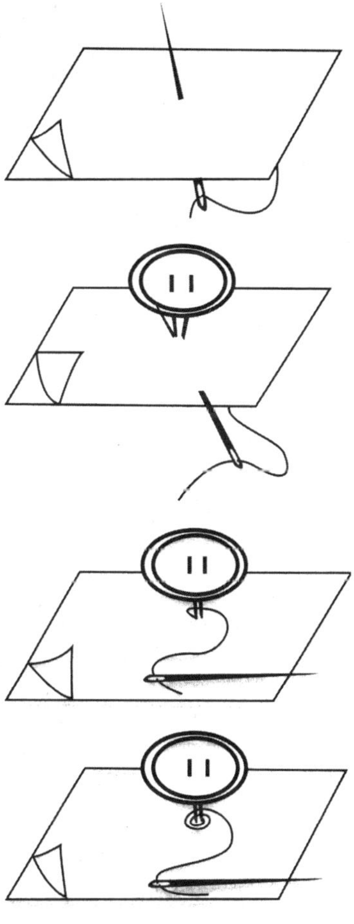

图2—4—2

第三章　服装质量检验

第一节　服装质量检验的内容

1.1 成衣质量术语及控制部位

1.1.1 成衣质量常用术语

1. 上装

①衣领部位

衣领按造型左右对称，领面、领里松紧适宜，不起皱。领角、领尖窝服。领上口圆顺，绱领牢固，后领窝不起涌。驳口线顺直，驳头不反翘，接缝不外露，车缝止口不反吐。粘衬部位不起泡、不渗胶。

②衣袖部位

两袖前后、长短一致，绱袖圆顺，缩缝量均匀。袖头整齐平服，宽窄一致、左右对称。袖底缝顺直。袖子不起吊，前袖缝不外翻。

③衣身部位

a、袋：口袋左右、前后、高低一致。袋角方正、圆顺、平服。袋盖、嵌线与袋口大小相适应，嵌线、袋盖宽窄一致，袋盖不反翘，止口不反吐。

b、门襟：门、里襟止口缉线顺直、平挺，门、里襟长短一致、不搅不豁。

c、底边：底边宽窄一致、顺直，底边不起浪、不起涟。

d、其他：肩部平服，肩缝顺直，左右对称。后背平服，前胸饱满。车缝线迹松紧适宜，整齐、牢固。省道顺直，褶、裥均匀，前后一致，左右对称，省尖不起泡（酒窝）。开衩平服、顺直、不搅不豁。缉明线顺直、宽窄一致。拉链平服，下摆平挺。

2. 下装

①裤装

门、里襟长短相适宜。腰面、里、衬平服，松紧适宜。前后裆圆顺。后袋位置左右、高低、大小一致、平服。脚口大小一致。

绱腰平整，不起涟。门、里襟顺直，止口不反吐。烫迹线平挺。

②裙装

开衩平服、长短一致。装缝拉链左右松紧一致，不起涟。侧缝、下摆车缝顺直，不还口。腰部不起涌，腰省平服。

一般而言，针对不同的款式、不同的地域等具体情况，质量术语的命名及含义存在一定的差异性。

1.1.2 服装质量控制部位

1. 上装的主要控制部位

①衬衫

a、衣长、胸围、领围、肩宽、袖长。

b、袖口、袖头宽窄、袋位高低、袋口大小。

②女西装

a、衣长、胸围、腰围、臀围、总肩宽、袖长。

b、驳头宽窄、衣领缺嘴大小、袖口、袋位高低、袋口大小。

③夹克衫

a、衣长、胸围、领围、总肩宽、袖长、下摆。

b、袖口、袋位高低、袋口大小。

④上装主要部位规格极限偏差，见表3–1–1。

表3–1–1 上装主要部位规格极限偏差 单位：厘米

允许偏差 款式 / 部位名称	一般衬衫	女西服	夹克衫
衣　长	± 1.0	± 1.0	± 1.0
胸　围	± 2.0	± 2.0	± 2.0
领　大	± 0.6	± 0.6	± 0.7
（总）肩 宽	± 0.8	± 0.6	± 0.8
袖　长	长袖长 ± 0.8	装袖 ± 0.7	装袖 ± 0.8
	短袖长 ± 0.6	连身袖 ± 1.2	连身袖 ± 1.2

2. 下装主要控制部位

①裙

裙长、腰围、臀围、摆围、裙衩长。

②裤

裤长、腰围、臀围、直裆长、下裆长、前裆、后裆、横裆、脚口大小、前后袋位。

③下装主要部位规格极限偏差，见表3–1–2。

表3–1–2 下装主要部位规格极限偏差 单位：厘米

允许偏差 款式 / 部位名称	西　裤	裙
裤（裙）长	± 1.5	± 1.0
腰　围	± 1.0	± 0.8
臀　围	± 2.0	± 1.0

1.2 裁剪用样板及裁片质量检验

1.2.1 样板的质量检验

1. 样板检验的必要性

样板是经过绘制纸样、制作样衣、试样并调整样衣、修正纸样，最后确认合格的样板。工业生产中的样板以结构制图为基础，是批量生产服装时裁剪衣片和缝制加工的技术依据。

2. 样板检验的内容

①复核样板上各部位尺寸是否正确，面料的特性在样板中有无反映（如面料的缩水率等）。

②复核样板上各标记是否准确、完整、齐全，如图3–1–1。

文字标记包括：经、纬、斜丝绺标记，号型、体型分类，样板码号，制板时间，款式分类号，属性分类，样板数量等。

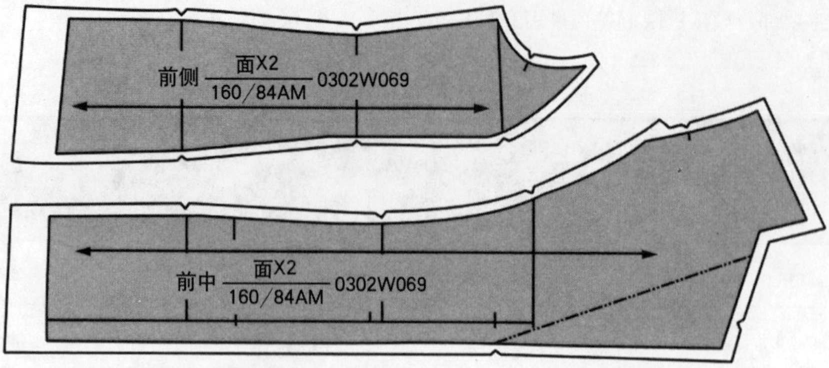

图3-1-1

此外还有对位、定位标记、特殊标记等。

③复核全套样板是否齐全，样板所标注的裁片数是否正确。

④核对样板弯曲部位弧线是否圆顺，缝份的大小、形状等是否符合工艺要求。

⑤复核主要部位是否吻合（尺寸、形状等）；领下口与领圈，袖山弧线与袖窿弧线，前后肩缝、侧缝，前后袖底缝，裤左右侧缝，裆缝等。

⑥样板全部复核后，填写复核记录表。

1.2.2 裁片的质量检验

1. 裁片检验的目的

及时发现裁片的质量问题和表面疵点，并进行修正或换片，以确保服装质量。

2. 裁片检验的内容

①检查各层裁片是否与样板的尺寸、形状一致。

②最上层与最下层的裁片相比，检查各层裁片误差是否符合规定标准。

③检查对位标记、定位标记等是否正确。

④检查对条对格是否准确。

⑤检查裁片是否存在疵点、色差等。

1.2.3 裁片的编号与分包

1. 编号

对裁片进行编号，是为了有序生产、避免差错与色差。一般用打号机进行编号，故又称打号，按不同部件打在规定位置。

2. 分包

将裁片按统一规格、统一编号进行分包。将分好包的部件进行扎包。扎包时，大片放在外面，零部件裹在里面。要扎得整齐、牢固，并在每包外吊好标签，注明色号、批号。

1.3 缝制、熨烫质量检验

1.3.1 缝制质量检验

缝制检验的要求：

①根据工艺要求规定的针距密度。一般衬衫的针距密度要求如表3-1-3。调节面线、底线，松紧适宜。

②缝制时无跳针、断针，起止处应有倒回针。

③缝迹顺直，缝线松紧一致，车缝明、暗线宽窄一致，缝纫接线应重叠2厘米以上。

④服装的商标、号型、规格、成分标志、洗涤标志等位置准确、清晰、牢固。

⑤缝制应按照工艺设计要求进行。

表3-1-3 衬衫的针距密度表

项　目	针距密度
明　线	每3厘米不少于 14 针
包缝线	每3厘米不少于 12 针
锁　眼	每1厘米不少于 15 针
钉　扣	每眼不低于 6 根线

1.3.2 熨烫质量检验

服装经过熨烫，可使外观平挺、立体、饱满，达到服装设计的预期效果。

熨烫质量检验的要求：

①各部位熨烫平服、整洁。缝份顺直、不起皱。

②面、衬、里平服，无脱胶、渗胶及起皱等现象。

③服装整洁，无水花、亮光、污渍、水渍、烫黄、烫熔等不良现象。

1.4 成品质量检验

服装成品质量检验以服装类别、号型规格以及外观与缝制质量要求等进行分类。

依据着装T、P、O原则及服装设计要求，服装质量检验标准将随款式而调整。见图3-2-1至3-2-6。

第二节 服装质量检验的步骤

图3-2-1 镶边宽窄一致，对条、对格，驳角、领角转折清晰。

图3-2-2 贴绣左右对称，对条、对格。

图3-2-3 线条流畅，造型饱满。

图3-2-4 领口平服、合体，缝缉平整。

图3-2-5 不漏条、漏珠，线圈不脱散，无色差。

图3-2-6 缩缝量合理、抽缩均匀。

2.1 上装成品质量检验

2.1.1 男、女衬衫

1. 成品规格测定

成品主要部位的测量方法见表3-2-1和图3-2-7、图3-2-8。

表3-2-1 衬衫成品主要部位的测量方法

部位名称	测　量　方　法
领大	衣领摊平横量，立领、立翻领量上口，其他领量下口
衣长	男衬衫：前后身底边拉齐，由领侧最高点垂直量至底边
	女衬衫：由前身肩缝最高点垂直量至底边
	圆摆：后领窝中点垂直量至底边
长袖长	由袖山顶点量至袖口边
短袖长	由袖山顶点量至袖口边
胸围	扣好钮扣，前后身放平（后折拉开），在袖底缝处横量（周围计算）
肩宽	男衬衫：由过肩两端，从左到右，水平测量
	女衬衫：由肩缝交叉处，解开钮扣放平测量

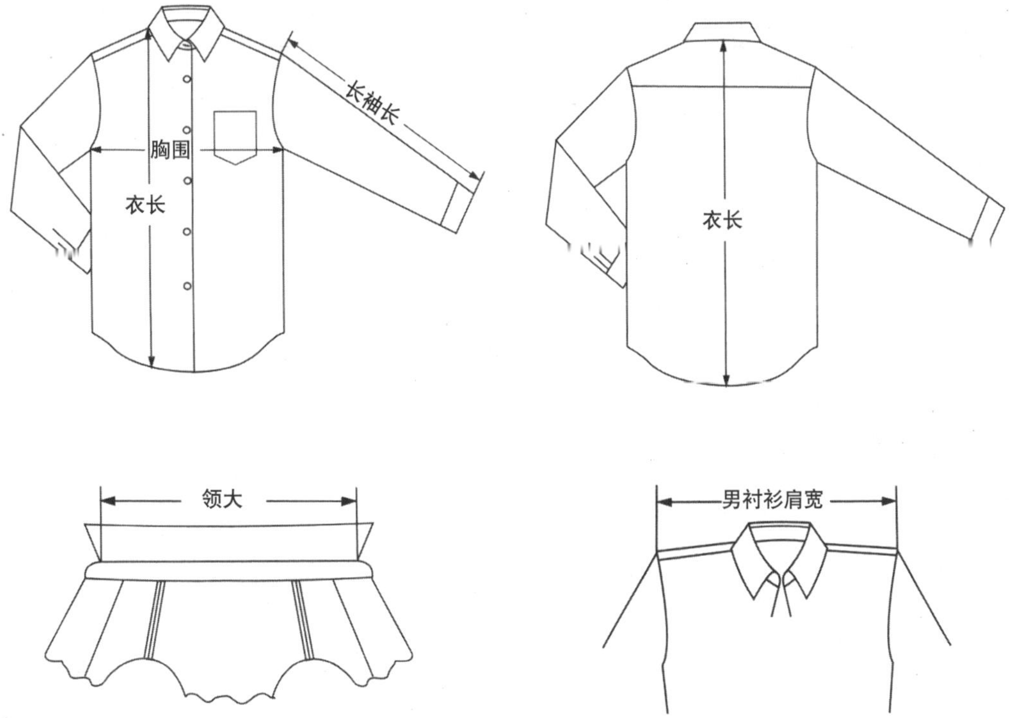

图3-2-7

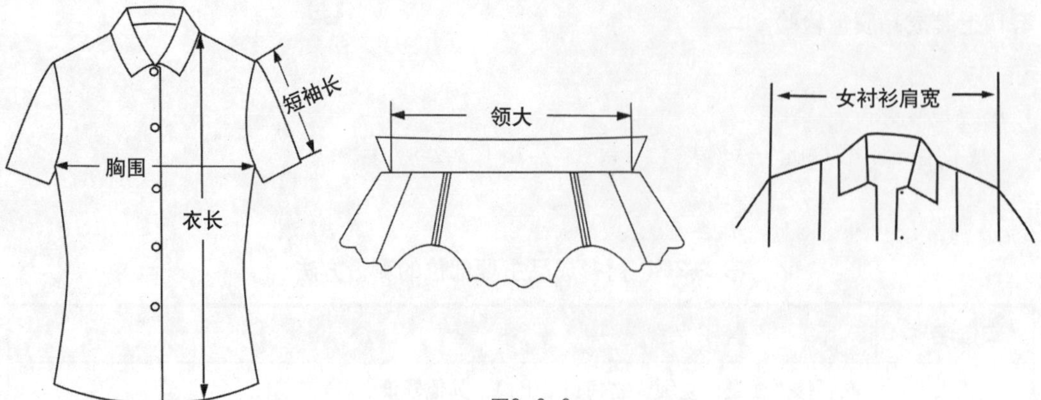

图3-2-8

2．外观质量评定，见表3-2-2。

表3-2-2 衬衫成品外观质量评定

项目	序号	要 求
外观质量	1	商标位置端正，号型标志准确，厂名、厂址、合格证、产品等级、成分标志、洗涤说明等标识清晰
	2	衣领造型左右对称，领面松紧适宜；门襟平挺，胸袋、袖头平服、折叠端正
	3	熨烫平服，无亮光，领面粘衬不起泡、不渗胶
	4	缝纫线、钉扣线色泽、色调与面料相适应

3．缝制质量要求，见表3-2-3。

表3-2-3 衬衫成品缝制质量要求

项目	序号	要 求
缝制质量	1	车缝线迹顺直、平服，缉线宽窄均匀、一致，绣花针迹整齐
	2	衣领止口不反吐，领尖对合左右长短一致，绱领平服
	3	门、里襟长短一致、顺直，扣、眼相对
	4	口袋平服，袋口左右、高低、前后一致
	5	两袖左右对称，绱袖圆顺，袖头止口不反吐，袖开衩长短一致
	6	褶裥均匀，省道顺直、长短、前后一致

2.1.2 夹克衫

1．成品规格测定

成品主要部位的测量方法见表3–2–4和图3–2–9。

表3–2–4 夹克衫成品主要部位的测量方法

部位名称		测 量 方 法
衣长		由肩缝最高点垂直量至底边
胸围		闭合拉链（或扣上钮扣）前后身摊平，沿袖窿底缝横量（周围计算）
总肩宽		由肩、袖缝的交叉点摊平横量
领围		领子摊平横量，立领量上口，其他领量下口
袖长	圆袖	由肩缝最高点量至袖头边中间
	连身袖	后领窝中点量至袖头边中间

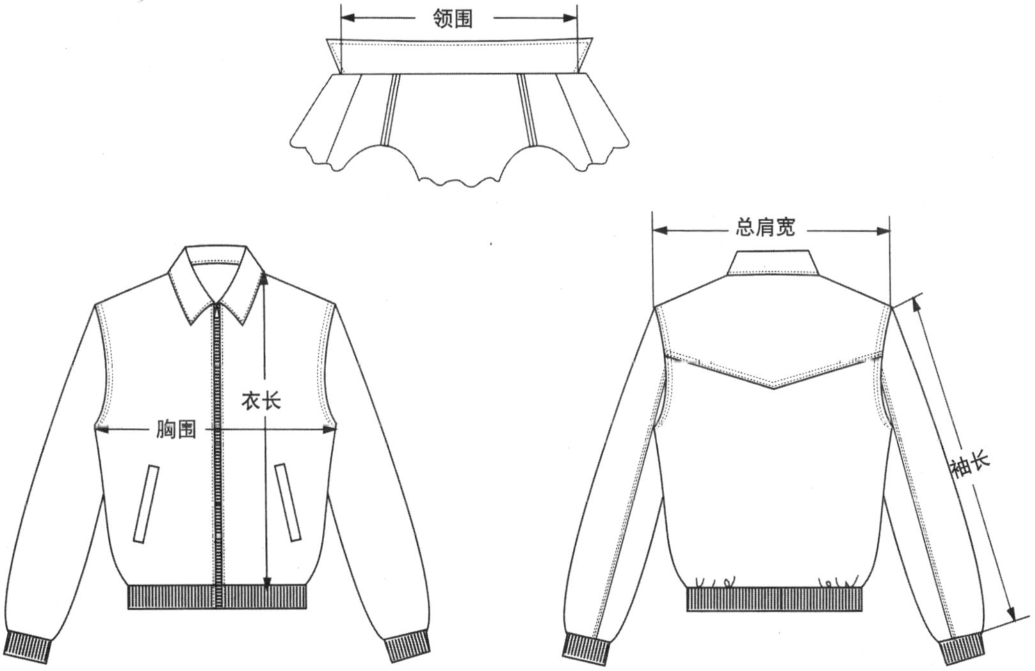

图3–2–9

2. 外观质量评定，见表3-2-5。

表3-2-5 夹克衫成品外观质量评定

项目	序号	要　求
外观质量	1	商标位置端正，号型标志准确，厂名、厂址、合格证、产品等级、成分标志、洗涤说明等标识清晰
	2	对称部位基本一致
	3	熨烫平服，无亮光，粘衬部位不脱胶、不渗胶
	4	线、衬等辅料与面料质地、色泽相适应

3. 缝制质量要求，见表3-2-6。

表3-2-6 夹克衫成品缝制质量要求

项目	序号	要　求
缝制质量	1	各部位缝制松紧适宜，缝迹顺直、整齐、平服、牢固，车缉明、暗线宽窄一致
	2	衣领面、里松紧适宜、窝服，领尖长短一致，绱领牢固
	3	门、里襟长短一致，拉链缉线整齐、顺直、平服
	4	绱袖圆顺，缩缝量均匀，前后适宜，袖口宽窄、大小一致
	5	袋口大小、嵌线宽窄、袋位高低及前后对称

2.1.3　女外套

1. 成品规格测定

成品主要部位的测量方法见表3-2-7和图3-2-10。

表3-2-7 女外套成品主要部位的测量方法

部位名称		测　量　方　法
衣长		由前身左襟肩缝最高点垂直量至底边，或由后领中垂直量至底边
胸围		扣上钮扣（或合上拉链）前后身摊平，沿袖窿底缝水平横量（周围计算）
总肩宽		由肩袖缝的交叉点摊平横量
袖长	绱袖	由肩袖缝的交叉点量至袖口边中间
	连身袖	由后领窝中点沿肩袖缝交叉点量至袖口中间

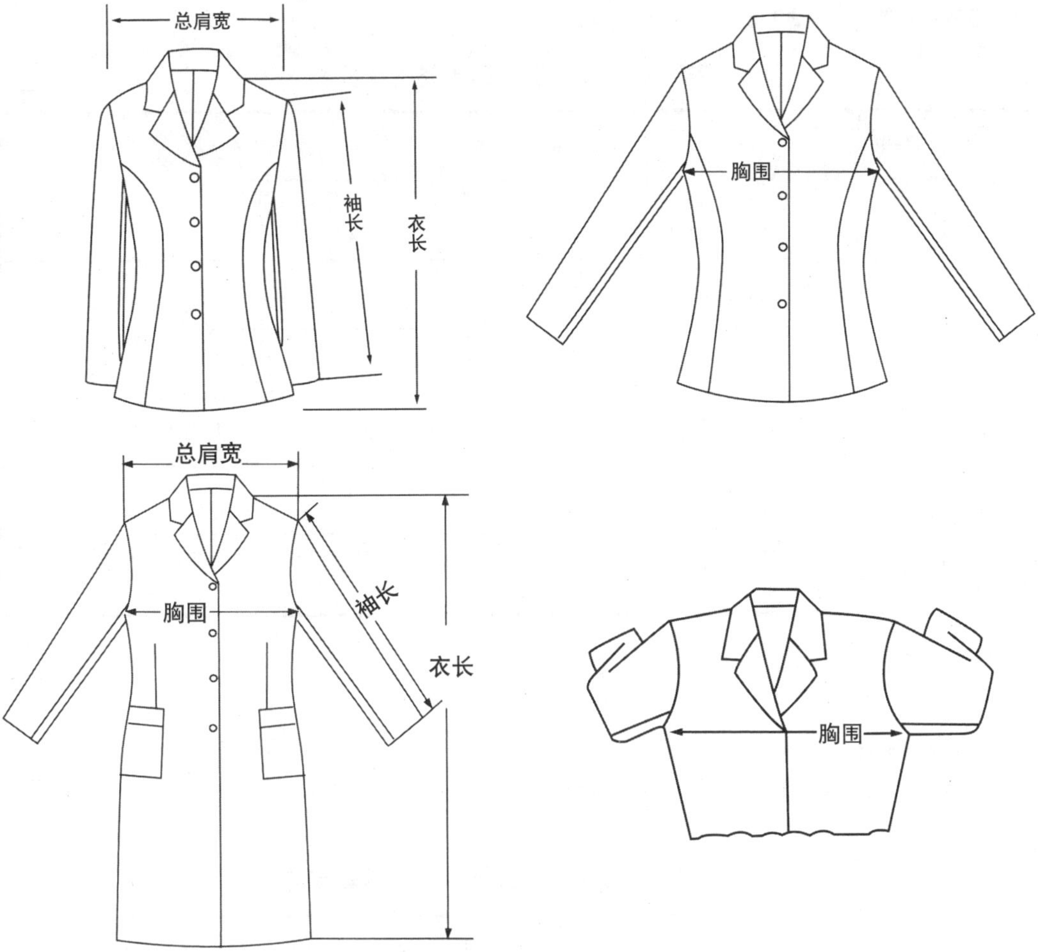

图3–2–10

2. 外观质量评定，见表3–2–8。

表3–2–8 女外套成品外观质量评定

项目	序号	要 求
外观质量	1	商标位置端正，号型标志准确，厂名、厂址、合格证、产品等级、成分标志、洗涤说明等标识清晰
	2	领面窝服，领上口圆顺，串口、驳口线顺直，左右驳头宽窄、领嘴造型大小对称
	3	前衣身门、里襟顺直、平挺、不搅不豁，胸部饱满、对称，里、面、衬服贴，省道、分割线顺直
	4	口袋左右、高低、前后对称，袋盖与袋口大小相适应，袋盖与大身的丝绺一致
	5	前后省道、分割线顺直、平服
	6	绱袖圆顺，缩缝量均匀，两袖前后长短一致
	7	各部位熨烫平服、整洁，粘合衬部位不脱胶、不渗胶、不起皱

3. 缝制质量要求，见表3-2-9。

表3-2-9 女外套成品缝制质量要求

项目	序号	要　求
缝制质量	1	衣领面、衬、里松紧适宜、领角窝服，领口、驳口、串口线顺直，车缝止口不反吐，底领不外露
	2	肩缝顺直，肩省、肩宽（小肩宽）长短一致
	3	门里襟顺直、平服，胸部饱满，腰部吸腰有型
	4	袋位高低、前后一致，嵌线、袋盖大小、宽窄一致，袋角整齐、方正
	5	绱袖圆顺，缩缝量均匀，两袖前后、长短一致
	6	各部位缝线松紧适宜、顺直，缝纫线色泽、色调与面料相适应，锁眼、钉扣线与扣子色泽、色调相配

2.2 下装成品质量检验

2.2.1 男西裤

1. 成品规格测量

成品主要部位的测量方法，见表3-2-10和图3-2-11。

表3-2-10 下装成品主要部位的测量方法

部位名称	测　量　方　法
裤长	由腰上口沿侧缝摊平垂直量至脚口
腰围	扣上裤钩（钮扣）沿腰宽中间横量（周围计算）

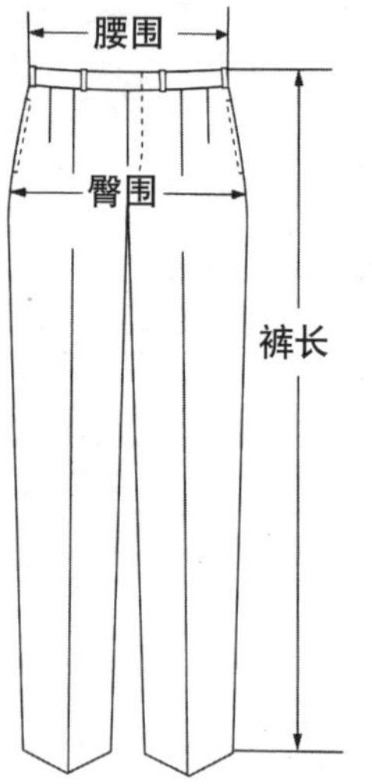

图3-2-11

2. 外观质量评定，见表3-2-11。

表3-2-11 下装成品外观质量评定

项目	序号	要　求
外观质量	1	商标位置端正，号型标志准确，厂名、厂址、合格证、产品等级、成分标志、洗涤说明等标识清晰
	2	裤腰面、里、衬平服、松紧适宜
	3	门里襟面、里、衬平服、松紧适宜，门襟不短于里襟
	4	前后裆缝圆顺、牢固、平服
	5	串裤带（裤袢）位置准确，长短、宽窄、前后、高低一致
	6	袋位高低、前后、大小对称，袋口顺直，缉线整齐、平服
	7	脚口大小一致、长短一致
	8	车缝、缉线缝迹宽窄一致
	9	各部位熨烫平服、整洁、无亮光，烫迹线挺直，臀部圆顺，裤脚平直

3. 缝制质量要求，见表3-2-12。

表3-2-12 下装成品缝制质量要求

项目	序号	要　求
缝制质量	1	绱腰面、里、衬平服、松紧适宜
	2	褶裥、省道的长短、左右对称
	3	串裤带（裤袢）长短、宽窄、高低一致、牢固
	4	门里襟长短适宜，门襟长于里襟 0.2 厘米，车缝止口不外露
	5	绱拉链平服、顺直，拉链基布的色调应与面料相适应
	6	袋口大小、高低、前后对称，袋角整齐；后袋嵌线顺直、方正，袋盖与袋口大小相吻合
	7	两裤腿、脚口大小一致，裤脚边折边宽窄一致
	8	缝纫线迹牢固、顺直，面底线松紧适宜，接线处重叠 2 厘米以上
	9	缝纫线色泽、色调与面料相适应，锁眼、钉扣线与扣子色泽、色调相配

课程练习

1. 了解全夹女外套的面料样板、夹里样板、衬料样板、定位样板等各自的种类特点和用途。
2. 准备全夹女外套的净样板，制作其全套的面料样板、夹里样板和衬料样板，并进行必要的数据与文字标注。
3. 了解全夹女外套的缝制前准备和缝制工艺过程及其相关的工艺要求。
4. 了解全夹女外套的具体缝制前准备和缝制工艺步骤，并掌握各步骤的工艺缝制要点。
5. 准备面料、辅料等，分步骤、有条理地完成整件全夹女外套的成品制作。
6. 了解各类一般服装的质量检验知识，掌握其质量检验要点、具体方法与步骤。
7. 运用质量检验知识，对自己制作的女衬衫、男西裤、直身裙进行质量检验。
8. 运用质量检验知识，对自己制作的全夹女外套进行质量检验，包括缝制前、中间、成品质检，进行及时的修正并提交相应的质检记录报告。